D1753958

Hertha Kratzer

KÖNIG ARTUS
und die Ritter
der Tafelrunde

UEBERREUTER

Das säurefreie und alterungsbeständige Papier EOS liefert Salzer, St. Pölten
(hergestellt aus chlorfrei gebleichtem Zellstoff aus nachhaltiger Forstwirtschaft).

ISBN 978-3-8000-5650-7
Alle Rechte vorbehalten. Das Werk darf – auch teilweise –
nur mit Genehmigung des Verlages wiedergegeben werden.
Umschlaggestaltung von Nele Schütz Design, München,
unter Verwendung eines Fotos von Shutterstock.de
Copyright © 2008, 2011 by Verlag Carl Ueberreuter, Wien
Gedruckt in Österreich
1 3 5 7 6 4 2

Ueberreuter im Internet: www.ueberreuter.at

Inhalt

Merlin und die Könige	7
Das Schwert im Stein	17
Avalon, König Artus' Hochzeit mit Guinevere und Merlins Abschied	23
Der grüne Ritter	39
Sir Lancelot vom See, der weiße Ritter	47
Sir Gawein und die hässliche Frau	61
Erec und Enide	67
Tristan und Isolde	81
Sir Galahad, der Ritter mit dem reinen Herzen	97
Parzival und die Suche nach dem Heiligen Gral	111
Sir Lancelot und die Zauberin Morgan le Fay	133
Die Schlacht von Camlann	169
Nachwort – Wer war König Artus?	173

Merlin und die Könige

Ein lang gezogenes Donnergrollen folgte dem Blitz, der das schwarze Gewölk des Himmels zerriss. Feuer speiend tat sich die Erde auf und zwei geflügelte Drachen krochen aus den Flammen, der eine mit Schuppen, die weiß waren wie Schneekristalle, der andere mit feuerrotem Panzer.

Bleich stand der Britenkönig Vortigern vor dem Krater und starrte auf die Ungeheuer, die übereinander herfielen und sich zerfleischten, bis der weiße Drache in seinem Blut erstickte. Nach seinem Sieg breitete der rote Drache die Flügel aus und flog mit einem Flammenschweif in Richtung Osten davon. Bleich hatten auch die Druiden, des Königs Priester und Ratgeber, das grausige Schauspiel verfolgt. Der Knabe jedoch, der an einem Baumstamm lehnte, hatte dem Kampf merkwürdig unbeeindruckt zugesehen, als wäre er nichts Ungewöhnliches. Jetzt erst fiel der Blick des Königs auf den Knaben.

»Wer bist du?«

»Ich bin Merlin.«

Der Knabe war mit den Druiden gekommen, die ihn auf Befehl König Vortigerns ausgeforscht und mitgenommen hatten. Sein Blut würde ihn retten, das hatten die Druiden dem König versprochen. Denn Vortigern war in Gefahr, in größter Gefahr. Nicht nur Feinde von außen trachteten ihm nach dem Leben, auch das eigene Volk rebellierte. Mit Mord und Verrat hatte er sich die Krone Britanniens erschlichen, indem er Constans, den rechtmäßigen König, bei einem Gastmahl hatte töten lassen. Den Mord hatte er von Pikten ausführen lassen, einem räuberischen Volksstamm aus dem Norden der Insel. Vortigern wurde König der Briten, aber die Pikten ließen sich das

Verbrechen teuer bezahlen. Sie erpressten ihn und forderten frech immer höhere Summen an Geld und immer mehr Land als Lohn.

Zur selben Zeit landeten irische Schiffe an Britanniens Westküste und bedrohten das Reich und aus dem Osten kamen die Sachsen und eroberten weite Landstriche. Vortigern selbst, der in blinder Liebe zu einer sächsischen Fürstentochter entbrannt war, hatte die aus Sachsen stammenden Fürsten Hengist und Horsa mit ihren Kriegern ins Land gelockt, weil er hoffte, sie würden sich mit ihm gegen die Iren verbünden. Ein Festmahl, das er zu Ehren seiner vermeintlichen Freunde und Helfer gab, sollte der Verbrüderung der Sachsen und der Briten dienen.

Die üppigen Speisen, dazu Mengen an Bier, Wein und Met lösten die Zungen, Hochrufe wurden laut, Freundschaften besiegelt und Treueschwüre ausgetauscht. Um Mitternacht erreichte die weinselige Stimmung und Festesfreude ihren Höhepunkt. Da sprang plötzlich der Sachsenführer Hengist auf und stieß einen Schrei aus. Damit gab er das Signal zum Kampf. Die Sachsen griffen zu ihren Messern, die sie in den Stiefeln verborgen gehalten hatten, und metzelten brutal an die fünfhundert britische Fürsten, Grafen und Barone nieder, die ihre Waffen vor dem Mahl abgelegt hatten. Es war die Nacht der langen Messer, die den gesamten Adel Britanniens mit einem Schlag ausrottete. Vortigern konnte dem Blutbad nur entrinnen, indem er den Sachsenfürsten reiche Ländereien als Preis für sein Leben versprach.

Doch jetzt empörte sich das Volk. »Verräter!« und »Tod dem Mörder!«, schrien die Männer und kreischten die Weiber hinter ihm her, als der König vor der aufgebrachten Menge floh und Schutz bei seinen Druiden suchte. Den Tod Vortigerns forderten auch die Söhne des ermordeten Königs Constans, Ambrosius und Uther, die nach dem Mord an ihrem Vater in die Bretagne geflohen waren. Jetzt brachen sie auf, um ihn zu rächen. Es brannte also der Boden unter König Vortigerns Füßen. Er wurde von allen Seiten bedrängt und nur die Druiden hielten ihm noch die Treue.

Er möge auf dem Berg Erith in Wales einen Turm als Festung errichten lassen, lautete ihr Ratschlag, nur dort wäre er seines Lebens sicher. Sklaven schufteten nun Tag und Nacht, um die Grundmauern für den Turm zu errichten, doch wie viel sie auch am Tag geschafft hatten, in der Nacht stürzte alles wieder ein. Das wiederholte sich Tag für Tag und Nacht für Nacht.

»Der Ort ist verflucht«, meinte ein Druide.

»Dann nehmt den Fluch von diesem verdammten Berg!«, schrie der König.

Da wiegte der älteste der Druiden nachdenklich den Kopf und begann stockend zu sprechen: »In den alten Zeiten musste für ein besonderes Bauwerk ein besonderes Opfer gebracht werden. Es war ein Opfer nach dem alten Glauben. Aber im Christentum …«

»Zum Teufel mit dem Christentum«, unterbrach ihn wütend der König. »Was wurde geopfert?«

»Herr, es war ein Blutopfer«, sagte der Druide leise. »Das Blut eines Kindes, dessen Herkunft im Dunkel lag, wurde mit dem Mörtel vermischt und dann hielten die Mauern.«

»Dann verschafft mir so ein Kind, und wenn ihr es in der Hölle sucht«, befahl der König.

Nun hatten die Druiden von einem Knaben gehört, dessen verstorbene Mutter eine Königstochter gewesen war, sein Vater aber, so raunte man, wäre ein Dämon, wenn nicht gar der Teufel selbst gewesen. Der Knabe hieß Merlin. Sie fanden ihn und der Knabe ging ohne zu zögern mit ihnen mit zur Baustätte. Ruhig, als ginge es nicht um ihn, hörte er sich an, was der König und die Priester mit ihm vorhatten.

»Aber mein Blut wird dich nicht retten, Herr«, sagte er dem König und fragte dann spöttisch: »Wissen deine gelehrten Ratgeber denn nicht, warum die Mauern einstürzen?«

»Wenn du es weißt, so sprich!«

»Unter der Erde befindet sich ein See, in dem zwei Drachen, ein roter und ein weißer, schliefen. Sie schliefen jahrhundertelang, bis die Grabungen sie aus dem Schlummer rissen. Wenn sie sich bewegen, schlägt der See Wellen und nachts stürzen die Mauern ein.«

Der Knabe blickte in die Ferne, als würde er dort etwas sehen, was den anderen verborgen blieb. Dann wandte er sich wieder an den König: »Das Wasser muss abgelassen werden, nur so kann sich die Erde auftun und die Drachen können herauskriechen. Sie werden kämpfen, bis einer unterliegt. Wenn das geschehen ist, kannst du deinen Turm bauen.«

Daraufhin befahl Vortigern seinen Sklaven: »Macht, was er gesagt hat!«

Als der letzte Wassertropfen aus dem See geronnen war, zerriss ein Blitz den Himmel und die Erde barst unter Donnergrollen. Die Drachen fielen übereinander her, bis der weiße Drache verendete. Der rote Drache stieg in die Lüfte und flog davon. Das war der Augenblick, als der Knabe dem König seinen Namen sagte: »Ich bin Merlin.«

Merlin, der größte Zauberer und Magier aller Zeiten, war halb Dämon und halb Mensch, ein Zwitterwesen und ein Zerrissener zwischen der Welt der alten Götter und der neuen Zeit, die mit dem Christentum angebrochen war. Von seinem dämonischen Vater besaß Merlin alles Wissen der Vergangenheit und von Gott hatte er die Gabe, in die Zukunft zu schauen. Er konnte sich verwandeln und in vielerlei Gestalten erscheinen und er vermochte das Schicksal von Menschen zu lenken, nicht aber sein eigenes.

»Eine böse Zeit ist angebrochen, König Vortigern«, sagte Merlin, »du hast gesehen, wie der rote Drache den weißen besiegt hat. Genauso werden die Sachsen die Briten besiegen und die Flüsse werden rot sein von Blut. Du selbst hast die Fackel des Kriegs entzündet und im Feuer des Kriegs wirst du umkommen.« Während er sprach, verwandelte sich das Gesicht des Knaben in ein Greisengesicht, in ein uraltes Gesicht mit Augen, die sich vom Blick in die Zeiten müde geschaut hatten. Als der König ihm erwidern wollte, war Merlin verschwunden.

Vortigerns Turm wurde erbaut, aber Schutz bot er dem König nur kurz. Einer der Druiden verriet den Söhnen des ermordeten Constans das Versteck, daraufhin ließ Ambrosius, der ältere der Brüder, den Turm in Brand setzen und Vortigern starb in den Flammen.

Ambrosius wurde als Retter gefeiert und unter dem Jubel des Volkes zum König von Britannien gewählt. Gemeinsam mit seinem Bruder Uther bekämpfte er die Sachsen, drängte die Pikten zurück in den Norden und schlug die irischen Feinde in die Flucht. Wer von den Iren sich nicht auf die Schiffe retten konnte, ertrank in der See.

Nach diesen Kämpfen atmeten die Menschen auf. Sie bestellten wieder die Felder, trieben das Vieh auf die Weiden und bauten die niedergebrannten Häuser und Kirchen auf. Größer und schöner, als sie vordem gewesen waren. Doch dem König, der dem Land den Frieden gebracht hatte, war kein langes Leben beschieden. Ein Sachse verkleidete sich als Bettelmönch, schlich sich in die Königsburg und mischte tödliches Gift in die Speise, die Ambrosius vorgesetzt wurde. Sein Bruder Uther folgte ihm auf dem Thron.

Anders als der ernste, in sich gekehrte Ambrosius war Uther ein Feuerkopf, ein heißblütiger junger Mann, der die Frauen liebte und gerne prächtige Feste gab. Er feierte seine Krönung, indem er für die Edelsten seines Reiches, für die Fürsten, die Barone und die Ritter mit ihren Damen, ein Festmahl in seiner Burg gab. Als das Fest um Mitternacht zu Ende war und der König seine Gäste ins Freie geleitete, zog plötzlich ein grell leuchtender Stern wie eine Brandfackel über den nachtdunklen Himmel. Er glich einem Feuer speienden roten Drachen mit zwei Flammenzungen und war nur einen Augenblick lang sichtbar. Dann verschwand das gleißende Licht und die Erde war wieder eingehüllt in das Dunkel der Nacht.

Die Menschen waren starr vor Schreck, auch König Uther war es, doch er fand als Erster die Sprache wieder. »Was hat das zu bedeuten?«, murmelte er und seine sonst helle Stimme klang rau. Da trat ein Mann, den er noch nie gesehen hatte, auf ihn zu. »Ich will es dir verraten, König Uther Pendragon«, sagte er. »Du bist der Herrscher im Zeichen des Drachen, der eben über den Himmel geflogen ist. Die eine Flammenzunge ist das Sinnbild für deine Herrschaft, die andere für die deines Sohns. Er wird größer sein und mächtiger als du.«

»Und warum nennst du mich Pendragon?«

»Weil dies das Wort für Drachenhaupt ist.«

Als König Uther weiter fragen wollte, war der Fremde verschwunden.

Merlin war es gewesen, der Magier und Zauberer, der in die Zukunft schauen konnte und der kam und ging, wie es ihm beliebte.

Von da an nannte sich der König von Britannien Uther Pendragon. Er wollte ein Herrscher des Friedens sein, doch der Friede, den sein Bruder Ambrosius den Briten beschert hatte, war nicht von Dauer. Wieder einmal fielen die Sachsen ein und nach ihrem Siegeszug konnte sich Uther Pendragon nur mit Mühe mit den Resten seines Heeres hinter einen Hügel zurückziehen. Mutlos hockte er mit seinen Lords um das Feuer, während im Tal die Sachsen ihre Freude über den Sieg in die Nacht hinausbrüllten. Verzweifelt grübelte er über einen Ausweg, als der Herzog von Gorlois auf ihn zu trat: »König Uther, es gibt eine Chance. Wir könnten die Sachsen noch heute Nacht besiegen.«

Fragend sah der König ihn an.

»Sie sind vollkommen betrunken«, fuhr der Herzog fort. »Seit Stunden saufen sie ihren Met und plärren ihre Lieder, dass uns die Ohren schmerzen. Wenn wir sie jetzt mit unseren Soldaten überraschen und überfallen, kommt keiner von ihnen lebend davon.«

»Ich weiß nicht«, sagte der König und schüttelte den Kopf, »unsere Männer sind erschöpft und müde.«

»Dann werden wir sie munter machen. Oder wollt Ihr warten, bis die Sachsen ihre Räusche ausgeschlafen haben und uns überrennen?«

Der König sprang auf. »Ihr habt recht. Wir müssen es wagen.«

Als die Briten sich auf den Weg ins Tal machten, lag dünner Nebel über dem Heerlager der Sachsen. Die Feuer waren niedergebrannt und die Soldaten schliefen einen tiefen Schlaf. Rasch wurden die Wachen überrumpelt und niedergemacht, dann schleuderten die Briten Brandfackeln ins sächsische Lager. Im feindlichen Heer brach Panik aus. Die Sachsen griffen zwar nach ihren Waffen, konnten aber gegen die mit neuem Mut anstürmenden Briten keine schlagkräftige Schlachtreihe bilden. Als die sächsischen Heerführer erkannten, dass die Schlacht verloren war, rannten sie mit den wenigen Überlebenden zur Küste und flohen auf ihren Schiffen übers Meer.

Es war ein großes Fest, mit dem König Uther Pendragon den Herzog von Gorlois und die anderen Befehlshaber ehrte. Auch die Damen der hohen Herren waren geladen und verliehen mit ihren prächtigen Kleidern und dem kostbaren Schmuck dem Fest den richtigen Glanz. Der Ehrenplatz gegenüber dem König war dem Herzog von Gorlois und seiner schönen Frau Ygerne vorbehalten.

Ygerne war für ihre Schönheit berühmt und der König war vom ersten Augenblick an entflammt. Sie war die schönste Frau, die er je gesehen hatte, und er hatte schon viele gesehen. Immer wieder starrte er sie an und trank ihr zu, doch diese Gunstbeweise gefielen ihrem Gemahl ganz und gar nicht. Uther Pendragon aber war so in Liebe entbrannt, dass er jegliche höfische Sitte vergaß. Er begehrte Ygerne und war nicht gewohnt, seine Leidenschaft zu beherrschen. Er füllte seinen Goldbecher mit Wein und beauftragte einen Diener, ihn der Herzogin zu reichen. Der Becher sei ein Zeichen der Liebe des Königs, sollte er ausrichten.

Ygerne war verwirrt und wusste nicht, wie sie sich verhalten sollte, ohne den König zu beleidigen. Doch sie brauchte sich nicht lange darüber den Kopf zu zerbrechen. Denn der Herzog packte blass vor Wut seine Gemahlin an der Hand, zog sie hinter sich her und beide verließen ohne ein Wort den Saal. Der grußlose Abschied war eine Beleidigung und von nun an waren König Uther Pendragon und der Herzog von Gorlois Feinde.

Der Herzog brachte seine Gemahlin auf seine Burg Tintagel in Cornwall, wo sie vor den Nachstellungen des Königs sicher war. Die mächtige Burg stand auf einem vom Meer umbrandeten Granitblock und war vom Festland nur auf einem schmalen Pfad zu erreichen. Dort ließ er sie in der Obhut seiner Getreuen zurück und ritt zu seiner zweiten Burg, Terrabil. Er ahnte, dass Uther Pendragon die ihm angetane Beleidigung rächen würde.

Der Herzog von Gorlois täuschte sich nicht. Schon am nächsten Tag rückte der König mit seinen Vasallen an und belagerte Terrabil, das vom Herzog erbittert verteidigt wurde. Als König Uther Pendragon sah, dass er den Widerstand nicht brechen konnte, wurde er krank. Krank vor Zorn und vor Verlangen nach Ygerne. In seiner Not rief er nach dem Zauberer Merlin.

Merlin, der in den Herzen der Menschen lesen konnte, wusste, warum der König krank war, und er wusste auch, dass Britannien einen starken Herrscher brauchte und keinen kranken König. »Ich will dir helfen«, sagte Merlin, »aber ich werde etwas dafür verlangen.«

»Verlange, was du willst.«

»Ich werde dich verzaubern«, fuhr Merlin fort. »Ich werde dich für eine Nacht in den Herzog von Gorlois verwandeln. Ygerne wird dich für ihren Gemahl halten und in deinen Armen liegen. Sie wird dich lieben, wie sie ihn liebt, und in dieser Nacht ein Kind empfangen. Dieses Kind soll nach seiner Geburt mir übergeben werden. Es ist der Preis für diese Nacht. Ich werde es sorgfältig erziehen lassen und es wird dir und deinem Geschlecht Ruhm und Ehre bringen.«

Der König war einverstanden. Er wäre mit allem einverstanden gewesen, was immer auch Merlin verlangt hätte, so sehr brannte er vor Verlangen.

Als es Abend wurde, murmelte der Magier einen Zauberspruch und schon glich König Uther Pendragon in Gestalt und Gesicht dem Herzog von Gorlois. Merlin selbst verwandelte sich in einen seiner Diener. So ritten sie zur Burg Tintagel, wo ihnen die Wachen bereitwillig das Tor öffneten. Und die Herzogin, die glaubte, ihren Gemahl vor Augen zu haben, schloss den König voll Freude in die Arme. Als der Morgen dämmerte, verließen Uther Pendragon und Merlin die Burg. Merlin sprach einen Zauberspruch und beide hatten wieder ihre ursprüngliche Gestalt.

Inzwischen hatten die Vasallen des Königs die Belagerung Terrabils fortgesetzt. Da die Vorräte der Belagerten zu Ende gingen, entschloss sich der Herzog, die Burg zu verlassen und die Belagerer auf dem Feld anzugreifen. Er focht tapfer, doch im Kampfgetümmel gelang es einem Getreuen des Königs, ihn mit einem Schwerthieb niederzustrecken. Der Herzog starb, als die Sonne unterging. Als der Mond hell am Himmel stand, lag die Herzogin in König Uther Pendragons Armen.

Ygerne erschrak, als man ihr am nächsten Tag Tod und Todesstunde ihres Gemahls mitteilte. Wer war es gewesen, der sie so leidenschaftlich umarmt hatte, wenn der Herzog Stunden vorher in der Schlacht gefallen war? Je mehr sie darüber nachdachte und grübelte, desto rätselvoller wurde ihr diese nächtliche Begegnung. Doch sie bewahrte sie als Geheimnis und sprach mit niemandem darüber.

Zeit verstrich und Ygerne trauerte um ihren Gemahl. Doch nun, da sie Witwe geworden war, konnte der König um sie werben. Er befolgte damit auch den Rat der Grafen und Barone, die meinten, die schöne Herzogin sollte als Uther Pendragons Gemahlin den Thron besteigen und Königin der Briten werden. Nach kurzer Bedenkzeit nahm Ygerne Uther Pendragons Antrag an und bald darauf erstrahlte die düstere Burg Tintagel in festlichem Glanz. Der König und die Herzogin hielten Hochzeit.

Gleichzeitig vermählten sich auch Ygernes drei Töchter Morgause, Elaine und Morgan, die den Herzog von Gorlois zum Vater hatten. Morgause wurde die Gemahlin König Lots von Orkney, Elaine die des Königs Nantes von Garlot und Morgan, die Jüngste, heiratete König Urien von Gore. Sie war die schönste der drei Schwestern. In ihren schwarzen Augen lag etwas Zauberisches, und wen immer sie ansah, der fühlte sich von ihrem Blick wie durchbohrt. Man munkelte, sie stünde mit den alten heidnischen Gottheiten in Verbindung, mit Mächten in dem geheimnisvollen Land zwischen dem Reich der Sterblichen und dem der Unsterblichen. Manche nannten sie eine Hexe oder eine Zauberin, denn auch sie konnte sich verwandeln. Es gab sogar Gerüchte, dass sie eine Fee von der Zauberinsel Avalon sei. Aber niemand wusste etwas Bestimmtes.

Neun Monate nach jener Nacht, in der Uther Pendragon Ygerne zum ersten Mal umarmt hatte, brachte sie einen Knaben zur Welt.

»Wie kommt es, dass du ein halbes Jahr nach unserer Hochzeit einen Sohn zur Welt bringst?«, fragte der König seine Gemahlin. Die Königin war tief betroffen und schwieg.

»Sag mir die Wahrheit, wie immer sie auch lauten mag«, bat der König.

»Ich will sie dir sagen, obwohl sie mir ein Rätsel ist«, antwortete die Königin und erzählte dann leise von der Begegnung nach dem Tod ihres Gemahls. »Ich schwöre beim Augenlicht meines Kindes, dass ich nicht weiß, wer der Fremde war.«

Daraufhin nahm Uther Pendragon seine Gemahlin in die Arme und gestand ihr, dass er es gewesen war, den Leidenschaft und Liebe dazu getrieben hatten, die Gestalt des Herzogs anzunehmen. Er zögerte nach diesem

Geständnis, doch dann rang er sich durch und nannte den Preis, den er dem Zauberer Merlin für diese Nacht schuldete. Die Königin erschrak, sie weinte und durchweinte die Nächte und fand keinen Trost. Und der König schwieg.

Eine Woche nach der Geburt wurde das Kind in ein Tuch von gesponnenem Gold gewickelt und einem Bettler übergeben, der auf dem schmalen von Meer und Wind umbrausten Pfad zur Burg Tintagel stand und wartete.

Der Bettler, der niemand anderer war als Merlin, brachte den Knaben zu Sir Ector, einem aufrechten, kampferprobten Ritter, dessen Burg in einem abgeschiedenen Wald von Wales stand. Sir Ectors Frau, Lady Eneth, hatte vor Kurzem einem Sohn das Leben geschenkt, der auf den Namen Kay getauft war. Merlin übergab Sir Ector und Lady Eneth Uther Pendragons Sohn mit den Worten: »Der Knabe heißt Artus und ist von edler Abkunft. Wenn es Zeit ist, wirst du erfahren, welchem Geschlecht er entstammt. Erziehe ihn gemeinsam mit deinem Sohn, lehre ihn alles, was ein Ritter beherrschen muss, und liebe ihn wie dein eigenes Kind.« Sir Ector nickte, denn er wusste, wer Merlin war, und betrachtete diese Aufgabe als Ehre und Auszeichnung.

Jahre verstrichen und wieder musste sich König Uther Pendragon der kriegerischen Iren und Sachsen erwehren. Es gelang ihm, sie zu vertreiben, doch die stets erneut aufflackernden Kämpfe schwächten seine Kräfte. Eines Abends, als es galt, einen siegreichen Feldzug gegen die aufsässigen Pikten zu feiern, zog sich König Uther vorzeitig vom Fest zurück, legte sich hin und starb. Seine Gemahlin Ygerne überlebte ihn nicht lange.

Das Schwert im Stein

Artus wuchs unter der Obhut Sir Ectors gemeinsam mit dessen Sohn Kay heran. Sir Ector lehrte die beiden, mit Pfeil und Bogen zu schießen, brachte ihnen das Lanzenstechen zu Pferd und das Fechten mit dem Schwert bei und lehrte sie auch die ritterlichen Tugenden der Selbstbeherrschung, der Höflichkeit, besonders im Umgang mit Frauen, und der Hilfsbereitschaft gegenüber allen, die schwach sind und Hilfe brauchen.

Bisweilen kam ein Harfenspieler in Sir Ectors Haus und sang Lieder von berühmten Helden aus alter Zeit, manchmal stand ein Knecht am Rande des Platzes, auf dem Kay und Artus sich im Sprung und im Lauf übten, und sah ihnen zu, manchmal bot ein Kesselflicker oder ein Scherenschleifer Lady Eneth seine Dienste an. Es war immer der Zauberer Merlin, der in fremde Gestalten schlüpfte, um zu sehen, welche Fortschritte der Königssohn machte. Aber davon und von seiner Herkunft ahnte Artus nichts.

In Britannien folgten nach dem Tod König Uther Pendragons düstere Jahre. Die Herzöge, Grafen und Barone stritten um Thron und Krone, während die schlauen Sachsen diese Machtkämpfe nutzten, um erneut einen Vorstoß zu wagen. Bald waren Gebiete, die Ambrosius und Uther Pendragon einst den Eroberern entrissen hatten, wieder in Feindeshand.

Das war für Merlin die Zeit zum Handeln. Nur ein starker und rechtmäßiger Herrscher konnte dem Reich den ersehnten Frieden bringen und sichern. Und dafür wollte er sorgen. Er machte sich auf den Weg nach London, um mit dem Erzbischof Dubricius über seinen Plan zu sprechen. Der Erzbischof war ein tiefgläubiger und kluger Mann, der wusste, dass die

Weisheit Gottes vieles gelten ließ, was über die Grenzen des menschlichen Verstands ging, und hörte sich an, was der Zauberer zu sagen hatte. Dann lud er für den Weihnachtstag alle Edelleute Britanniens nach London ein. »Unser Herr Jesus Christus, dessen Geburtstag wir feiern, wird uns den neuen und rechtmäßigen König Britanniens durch ein Wunder offenbaren«, hatte er durch Boten im ganzen Land verkünden lassen.

London, das war für die Briten der Mittelpunkt der Welt. Sie kannten keine Stadt, die größer, prächtiger, lauter und geschäftiger gewesen wäre. Und so nahmen sie die Einladung mit Freude an. Am Christtag war die Kathedrale gedrängt voll mit Menschen, die mit dem Erzbischof das Hochamt feierten. Als die Gläubigen nach der Messe die Kirche verließen, starrten sie verwundert und verwirrt auf einen Marmorblock vor dem Tor, den niemand vorher gesehen hatte. Und noch mehr erstaunte sie, dass ein Schwert aus funkelndem Stahl in den Stein hineingerammt war. Erzbischof Dubricius trat näher und sah auf dem goldenen Griff eine Inschrift leuchten. Zuerst las er leise für sich, was geschrieben stand, dann so laut er konnte: »Wer dieses Schwert aus dem Stein zieht, ist der rechtmäßige König von Britannien.«

Nun ging ein Murmeln durch die Menge und die Herzöge, die Grafen und die Barone drängten sich um den Marmorblock und jeder versuchte, das Schwert herauszuziehen. Manche fluchten dabei, manche beteten und alle schwitzten, aber keinem gelang es. Das Schwert steckte fest und bewegte sich kein bisschen. Hinter einem Baum stand ein alter Bettler und lächelte vergnügt vor sich hin. Merlin hatte den Stein und das Schwert herbeigezaubert und beobachtete nun schmunzelnd, wie sich die hohen Herren vergeblich bemühten und abplagten. Schließlich erhob der Erzbischof seine Stimme: »Lassen wir es für heute gut sein. Wir wollen am Neujahrstag ein Turnier veranstalten, zu dem alle Ritter eingeladen sind, auch die, die heute nicht hier sind. Die Sieger können dann erneut ihre Stärke erproben und versuchen, das Schwert aus dem Stein zu ziehen. Einem wird es gelingen und der wird unser König sein.«

Mit diesem Vorschlag waren alle einverstanden. Die Herren versprachen, am Neujahrstag wieder nach London zu kommen, und gingen ihrer Wege.

Die Einladung zum Turnier wurde auch Sir Ector und seinen beiden Söhnen überbracht. Kay, der ältere, war vor Kurzem zum Ritter geschlagen worden und Artus diente ihm als Knappe. Kay brannte darauf, in London sich und seine Künste im Fechten und Stechen zur Schau zu stellen, und sein Knappe Artus ritt begeistert mit.

In London war am Neujahrstag alles auf den Beinen. Es wimmelte von Kaufleuten und Komödianten, von Musikanten, Schaustellern und Akrobaten. Quacksalber, Pillendreher, Wahrsager und Taschendiebe waren in die Stadt geströmt, hatten sich unters Volk gemischt und hofften auf gute Geschäfte. Alle warteten gespannt auf die Sieger im Turnier, die dann versuchen würden, das Schwert aus dem Stein zu ziehen. Unter all den hohen Herren, die hoffnungsfroh zum abgesteckten Turnierplatz ritten, waren auch Sir Ector, Kay und Artus. Bunte Fahnen flatterten im Wind und die Trompeter schmetterten ihre Fanfaren. Da bemerkte Kay mit Schrecken, dass er sein Schwert in der Herberge vergessen hatte. »Rasch! Hol mir mein Schwert«, befahl er seinem Knappen.

Artus gehorchte, bahnte sich mit seinem Pferd den Weg durch das Gedränge und Geschiebe, konnte aber in der Herberge niemanden finden. Alles war ausgeflogen, alles war unterwegs zum Turnier. Er zerbrach sich den Kopf, wo in aller Welt er für Kay ein Schwert auftreiben könnte, als er im Vorbeireiten vor dem Tor der Kathedrale etwas in der Sonne blitzen sah. Ein silbern glänzendes Schwert mit goldenem Griff steckte in einem Stein. Ohne zu überlegen und ohne zu lesen, was auf dem Griff stand, zog er es heraus, was ihm ganz leicht gelang, und brachte es Kay. Der junge Ritter wusste sofort, dass es nicht sein Schwert war, und als er die Inschrift las, wurde er erst rot, dann blass. Er zeigte es seinem Vater und sagte stolz: »Ich bin der neue König Britanniens.«

Sir Ector nahm das Schwert und schaute seinem Sohn in die Augen. »Schwöre, dass du es warst, der das Schwert aus dem Stein gezogen hat«, befahl er. »Wenn du es aber nicht warst, dann sage, woher du es hast.«

Nun senkte Kay beschämt den Kopf und murmelte: »Ich war es nicht, Artus hat es mir gebracht.«

Als Artus zustimmend nickte und erzählte, warum und wie er das Schwert aus dem Marmorblock gezogen hatte, beugte Sir Ector vor ihm das Knie und sprach feierlich: »Artus, du bist der neue und rechtmäßige König der Briten.«

Artus erschrak. »Vater, was machst du? Was soll das?«

»Ich bin nicht dein Vater«, sagte Sir Ector und las vor, was auf dem Schwertgriff geschrieben stand. Dann erzählte er, wie Merlin ihm und seiner Frau Eneth einen neugeborenen Knaben gebracht hatte, den er gemeinsam mit Kay zum Ritter ausbilden sollte. »Nun weiß ich, wer du bist. Du bist ein Königssohn, du bist der Sohn des Königs Uther Pendragon.«

Staunend hörte Artus zu: »Aber ich werde dich und Lady Eneth immer lieben«, rief er. »Ihr habt für mich gesorgt wie leibliche Eltern und dafür werde ich immer dankbar sein.«

Als die drei ihre Fassung wiedergewonnen hatten, ritten sie zum Erzbischof und berichteten, was geschehen war. Dubricius war nicht überrascht. Es war so gekommen, wie Merlin es vorhergesagt hatte. »Steck das Schwert wieder in den Stein«, sagte er zu Artus. »Du bist der neue König, aber du wirst es vor Gott und der Welt beweisen müssen.«

Mittlerweile war das Turnier zu Ende gegangen und wieder drängten sich die Grafen, die Barone und die Schar der Ritter um den Marmorblock. Zuerst versuchten die Turniersieger das Schwert herauszuziehen, dann die anderen. Der Erzbischof ließ sie gewähren, doch als immer mehr Flüche sein Ohr beleidigten, rief er: »Ihr bemüht Euch vergeblich!« Dann sagte er zu Artus: »Es ist so weit. Zieh du das Schwert heraus!«

Artus zog das Schwert aus dem Stein wie aus einem Haufen Sand und hielt es für alle sichtbar in die Höhe. Da ging ein Murmeln durch die Schar der Adeligen, das bald in ein böses Murren überging. »Das ist Hexerei«, schrie einer zornig und ein anderer brüllte: »Wer ist dieses hergelaufene Bürschchen überhaupt? Das soll unser König sein? Lächerlich!« Der Unmut der hohen Herren äußerte sich immer lauter und geballte Fäuste drohten, aber das Volk jubelte und so mancher grinste voll Freude darüber, dass einem unbekannten Jüngling gelungen war, was die mächtigsten und einflussreichsten Herren des Reiches nicht zustande gebracht hatten.

Der Erzbischof setzte für den Ostersonntag eine weitere Versammlung fest. Jeder, der glaubte, er wäre berufen, König von Britannien zu werden, sollte noch einmal versuchen, das Schwert aus dem Stein zu ziehen. Aber wieder schwitzten und plagten sich die Herren vergeblich vor einer Menge von Zuschauern und Gaffern, die sich dieses Spektakel nicht entgehen ließen. Als Artus als Letzter das blitzende Schwert mit Leichtigkeit aus dem Stein zog und es in die Höhe hielt, brandete im Volk Jubel auf – wie damals am Neujahrstag. Der Beifall und die Hochrufe verstummten jedoch sofort, als ein großer, in einen schwarzen Mantel gehüllter Mann neben den Erzbischof und Artus trat und gebieterisch den Arm hob. Nun ging ein Flüstern von Mund zu Mund: »Merlin ist da!«

Als er zu sprechen begann, war es totenstill. »Briten, hört zu, was ich euch zu sagen habe. Es ist Gottes Wille, dass nur der das Schwert aus dem Stein ziehen kann, der von königlicher Abstammung ist. Vor euch steht Artus, der einzige Sohn Uther Pendragons und seiner Gemahlin Ygerne. Nur er ist der rechtmäßige König von Britannien. Der allmächtige Gott hat ihn erwählt, die Feinde des Reiches zu vernichten und euch den Frieden zu sichern. Artus wird ein großer Herrscher sein und sein Hof der reichste und glänzendste im ganzen Abendland. Der Ruhm König Artus' wird durch die Nebel der Zeiten leuchten, denn solange es Menschen auf der Erde gibt, wird man von ihm und seinen Rittern erzählen.«

Als Merlin geendet hatte, brach die Menge wieder in tosenden Beifall aus, nur einige der Edelleute schwiegen und starrten finster vor sich hin. Artus, der den Kopf gesenkt hatte, blickte nun zu Merlin und sah in zwei dunkle, unergründliche Augen, die ihm dennoch vertraut schienen. Sie erinnerten ihn an den Knecht, der ihn und Kay bei ihren Ritterspielen beobachtet hatte, an den Kesselflicker und den Scherenschleifer in Lady Eneths Haus, an den Harfenspieler, dem er so gerne zugehört hatte, und an den Bettler, dem er mehrmals begegnet war. Er fühlte eine nie gekannte Kraft in sich und eine Zuversicht, als wäre er unverwundbar und unbesiegbar, solange der Blick dieser Augen auf ihm ruhte.

Zu Pfingsten wurde Uther Pendragons Sohn in der Kathedrale von London mit großem Prunk zum König von Britannien gekrönt. Erzbischof Dubricius setzte dem knienden Artus die goldene, mit Diamanten besetzte Krone aufs Haupt und sprach seinen Segen. Dann erhob sich der junge König und sprach: »Ich schwöre, Britannien zu schützen, seine Grenzen zu sichern und keinen Feind auf britischer Erde zu dulden. So wahr mir Gott helfe.«

Die Hilfe Gottes, aber auch die Hilfe Merlins hatte König Artus bitter nötig. Denn kaum trug er die Krone, als Kämpfe ausbrachen und er sein Land und seine Würde verteidigen musste. Besonders schmerzte ihn, dass die Edlen, deren Hoffnung, selbst König zu werden, enttäuscht wurde, sich mit den Ehemännern seiner Halbschwestern verbündeten und ihm den Krieg erklärten. Die Könige von Orkney, von Garlot und von Gore machten ihm die Krone streitig. Als die Lage immer gefährlicher wurde und Artus in seiner Festung Bedegraine eingeschlossen war, schickte Merlin den Königen Bors und Ban in der Bretagne eine Nachricht, worauf beide mit ihren Truppen aufbrachen und die Belagerer in die Flucht schlugen. Mit Merlins weisem Rat und der bedingungslosen Treue seines Ziehbruders Kay, dem er das Amt des Seneschalls übertragen hatte, konnte Artus die Feinde, die sein Reich von außen bedrohten, und jene, die im Inneren Unruhe stifteten, besiegen. Es gelang ihm, Recht und Ordnung wiederherzustellen und die Menschen in seinem Reich konnten eine lange Zeit in Frieden leben.

Avalon, König Artus' Hochzeit mit Guinevere und Merlins Abschied

Der König war mit sich und der Welt zufrieden, als er an einem sonnigen Frühlingstag von seiner Burg Camelot aufbrach und zur Jagd ausritt. Er ritt langsam dahin, atmete den Duft des Waldes und genoss die Frische des Morgens, als ihn ein plötzliches Geräusch aufschreckte. Ein weißer Hirsch kreuzte seinen Weg und sprang dann blitzschnell in das wuchernde Gebüsch. Die Jagdleidenschaft des Königs war geweckt. Er hetzte sein Pferd hinterher, durch Dorngestrüpp und Unterholz, doch immer wenn er glaubte, das weiße Fell zu sehen, war es auch schon wieder verschwunden. Stunden vergingen und die Sonne stand bereits hoch, als er sich eingestehen musste, dass er die Fährte verloren hatte. Erschöpft stieg er vom Pferd, lehnte sich an den Stamm einer Ulme und war in ihrem Schatten bald eingeschlafen.

Ein Rauschen in der Luft weckte ihn. Es kam von den Schwingen eines mächtigen Silberreihers, der über ihm kreiste und einen Stab im Schnabel trug. Der Vogel ließ ihn vor Artus' Füße fallen und flog davon. Was wie ein Stab ausgesehen hatte, war eine silberne Flöte, und als der König sie an seine Lippen führte, begann sie silberhell zu klingen. Doch mit den ersten Tönen verdüsterte sich der blaue Frühlingshimmel und graue Nebelschwaden senkten sich herab. Ein Fluss strömte plötzlich da, wo vorher grüne Sträucher und Büsche gewesen waren. Doch der Nebel löste sich bald auf und gab den Blick frei auf das dunkle Wasser, dessen Oberfläche nun glatt wie Glas war. Von der Mitte her trieb ein Boot ohne Wind und ohne Ruder ans Ufer.

Den König packte die Lust am Abenteuer. Er bestieg das Boot und sofort setzte es sich in Bewegung und steuerte wieder ohne Wind und ohne Ruder vom Ufer weg in die Mitte des Flusses auf eine Insel zu. Er stieg an Land und kam in einen Garten herrlich blühender Apfelbäume, die um ein goldenes Zelt standen. Als er es neugierig betrat, wurde er von einer schönen jungen Frau herzlich willkommen geheißen. Ihre Augen waren dunkel und dem König schien es, als hätte er dieses Augenpaar schon einmal gesehen. War nicht der Blick seiner Stiefschwester Morgan ebenso rätselhaft? Oder erinnerten sie an Merlins unergründliches Augenpaar?

»Wo bin ich?«, fragte Artus.

Die Frau lächelte. »Auf Avalon, der Insel der Unsterblichen.«

Artus hatte oft von Avalon gehört, dem geheimnisvollen Zwischenreich, in dem sich Sterbliche und Unsterbliche begegnen. Die alten Spielleute und Sänger sangen gern von dem Ort, wo alle Wünsche erfüllt wurden, wo es weder Schmerz noch Leid gab und auch der Tod keine Macht hatte. Viele sehnten sich nach dieser anderen Welt, manche erreichten sie auch, aber keiner kehrte je von dort zurück.

»Dann bist du Morgan, die Fee?«, fragte er.

»Ja, man nennt mich Morgan le Fay. Ich bin die Königin der Insel.«

»Bin ich dein Gefangener?«

»Nein«, sagte Morgan, »dir steht es frei zu kommen und zu gehen, wie du willst. Wenn du die silberne Flöte bläst, wird dich das Boot, mit dem du hergekommen bist, zurück ans Ufer und in dein Reich bringen. Und wenn du wiederkommen willst, brauchst du nur die Flöte zu spielen und der Kahn bringt dich zu mir.«

Morgan le Fay bewirtete Artus mit so köstlichen Speisen, wie er sie nie zuvor gegessen hatte, und kredenzte ihm erlesenen Wein. Als aber der Abend kam, blies der König die Flöte und war bald darauf zurück auf seiner Burg Camelot.

Doch seit der Begegnung mit Morgan war Artus verwandelt. Unruhe quälte ihn und eine nie gekannte Sehnsucht trieb ihn dazu, immer wieder die Flöte zu spielen, um auf die Insel und in die Arme der Fee zu gelangen. In Britannien herrschte Frieden, daher gab es keinen Krieg und keinen Kampf, der ihn hätte ablenken können. Morgan le Fay erwartete ihn mit Freude und erfüllte ihm jeden Wunsch. Sie hatte sich in ihn verliebt und hoffte, er würde bei ihr bleiben und sie nie verlassen. So kam es, dass der junge König immer öfter auf Avalon weilte und immer seltener auf seiner Burg Camelot. Der weise Merlin sah es mit Sorge und beschloss zu handeln.

Als Artus wieder einmal die Flöte an die Lippen setzte, um nach Avalon zu gelangen, hörte er am Flussufer das Gebell einer Hundemeute, sah aber keine Hunde. Ein seltsames Tier beugte sich zum Wasser und trank. Es hatte den Körper eines Leoparden, den Kopf eines Drachen und Beine wie ein Hirsch und in seinem Inneren bellten dreißig Hunde. Wenn das Tier sich niederbeugte, hörte das Bellen auf, und wenn es sich aufrichtete, fing das Gekläffe wieder an. Als es genug getrunken hatte, lief es in den Wald und verschwand. Bald danach kam ein Ritter des Weges und fragte Artus, ob nicht ein seltsames Tier vorbeigelaufen wäre.

»Ja«, sagte Artus, »was wollt Ihr mit ihm?«

»Ich bin Sir Pellimore und muss dieses Tier jagen, das ist mein Schicksal. Mein Pferd habe ich dabei zu Tode geritten, gebt mir Eures.«

»Das werde ich nicht tun, aber ich will das seltsame Tier für Euch jagen.«

»Nein«, sagte Sir Pellimore, »die Jagd des seltsamen Tiers wurde mir aufgetragen und nicht Euch!« Und ohne eine Antwort abzuwarten, schwang er sich auf das Pferd des Königs und ritt davon.

Artus unterdrückte seinen Ärger und schickte sich an, die Flöte zu blasen, als er Hilferufe hörte. Da sah er auch schon drei Räuber, die einen alten Mann bedrohten. Rasch zog er sein Schwert und die Räuber rannten davon. Der alte Mann, der nun lächelte, war niemand anderer als sein Freund und Ratgeber, der Zauberer Merlin.

»Hast du deine Künste verlernt, großer Magier? Wenn ich nicht gekommen wäre, würde es dir schlecht ergehen.«

»O nein«, sagte Merlin. »Ich hätte mich leicht in Sicherheit bringen können, aber ich wollte es nicht. Du gehst einen gefährlichen Weg, König, und davor will ich dich bewahren.«

Er winkte und ein Knappe kam mit zwei Pferden. Eines davon war jenes, mit dem Sir Pellimore davongeritten war. Sie stiegen in den Sattel und ritten zu einer Lichtung, wo sie Sir Pellimore fanden. »Ihr habt mir das Ross weggezaubert«, schrie er. »das werdet Ihr mir büßen!« Er zog sein Schwert, rannte auf Artus zu, der vom Pferd sprang und ebenfalls sein Schwert zog. Wütend fochten sie und hieben aufeinander ein, Hieb um Hieb und Stich um Stich, bis beide aus ihren Wunden bluteten, aber keiner gewann die Oberhand. Plötzlich brach das Schwert des Königs entzwei. Schon wollte Sir Pellimore Artus den tödlichen Streich versetzen, als Merlin rief: »Halt! Willst du den König Britanniens töten?«

»Ja, das will ich«, schrie Pellimore in seinem Zorn, »denn wenn ich ihn nicht töte, tötet er mich.« Da berührte ihn Merlin mit seinem Zauberstab und Sir Pellimore sank zu Boden.

»Was hast du getan?«, rief Artus, »er war der beste Ritter, mit dem ich je gefochten habe, und nun ist er tot.«

»Beruhige dich«, sagte Merlin, »er schläft nur und wird bald wieder auf den Beinen sein. Aber du brauchst ein Schwert. Komm mit!«

Sie ritten durch den Wald und kamen zu einem See, der silbern in der Sonne glitzerte. In der Mitte des Sees begann es zu sprudeln und zu schäumen und ein weißer Arm hob sich aus den Fluten. Er hielt ein Schwert mit goldenem Griff und einer prunkvollen Scheide in die Höhe. Wie gebannt starrte Artus auf das kostbare Schwert. »Wem gehört es?«, flüsterte er.

»Der Dame vom See, sie heißt Nimue und steht hinter dir«, sagte Merlin.

Artus wandte sich um und sah eine Dame in einem blauen Kleid, dessen Saum nass war. »Lady«, sagte er, »ein König ohne Schwert ist ein armseliger König, ich bitte Euch, gebt mir das Schwert!«

»Ihr könnt es haben«, sagte die Dame und lächelte, »aber Ihr müsst mir auch etwas geben.«

»Was immer Ihr wollt.«

»Nun, das will ich mir später aussuchen, aber jetzt holt Euch das Schwert. Es heißt Excalibur und wurde vor langer Zeit auf Avalon geschmiedet. Es ist das beste Schwert der Welt.« Sie deutete auf einen Kahn am Ufer, dann machte sie einen Schritt in den See und verschwand in den Fluten.

Artus ruderte in die Mitte des Sees und nahm das Schwert. Lautlos versank der Arm und der See lag wieder ruhig da im Silberglanz, als wäre nichts geschehen. Nur ein paar Wellen kräuselten sich da, wo der weiße Arm das Schwert Excalibur in die Höhe gehalten hatte.

Als Artus wieder am Ufer stand, fragte ihn Merlin: »Was ist dir lieber, die Klinge oder die Scheide?«

»Die Klinge«, sagte Artus.

»Aber die Scheide ist wertvoller. Die Klinge kann Stahl und Stein spalten und leuchtet im Kampf wie eine Fackel, wer jedoch die Scheide trägt, ist unverwundbar und verliert keinen Tropfen Blut«, erklärte Merlin. »Du wirst beides brauchen, König Artus, die Klinge und die Scheide.« Er wandte sich ab und sein Blick ging in die Ferne. »Dort, bei den Sümpfen, liegt Camlann, der Ort der letzten Schlacht, aber bis dahin vergehen noch viele Jahre«, murmelte er und sein Gesicht sah plötzlich alt und sehr traurig aus.

»Was sagst du da?«

Die Frage riss Merlin aus einer anderen Welt. »Ach, kümmere dich nicht darum«, antwortete er. Aber König Artus sollte diesen Satz nie vergessen.

Als er am nächsten Tag zum Fluss reiten wollte, um nach Avalon zu gelangen, fand er die silberne Flöte nicht mehr. Die Dame vom See hatte sie ihm genommen, als Preis für das Schwert Excalibur.

Die Nebel des Vergessens schoben sich vor das Bild Avalons und langsam verblasste auch die Erinnerung an Morgan le Fay. Etwas im Inneren des jungen Königs war jedoch anders geworden. Wenn er jetzt ein Sehnen verspürte, wusste er nicht mehr, wonach. Dann ging er seiner größten Leidenschaft nach und ritt auf die Jagd oder er widmete sich seinen Pflichten als Herrscher.

Der König hielt gerne an verschiedenen Orten Hof, denn er wollte allen Menschen seines Reichs nahe sein. Daher residierte er einmal in London, dann wieder auf Camelot, wo er am liebsten weilte, ein andermal auf Caerlon oder in Carlisle.

An einem Tag im Frühling erschien auf Caerlon eine Dame und bat für sich und ihre Dienerschaft um eine Herberge für die Nacht. Der König, für den Gastfreundschaft zu den ritterlichen Tugenden gehörte, gewährte sie gerne und ließ ihr zu Ehren sogar ein Fest ausrichten. Die Dame war sehr schön, und als sie kostbar gekleidet und geschmückt in den Festsaal trat, übertraf ihre reife Schönheit den Reiz junger Frauen bei weitem. Der Abend war schwül, die vielen brennenden Fackeln und die Anzahl der Menschen, die tranken, speisten, plauderten und den Spielleuten zuhörten, machten die Luft stickig. Die fremde Dame bat, sich mit ihrem Gefolge in den Garten zurückziehen zu dürfen. Sie wolle sich nur etwas erholen, ließ sie dem König ausrichten.

Im Saal ging das Fest weiter und nach einer Weile erschien Sir Kay, des Königs Seneschall, und flüsterte dem König zu, dass ihn die Dame im Garten erwarte. Sie müsse ihm eine geheime Botschaft überbringen. Neugierig ging König Artus in den Garten und traf sie allein. Wie sie da in der mondhellen Frühlingsnacht vor ihm stand, erschien sie ihm über alle Maßen schön, noch bezaubernder als im Licht der Fackeln im Festsaal. Mit einem

Lächeln breitete sie die Arme aus und Artus, betört von ihrer Schönheit und dem süßen Duft der blühenden Sträucher, ließ sich umarmen. Als beide ins Gras sanken, fragte er nach keiner Botschaft. Eine Botschaft kam aber neun Monate später.

Die Dame, die vorgegeben hatte, auf Reisen zu sein und um eine Herberge bat, war Morgause, die Gemahlin König Lots von Orkney und König Artus' Halbschwester. Ihr Vater war der Herzog von Gorlois und ihre Mutter war Ygerne, die später König Uther Pendragon heiratete. Artus hatte sie vorher nie gesehen und kannte sie nicht. Nun ließ sie dem König die Nachricht überbringen, dass sie hoch oben im Norden einen Sohn geboren hatte, dessen Vater nicht Lot von Orkney war, sondern er, König Artus. Sie verschwieg auch nicht, dass sie seine Halbschwester war. Sie habe den Knaben Mordred getauft, ließ sie mitteilen, und dass sie ihn zu gegebener Zeit als Ritter an seinen Hof schicken werde. Auch seine älteren Brüder Gawein, Gaheris, Gareth und Agravain, deren Vater König Lot war, werde sie ihm anvertrauen.

Warum Morgause den König verführt hatte, wird immer ein Geheimnis bleiben. Vielleicht missgönnte sie ihm die Krone, vielleicht hasste sie ihn, weil er sich zum Christentum bekannte und sie sich noch den alten heidnischen Mächten verbunden fühlte. Niemand wusste es. Aber durch sie war Artus schuldig geworden. Er hatte gesündigt, obwohl er nicht ahnen konnte, dass er etwas Verbotenes tat. Mit dieser Schuld, an der er unschuldig war, hatte König Artus seinen eigenen Untergang heraufbeschworen. Er wusste es nur noch nicht.

Der König versuchte zu vergessen, was geschehen war, und jagte tagelang durch die Wälder. Niemand sollte merken, wie ihm zumute war. Aber die, die ihm nahestanden, sahen, dass sich auf seinen offenen Blick ein Schatten gelegt hatte.

Eines Tages, es war ein kalter Wintertag, kam ein Bote nach Camelot geritten und bat, zu König Artus geführt zu werden. Kay, der Seneschall, tat ihm den Gefallen. »Herr«, sprach der Bote, als er sich vor Artus verneigte, »wenn es wahr ist, was man über Euch sagt, nämlich dass Ihr Euch niemals der Bitte eines Bedrängten verschließt, so hört mich an.«

»Ich weiß nicht, was man über mich spricht«, erwiderte Artus, »aber wenn du in Not bist und ich dir helfen kann, will ich es gerne tun.«

»Nicht ich bin in Not, sondern mein Herr, König Leodegang von Carmeliad. Er wird bedroht, und zwar von einem Schurken, der eine Krone trägt, von König Rience von Dänemark. Dieser Schuft hat einen Mantel, dessen Saum aus lauter Bärten besteht, die er eigenhändig seinen Gefangenen ausgerissen hat. Nun prahlt er, dass der silberweiße Bart meines Königs bald der kostbarste Schmuck seines Mantels sein werde. Das dänische Heer ist gerüstet und will in sieben Tagen in Carmeliad sein.«

»Dann wollen wir in drei Tagen in Dänemark sein und diesen Schurkenkönig andere Sitten lehren«, versprach König Artus.

Es geschah, wie er es versprochen hatte. Trotz stürmischer See und Eiseskälte setzte der König mit seinem Heer nach Dänemark über und erklärte Rience den Krieg. Als die beiden Könige in der Schlacht aufeinandertrafen, zog Artus sein Schwert Excalibur und spaltete mit einem Streich Helm und Kopf des Dänenkönigs. König Leodegang war befreit und dankte es seinem Retter mit einem großen Fest auf seiner Burg. Mit Artus und seinen Getreuen war auch der weise Merlin geladen.

Fanfarenklänge begrüßten den König und seine Getreuen im prächtig geschmückten Saal und Diener eilten herbei, um jeden der Gäste zu seinem Platz zu führen. König Artus und sein Ratgeber saßen Seite an Seite. Als ein junges Mädchen den Saal betrat, verstummte die Musik und alle schauten auf Guinevere, Leodegangs schöne und einzige Tochter. Wie es der Sitte entsprach, sollte sie dem Ehrengast einen Becher Wein reichen. Als Artus sie sah, sprang er auf, ging ihr entgegen und nahm den Becher aus ihren schmalen Händen. Sie sah zu ihm auf, lächelte, und ihre strahlend blauen Augen setzten sein Innerstes in Brand wie zwei Blitze. Niemand außer Merlin sah, dass eine leichte Röte die Wangen des Königs überzog, und niemand außer Merlin hörte, dass das Herz des Königs rascher zu schlagen begann. Der Zauberer wusste, was geschehen war, und das bedrückte ihn. Artus hatte sich auf den ersten Blick in die schöne Königstochter verliebt.

»Zähme dein Herz«, flüsterte er, nachdem Artus wieder Platz genommen hatte. »Guinevere wird dein Unglück sein.«

Da unterdrückte der König nur mit Mühe seinen Zorn. Leise, aber in einem Ton, der keinen Widerspruch duldete, sagte er: »Diese Liebe bringt mir Glück, ein Unglück wäre es, wenn sie mich nicht liebte.«

Darauf schwieg Merlin. Er wusste, dass er gegen diese Liebe machtlos war. Genauso machtlos wie gegen die Liebe, die auch ihm, dem weisen Zauberer, einmal Unglück, ja den Untergang bringen würde. Merlin konnte Schicksale voraussehen, abwenden nicht.

König Artus nahm mit Freude die Einladung Leodegangs an, noch länger in Carmeliad zu bleiben, denn je öfter er Guinevere sah, desto schöner erschien sie ihm und desto brennender begehrte er sie. Längst war die Liebe des Königs zur Königstochter kein Geheimnis mehr, und als Artus Leodegang um die Hand seiner Tochter bat, stimmte dieser mit Freude zu, denn auch Guinevere hatte an dem König Gefallen gefunden.

Mit Prunk und Pomp wurde die Hochzeit gefeiert und das edle junge Paar zog auf Camelot ein. Als Hochzeitsgeschenk sandte König Leodegang den sogenannten »Runden Tisch«, einen großen Tisch, an dem vierundzwanzig Ritter Platz fanden und der rund war, damit es keinen Ehrenplatz gab. Keiner der Ritter, die um ihn herum saßen, sollte sich für würdiger oder edler halten als die anderen.

Nach und nach kamen die besten und kühnsten Ritter aus aller Welt an König Artus' Hof Camelot und bildeten seine berühmte Tafelrunde. Jedes Mal, wenn ein neuer Ritter kam und Platz nahm, erschien auf der Lehne seines Stuhls in goldenen Buchstaben sein Name. Es kamen im Laufe der Jahre Sir Iwein mit seinem Löwen, Sir Accolon, ein Freund des Königs, Sir Erec, der Sohn des Königs von Destrigales, und König Bagdemanus. Es kamen Sir Bors, Sir Lionel, Sir Bedivere, Sir Onzlake und Sir Lucan. Sir Lancelot vom See, der lange Zeit als der beste Ritter der Christenheit, ja der ganzen Welt galt, gesellte sich dazu und es kamen die Neffen des Königs, Sir Gawein mit seinen jüngeren Brüdern Gaheris, Gareth und Agravain. Sir Tristan und Sir Parzival kamen und viele andere mehr. Auch kam, wie angekündigt, Sir Mordred, der Sohn des Königs und seiner Halbschwester Morgause.

Die Aufnahme in die Runde der Besten war für einen Ritter das höchste Ziel und die höchste Auszeichnung. Ein Sitz an der Tafel blieb jedoch viele Jahre leer. Es war der »gefährliche Sitz«, wie Merlin ihn genannt hatte. Nur ein Ritter, der noch nie eine Sünde begangen oder eine Schuld auf sich geladen hat, dürfe darauf Platz nehmen, hatte er gewarnt. Sollte sich ein anderer, ein Unwürdiger, darauf setzen, würde sich die Erde auftun und den Frevler verschlingen. »Der Ritter mit dem reinen Herzen und ohne Makel wird einmal kommen«, prophezeite Merlin, »doch dann ist auch das Ende der Tafelrunde nahe.«

Jahre vergingen und Zeiten des Friedens wechselten mit Zeiten des Krieges. Doch der weise Merlin, der treue Kay, die Ritter der Tafelrunde und nicht zuletzt das Zauberschwert Excalibur verhalfen Artus stets zum Sieg. Er besiegte die Feinde, die von außen sein Reich bedrohten, wie auch die Unruhestifter im Land, die gegen Recht und Ordnung rebellierten. Die Menschen liebten ihren König und jubelten ihm zu, wenn er nach einem Feldzug auf eine seiner Burgen zurückkehrte, wo er seine Siege feierte. Der Glanz seines Hofes und die Heldentaten der Ritter waren weit über die Grenzen Britanniens berühmt. Die Feste und Turniere an seinem Hof, die Jagden in seinen Wäldern und die großzügige Gastfreundschaft des Königs pries man landauf und landab. Vergeblich versuchten Fürsten und Könige fremder Länder König Artus' Hofhaltung nachzuahmen, der Prunk und der Reichtum seines Hofs blieben unerreicht.

Eines Tages ritten König Artus und Sir Accolon gemeinsam zur Jagd. Sie verfolgten einen Bären, der vor ihnen herlief, dann verschwand und wieder auftauchte. Als sie ihn endlich am Ufer eines Flusses zur Strecke gebracht hatten, war es Abend geworden und sie waren weit von ihrem Gefolge entfernt. Sie schickten sich an, die Nacht unter zwei mächtigen Fichten zu verbringen, als sie auf dem Fluss einen leeren schwarzen Kahn sahen, der mit prächtigen farbigen Tüchern ausgelegt war und ans Ufer trieb. Neugierig bestiegen sie ihn und der Kahn setzte sich in Bewegung. Sanft glitt er den Fluss abwärts und im Dunkel der Nacht tanzten hunderte Lichter auf den Wellen. Eine süße, betörende Melodie erklang und machte ihnen die Lider schwer. Bald fielen ihnen die Augen zu und sie sanken in einen tiefen Schlaf.

Als König Artus erwachte, befand er sich nicht mehr im Kahn, sondern in einem feuchten, kalten Verlies tief unter der Erde. Ein qualvolles Stöhnen und das Rasseln eiserner Ketten hatten ihn aufgeweckt. Das Stöhnen kam von Rittern, die mit Eisenketten aneinandergefesselt waren. Verwirrt blickte er um sich und suchte Sir Accolon, konnte ihn aber nirgends finden.

Das schaurige Verlies gehörte zur Burg des verhassten Fürsten Damas, der die Ritter in den Kerker geworfen hatte, weil sie sich weigerten, für ihn zu kämpfen. Damas stritt nämlich mit seinem Bruder Onzlake über die gerechte Teilung ihres gemeinsamen Erbes. Wiederholt hatte Onzlake seinen Bruder zum Zweikampf gefordert, Damas war aber zum Kämpfen zu feige. Daher überfiel er mit seinen Knechten allein reisende Ritter und stellte sie vor die Wahl, entweder für ihn zu kämpfen oder im Verlies der Burg zu verfaulen. Aber keiner der Gefangenen war bereit, für ihn das Schwert zu führen. Zwanzig edle Ritter schmachteten bereits im Kerker und manche waren bereits so schwach, das man fürchten musste, sie würden sterben.

»Wir können doch nicht für Damas kämpfen, der im Unrecht ist«, sagte einer der Ritter. »Wir wären ehrlos, würden wir uns die Freiheit mit Unrecht erkaufen.«

Ehe Artus erwidern konnte, ging die Tür auf und eine junge Frau trat herein. »Wenn Euch Euer Leben lieb ist, König Artus, so kämpft für meinen Vater, den Fürsten Damas, oder wollt Ihr vielleicht mit diesen zwanzig Feiglingen dahinsiechen, bis der Tod Euch erlöst?«

»Diese Männer sind keine Feiglinge, sondern ehrbare Ritter. Ich werde kämpfen, aber für meine Freiheit und für die Freiheit der Ritter. Dazu brauche ich jedoch Rüstung und Waffen«, entgegnete Artus.

»Ihr werdet bekommen, was Ihr braucht. Über die Freilassung der Gefangenen werde ich mit meinem Vater sprechen«, sagte die Frau und verschwand. Sie kam aber bald wieder und brachte eine Rüstung, eine Lanze und ein prachtvolles Schwert in einer kostbaren Scheide.

»Das ist Excalibur, mein Schwert!«, rief Artus, »wie kommt Ihr zu meinem Schwert?«

»Eure Schwester Morgan schickt es Euch, damit Ihr im Zweikampf siegt. Mein Onkel Onzlake ist jedoch krank geworden und kann daher nicht kämpfen, ein Ritter wird für ihn einspringen. Mein Vater hat versprochen, alle zwanzig Ritter freizulassen, wenn Ihr bis zum letzten Atemzug kämpft.«

König Artus wunderte sich, dass seine Schwester Morgan von seinem Abenteuer wusste und ihm Excalibur schickte, dachte aber nicht länger darüber nach und erklärte sich bereit zum Kampf. Er werde für die Freiheit kämpfen, für die eigene und für die der anderen, wiederholte er.

Zur selben Zeit, als König Artus im Verlies des Fürsten Damas erwachte, erwachte auch Sir Accolon. Er lag auf einer Wiese neben einem Brunnenschacht und rieb sich verwundert die Augen. Zuerst glaubte er, die Fahrt mit dem schwarzen Kahn wäre nur ein Traum gewesen, doch dann erinnerte er sich, dass er und der König die Nacht ja unter zwei Fichten verbringen wollten. Aber wo er jetzt lag, war weit und breit keine Fichte und wo war der König? Er grübelte, und als sein Blick den Brunnen streifte, wurde am Brunnenrand der hässliche Kopf eines Zwergs sichtbar.

»Edler Ritter«, krächzte der Zwerg, »ich bitte Euch, helft einem Kranken, indem Ihr für ihn kämpft, es wäre eine gute Tat.«

»Wer ist der Kranke und gegen wen soll ich kämpfen?«

Nun erzählte der Zwerg vom Erbstreit der beiden Brüder und dass Sir Damas endlich einen Ritter gefunden hatte, der für ihn kämpfen wolle. »Aber nun ist Sir Onzlake krank geworden. Ich bitte Euch, erbarmt Euch seiner und kämpft an seiner Stelle. Es ist ein Kampf für das Recht und gegen das Unrecht.«

»Ich will es gerne tun«, sagte Sir Accolon, »aber ich habe weder Rüstung noch Waffen.«

Daraufhin verschwand der Kopf des Zwergs wieder im Brunnen und an seiner Stelle ragte ein prächtiges Schwert in einer kostbaren Scheide aus dem Schacht. »Das ist Excalibur«, rief Sir Accolon überrascht, »das Schwert gehört König Artus. Wie kommst du dazu?«

Die Stimme des Zwergs wurde noch krächzender, als er keuchend aus dem Brunnen gekrochen kam.

»Morgan le Fay schickt es Euch, sie wünscht Euch den Sieg!«

Das kam dem Ritter zwar sonderbar vor, doch da er immer bereit war, für eine gerechte Sache zu kämpfen, dachte er nicht länger darüber nach. Der Zwerg schnippte mit den Fingern und im nächsten Augenblick lagen eine Rüstung und eine Lanze bereit. Auch ein Pferd stand da, der Zwerg aber war verschwunden.

Am folgenden Tag nahmen die beiden Gegner an den schmalen Seiten des Turnierplatzes der Burg Aufstellung und waren zum Kampf bereit. Da sie ihre Helme über den Kopf gestülpt hatten und ihre Schilde die Wappen von Damas und Onzlake zeigten, erkannten sie einander nicht. Der Herold rief zum Kampf, die Ritter gaben ihren Rössern die Sporen und stürmten aufeinander zu. Jeder traf mit seiner Lanze den Schild des anderen, die Pferde stürzten und warfen die Reiter ab. Aber schnell sprangen beide auf und hieben mit den Schwertern aufeinander ein. Artus schlug zu mit voller Kraft und parierte mit Geschick, aber stets prallte sein Schwert ab, als wäre es aus Holz. Das Schwert des Gegners blitzte jedoch wie ein Feuerstrahl und bohrte sich durch Artus' Panzer. Blut sickerte bereits durch seine Rüstung und wieder sah er das leuchtende Schwert seines Widersachers wie eine Flamme durch die Luft sausen. Wo bleibt die Kraft von Excalibur? Warum schützt mich die Scheide meines Schwertes nicht?, durchfuhr es den König, denn nun sickerte das Blut nicht mehr, sondern rann aus seinen Wunden und floss auf den Boden.

Sir Accolon aber focht mit unverminderter Kraft, holte aus und wollte Artus den todbringenden Schlag versetzen, als ihm plötzlich das Schwert aus der Hand glitt und in einem flammenden Bogen Artus vor die Füße fiel.

»Das Schwert gehört dem König«, schrie zornig eine Stimme. »Ich selbst habe es ihm gegeben und er allein darf es führen.« Die Stimme gehörte Nimue, der blauen Dame vom See. Sie zeigte auf das Schwert auf dem Boden und verschwand dann so plötzlich, wie sie gekommen war.

Ein rascher Griff und König Artus hatte Excalibur in der Hand. Mit einem mächtigen Hieb spaltete er den Helm seines Gegners, der mit einem Schrei niederstürzte. Der König nahm ihm den Helm ab – und prallte zurück. Das bleiche Gesicht Sir Accolons starrte ihn an.

»Das wollte ich nicht«, flüsterte Artus entsetzt, »jemand hat ein böses Spiel mit uns getrieben. Das Schwert, mit dem ich anfangs kämpfte, war eine Attrappe. Damit hätte ich dich nie besiegen können.«

Stockend erzählte darauf Sir Accolon, wie er zu Excalibur gekommen war, seufzte dann tief und starb. Der König drückte seinem Freund die Augen zu und hielt bei dem Toten lange Wacht. Die Wunden, die ihm sein eigenes Schwert zugefügt hatten, würden wieder heilen, aber die Wunde in seinem Herzen ging tiefer. Der Tod war für ihn, den König, bestimmt gewesen, und Accolon hatte statt ihm sterben müssen. Zauberische Mächte trieben ihr Spiel mit Leben und Tod und gegen sie war der mächtige König machtlos.

Sir Damas musste die zwanzig gefangenen Ritter freilassen und sich mit dem gerechten Teil des Erbes begnügen. So hatte es König Artus befohlen. Sir Onzlake aber wurde eingeladen, als Ritter der Tafelrunde nach Camelot zu kommen.

In einem abgelegenen Kloster suchte Artus die Heilung der Wunden, die ihm Excalibur geschlagen hatte. Heilkundige Nonnen pflegten ihn und trugen Sorge, dass niemand seine Ruhe störte. Eines Tages aber kam eine Dame mit einer Schar von Rittern im Gefolge und bat um Einlass. Die Pförtnerin wollte ihn verwehren, doch als die Dame sagte, sie sei des Königs Schwester, öffnete sie ahnungslos das Tor und Morgan le Fay trat ein.

König Artus lag in tiefem, traumlosem Schlaf. In der Hand hielt er sein Schwert Excalibur umklammert, daneben lag die kostbare Scheide. Es sah aus, als wollte er sich nie mehr von Schwert und Scheide trennen.

Lange betrachtete Morgan le Fay den schlafenden König. Dann sprach sie leise: »Ich wollte deinen Tod nicht, Artus, denn ich liebe dich. Der Ritter Accolon hätte nur töten können, was sterblich ist an dir. Ich hingegen wollte dein wahres, dein unsterbliches Leben. Nur darum habe ich die Schwerter vertauscht. Das Schwert kann ich dir nicht nehmen, denn es gehört der

Dame vom See. Aber die Scheide, die dein Herz hart gemacht hat, weil du durch sie unverwundbar wurdest, will ich dir nehmen. Eines Tages, Artus, wird auch deine Macht schwinden, denn jede Macht ist vergänglich. Dann kehrst du zurück nach Avalon, zur Insel der Unsterblichen. Aber bis dahin werden Jahre vergehen.« König Artus wurde unruhig in seinem Schlaf. Da warf ihm Morgan le Fay einen letzten Blick zu und ging.

Als der König erwachte, fiel sein Blick auf sein Schwert. Aber wo war die Scheide? Er suchte sie und fand sie nicht.

»Wen habt Ihr an mein Lager gelassen?«, schrie er die Nonnen an.

»Herr, Eure Schwester war hier«, sagte verschüchtert eine Nonne.

Er sprang auf, schwang sich auf sein Pferd und sprengte zum Tor hinaus. In der Ferne sah er im Staub der Straße eine Schar von Reitern, an deren Spitze eine Frau ritt. Im Galopp jagte er hinterher. Als Morgan le Fay merkte, dass Artus sie verfolgte, brachte sie ihr Ross am Ufer eines Teiches zum Stehen und schleuderte die kostbare Scheide in die Tiefe. Dann hob sie die Hand und murmelte einen Zauberspruch. Da waren sie und ihre Ritter in Steine verwandelt. Es war totenstill, nichts regte sich, nur das Wasser des Teiches bildete immer größere Kreise. Artus ritt heran und berührte die eben noch vom Leben erfüllten Gestalten. Was er fühlte, waren nackte, kalte Steine. Schaudernd ritt er zurück nach Camelot.

Die Rückkehr des Königs wurde mit einem großen Fest gefeiert. Gleichzeitig feierte man auch die Aufnahme Sir Onzlakes in die Tafelrunde. Nach dem Mahl saßen die Ritter beim Wein, erzählten von ihren Abenteuern und lauschten den Liedern und Harfenklängen eines Spielmanns. Da öffnete sich plötzlich die Tür und eine weiß gekleidete Jungfrau betrat den Saal. Niemand hatte sie eingeladen, niemand kannte sie. Sie ging zum Stuhl des Königs, verbeugte sich und sagte, dass sie eine Botin der Königin von Avalon sei. Morgan le Fay habe sie beauftragt, dem König zum Zeichen ihrer Freundschaft ein Geschenk zu bringen.

Ein Raunen ging durch den Saal, denn die meisten Ritter kannten Morgan le Fay und ihre Ränke oder hatten zumindest davon gehört. Sie wussten, dass die Feenkönigin eine Zauberin war und zu den geheimnisvollen Mächten gehörte, die in vergangener Zeit über die Erde und die Menschen geherrscht hatten und nun versuchten, die Herrschaft wieder an sich zu reißen. Die Ritter warnten vor ihrem Zauber, doch des Königs Neugier war geweckt. Er nickte dem Mädchen huldvoll zu, worauf ein Diener eine Truhe in den

Saal brachte. Das Mädchen öffnete sie und entnahm einen prachtvollen, aus schwerem Goldbrokat gewebten Mantel mit funkelnden Steinen. Lächelnd hielt sie ihn dem König entgegen. Der Mantel war innen mit purpurroter Seide gefüttert und außen mit unzähligen, in allen Farben des Regenbogens glänzenden und glitzernden Edelsteinen besetzt. Keiner der Ritter, auch nicht der König, hatten je etwas so Prächtiges und Kostbares gesehen.

»Ich musste meiner Königin versprechen, Euch den Mantel selbst um die Schultern zu legen«, sagte die Jungfrau und trat an Artus heran. Schon wollte er sich erheben, als er einen eisernen Griff verspürte, der ihn festhielt. Hinter ihm stand eine Frau in einem blauen Kleid mit nassem Saum. Es war die Dame vom See, die niemand hatte kommen sehen. Auch sie gehörte zu der alten, der anderen, aber nie ganz entschwundenen Welt, und wenn es ihr gefiel, griff sie in das Leben der Menschen ein. Sie beugte sich zum König und flüsterte ihm ins Ohr. Sein Gesicht wurde starr, aber im nächsten Augenblick lächelte er wieder freundlich. »Ich bin entzückt«, sagte er zu dem Mädchen, »aber ich bitte dich, schlüpfe du zuerst in den Mantel und dreh dich herum, damit ich die bunten Edelsteine von allen Seiten bewundern kann.«

»O nein«, sagte die Jungfrau, »ich bin nur eine Botin, es schickt sich nicht, einen Mantel zu tragen, der für den König bestimmt ist.«

»Wenn der König es wünscht, schickt es sich«, sagte Artus sanft. Wieder sträubte sich das Mädchen, doch da erklang gebieterisch die Stimme der Dame vom See: »Der Wunsch des Königs ist ein Befehl!«

Die Jungfrau wurde bleich, so bleich und weiß wie ihr Kleid, und in ihren dunklen Augen flackerte Todesangst. Doch wie unter Zwang legte sie sich den Mantel um die Schultern und begann sich zu drehen.

Ein gellender Schrei zerriss die Stille. Aus den Edelsteinen züngelten und loderten Flammen, schossen in die Höhe und schlugen über dem Kopf der Jungfrau zusammen. Wie rasend drehte sie sich im Kreis, schnell und immer schneller, und brannte lichterloh, bis nur mehr ein Häufchen Asche auf dem Marmorboden übrig blieb.

Die Jungfrau war ein Dämon gewesen, mit dessen Hilfe Morgan le Fay ihre unerwiderte Liebe zum König hatte rächen wollen. Als Artus der blauen Dame vom See für seine Rettung danken wollte, sah er sie nicht mehr. Sie war in ihr Reich in den Fluten zurückgekehrt.

Eines Tages standen Merlin und König Artus auf der Mauer von Camelot und blickten hinunter auf das weite friedliche Land. Sie hatten über die siegreich bestandenen Kriege geredet, über die Abenteuer der Ritter der Tafelrunde und noch so mancherlei. Dann schwiegen sie. Sie schwiegen, wie es gute Freunde zuweilen tun, die einander seit Langem kennen und von denen einer dem anderen vertraut. Merlin brach das Schweigen.

»Der Tag ist gekommen, da wir voneinander Abschied nehmen müssen«, sagte er und es klang traurig.

Artus erschrak. »Du willst mich verlassen? Warum?«

»Alles hat seine Zeit«, sagte Merlin und legte dem König die Hand auf die Schulter. »Mein Alter misst man nicht mit den Jahren und doch sind Jahre, Tage und Stunden gezählt. Ich habe König Ambrosius gedient, deinem Vater Uther Pendragon und zuletzt auch dir. Nun brauchst du mich nicht mehr und ich muss meinen Weg gehen wie du den deinen.«

»Ist es ein Abschied für immer? Werden wir uns nie wieder sehen?«

»Doch, nach einem langen Schlaf, wenn die Zeit reif ist und man uns ruft. Aber die Welt wird dann eine andere sein. Die Menschen werden andere Kleider tragen und mit anderen Waffen kämpfen, nur die Liebe und der Hass in ihren Herzen werden sein, wie sie immer waren.«

Von diesem Tag an gingen Artus und Merlin getrennte Wege.

Dem Zauberer war die Liebe zum Verhängnis geworden. Er liebte eine Gefährtin der blauen Dame vom See, eine schöne junge und übermütige Wasserfee. Sie spielte mit Menschen und Mächten, tat Gutes und Böses, ganz wie es ihr in den Sinn kam, und kümmerte sich weiter um nichts. Es schmeichelte ihr, dass Merlins Herz in Flammen stand, und sie zog daraus ihren Nutzen. Merlin durchschaute sie, aber die Liebe zu ihr war sein Schicksal. Er hatte es vorausgesehen, aber nicht vermocht, es abzuwenden. Der mächtige Zauberer war ihr gegenüber machtlos.

Sie erlaubte ihm, sie zu begleiten, wenn sie ihr Reich in den Fluten des Sees verließ, und so durchwanderten sie gemeinsam viele Orte und Wälder und bestiegen so manchen Berg. Jedes Mal, wenn sie Rast hielten, bat sie Merlin, ihr einen seiner Zaubersprüche zu verraten und sie in seine Kunststücke einzuweihen. Willig und blind vor Liebe lehrte er sie alles, was er wusste. Als sie ihm sein letztes und größtes Geheimnis entlockt hatte, brauchte sie ihn nicht mehr und wollte ihn loswerden.

An einem Frühlingstag waren sie weit gewandert und Merlin war müde. Unter einem Weißdornbusch, der in voller Blüte stand, ruhten sie aus. Von dem süßen Duft betäubt fielen dem Zauberer die Augen zu und im Traum hielt er die schöne Fee in den Armen. Als sie sah, dass er im tiefen Schlaf lag, begann sie zu singen und zu tanzen. Dann löste sie den Zaubergürtel von ihrem Kleid, schlang ihn um Merlin und den Weißdornbusch und ging neunmal im Kreis herum. Sie sang ein Lied, in dem sie die Mächte der Magie beschwor, und sagte neunmal einen Zauberspruch, wie er es sie gelehrt hatte. Da öffnete sich unter den Wurzeln des Busches die Erde, ein Spalt tat sich auf und der schlafende Zauberer sank in die Tiefe. Er fiel in eine Höhle und die Erde über ihm schloss sich wieder. Merlin erwachte nicht. Er schlief einen Zauberschlaf und schläft ihn noch immer und wird erst aufwachen, wenn die Zeit ihn ruft. Bis dahin blüht der Weißdornbusch und wacht über seinen Schlaf und Traum.

Der grüne Ritter

Sir Gawein war der Sohn von Morgause, der Halbschwester des Königs, und sein Neffe. Von allen Rittern der Tafelrunde war er der schönste. Er hatte rote Locken und blaue Augen, und keiner der Ritter, die nach Camelot kamen und wieder gingen, saß besser und eleganter zu Pferd als er. Man raunte sich zu, dass seine Ahnen Druiden gewesen wären oder dass er von den geheimnisvollen Mächten der alten Zeit abstamme, denn Gawein war ein Sonnenheld. Wenn die Sonne aufging, strömte Kraft in seine Glieder, und wenn sie am höchsten stand, war er am stärksten. Wenn abends die Schatten länger wurden und die Sonne sank, schwanden seine Kräfte. König Artus liebte ihn von allen Rittern am meisten. Gawein hatte ein feuriges Temperament und war tollkühn, und so kam es, dass er das wohl seltsamste aller Abenteuer bestand, von denen die Ritter der Tafelrunde erzählten.

In der letzten Nacht des Jahres, in der Geister und Dämonen durch die Wälder streifen und die Menschen verwirren, saßen König Artus und seine Ritter mit ihren Damen in der Halle, um das neue Jahr zu erwarten und gebührend zu feiern. Koch und Küchenjungen hatten sich noch mehr als sonst angestrengt und brachten stolz in blitzenden Silberschüsseln und Krügen, was Gaumen und Kehle erfreute. Da gab es gebratene Hühner, gesottenes und geschmortes Fleisch von Kälbern und Rindern, Schwanenbraten und Schweinebraten, Wildgerichte, geräucherte und marinierte Fische, getrocknete Früchte und vielerlei Gewürze. In den Kristallgläsern funkelte edler Wein und in den Bechern schäumte das Bier.

Während die Herren und Damen mit Genuss tafelten und einem Harfenspieler lauschten, riss ein plötzlicher Windstoß die Flügel des Tors auf und mit der kalten Schneeluft wehten Schneeflocken herein. Die Fackeln, die ruhig und hell gebrannt hatten, zuckten und rußten, die Damen und Herren hörten zu essen und zu trinken auf und der Harfenspieler brach sein Spiel ab. Sie starrten hinaus in die Nacht und sahen in gespenstischem Licht einen riesigen Mann, der auf einem riesigen Pferd ungeniert in die Halle ritt.

Der Mann war grün von Kopf bis Fuß. Sein Gesicht war grün, sein Mantel, seine Hose, sein Wams waren grün und mit Vögeln, Blumen und Schmetterlingen gold bestickt. Auch der Sattel aus kostbarem Leder war grün und darunter lag mit goldenen Verzierungen die grüne Satteldecke. Das Haar, das ihm auf die Schultern fiel, war grün, seine Sporen leuchteten smaragdgrün und auch sein schönes Pferd war grün von der Mähne bis zu den Hufen. In der Hand hielt er eine Streitaxt mit grünem Stiel und grün blitzendem Blatt.

In der Mitte des Saales hielt er an und rief: »Wer ist der Herr auf dieser Burg?«

»Das bin ich«, antwortete König Artus. »Ich hoffe, Ihr seid nicht gekommen, uns zu stören. Als friedlicher Gast sollt Ihr uns willkommen sein. Steigt also ab und feiert mit uns das neue Jahr.«

»Das will ich gerne tun«, sagte der grüne Ritter, »und zwar mit einem kleinen Spielchen, das Euch erheitern soll.«

»Wenn Ihr ein Turnier meint, so werden sich meine Ritter morgen gerne mit Euch messen.«

»Ach was, Turnier!« Der grüne Ritter lachte dröhnend. »Das ist doch langweilig. Nein, nein, ich will Euch die Nacht mit einem Späßchen verkürzen, das ich mir ausgedacht habe. Ich brauche dazu aber einen Mitspieler.«

»Was für ein Spiel soll das sein?«, fragte eine Dame.

»Nun«, begann der Ritter, »es geht darum, ob einer der Ritter der berühmten Tafelrunde den Mut hat, mir mit meiner Streitaxt den Kopf abzuschlagen. Es muss aber mit einem einzigen Schlag geschehen. Wenn ihm das gelingt, muss er versprechen, in einem Jahr und einem Tag von heute an gerechnet mich aufzusuchen und sich von mir einen Schlag gefallen zu lassen.«

Es war totenstill im Saal, dann steckten die Damen die Köpfe zusammen und flüsterten und die Ritter redeten hin und her, bis der grüne Ritter rief:

»Nun, wo bleibt Euer Mut? Oder habe ich mich getäuscht, als ich die Ritter der Tafelrunde für die mutigsten und tapfersten hielt?«

Da sprang Sir Gawein auf und rief: »Ich spiele mit. Ihr sollt uns nicht für Feiglinge halten! Wenn Ihr unbedingt Euren Kopf verlieren wollt, dann gebt mir die Axt. Und in einem Jahr und einem Tag von heute an könnt Ihr mich um einen Kopf kürzer machen, das verspreche ich.«

»Gut«, sagte der grüne Ritter, »mutig gesprochen.« Er reichte Sir Gawein die Axt und stieg vom Pferd. Dann kniete er nieder, strich sich die Haare vom Nacken und beugte sich vor. Den Damen und Herren stockte der Atem. Gawein hielt mit beiden Händen die Streitaxt, atmete dann tief durch – und die Axt sauste nieder. Knirschend schnitt sie durch Fleisch und Knochen und schlug auf dem Steinboden auf, dass die Funken sprühten. Und der grüne Kopf mit den grünen Haaren hüpfte und rollte mit einem Schwall von Blut auf dem Boden dahin.

Die Damen und Herren schrien auf, der König war entsetzt und die Königin war weiß wie der Schnee, den der Wind in die Halle geweht hatte. Der kopflose grüne Ritter aber stand auf, lief seinem Kopf nach, packte ihn an den grünen Haaren und stieg damit aufs Pferd. Mit beiden Händen hielt er ihn in die Höhe und der grüne Mund lachte, bevor er sprach: »Gut gemacht, Sir Gawein! Auf Wiedersehen heute in einem Jahr und einem Tag. Fragt nur nach der grünen Kapelle, dort werdet Ihr mich finden.«

Sir Gawein starrte ihm blass und mit offenem Mund nach.

Das Jahr verging rascher, als es Gawein lieb war. »Ihr werdet doch nicht so dumm sein und den grünen Ritter suchen!«, sagte Kay, der Seneschall, als er merkte, dass Gawein immer bedrückter wurde, je näher das neue Jahr heranrückte.

»Ich habe mein Wort gegeben und ich werde es halten«, war die Antwort.

Ende September, am Tag des Erzengels Michael, sattelte Sir Gawein sein Pferd Gringolet und machte sich auf die Suche nach dem grünen Ritter in der grünen Kapelle. Tagelang ritt er durch graue Nebel über unwegsamem Gelände mit trügerischen Sümpfen, durchquerte Schluchten und Täler, ritt über die Berge von Wales, begleitet vom Gekrächze der Raben und dem Geheul der Wölfe aus den schwarzen Wäldern. Wann immer er einen Köhler oder einen Wanderer traf, fragte er nach dem grünen Ritter, doch niemand kannte ihn, niemand hatte von ihm gehört. Je weiter er nach Norden kam, desto kälter wurde es und die feuchte Kälte kroch in seine schmerzenden

Glieder. Schließlich begann es zu schneien und keine Herberge, keine Hütte und nicht einmal ein Stall waren in Sicht. Schon fürchtete er, verhungern oder erfrieren zu müssen, noch bevor ihm der grüne Ritter den Kopf abschlug. Doch dann sah er im Schneegestöber die hell erleuchteten Fenster eines Schlosses. Das Schloss gehörte dem Ritter Sir Birtilack.

»Willkommen, Sir Gawein«, sagte der Schlossherr, nachdem der Ritter ihn um ein Nachtlager gebeten hatte.

»Ihr kennt meinen Namen?«

»Ich erkenne Euren Schild. Nur Sir Gawein hat den Stern mit der Lilie in seinem Wappen.«

Als Gawein beim Kaminfeuer in Gesellschaft des Schlossherrn und der schönen Schlossherrin saß und köstlich speiste, hätte er beinahe vergessen, was für ein Abenteuer ihm bevorstand. Am nächsten Tag jedoch fragte er den Schlossherrn nach der grünen Kapelle und nach dem grünen Ritter.

»Am Neujahrstag muss ich ihn in der grünen Kapelle treffen. Das habe ich ihm am letzten Tag des vergangenen Jahres versprochen.«

»Keine Sorge«, sagte Sir Birtilack freundlich, »ich kenne die Kapelle, sie liegt nur etwa zwei Stunden Ritt von hier entfernt. Meine Gemahlin würde sich über Eure Gesellschaft freuen, wenn Ihr noch bleibt. Ich pflege nämlich die letzten drei Tage des Jahres immer in meinem Wald zu jagen und da fühlt sie sich einsam. Am Neujahrstag wird Euch mein Knappe den Weg zur Kapelle zeigen. Ihr werdet rechtzeitig dort sein.«

»Ich würde gerne mit Euch jagen«, sagte Gawein.

»Ihr seid zu erschöpft, ruht Euch lieber aus. Wer weiß, was Euch am Neujahrstag noch erwartet.«

Sir Gawein dachte, dass diese drei Tage die letzten seines Lebens sein würden, und war einverstanden.

»Am Abend könnten wir ein kleines Spielchen machen«, schlug der Schlossherr vor. »Ich gebe Euch, was ich auf der Jagd erlegt habe, und Ihr gebt mir, was Ihr im Schloss gefunden habt. Was haltet Ihr davon, Sir Gawein?«

Auch damit war der Ritter einverstanden.

Als der Schlossherr früh am Morgen des nächsten Tages zur Jagd ausritt, lag sein Gast noch im Bett. Da hörte er einen leichten Schritt, atmete einen süßen Duft und herein kam die schöne Schlossherrin. Sie fragte ihn höflich, wie er sich fühle, bewunderte sein prächtiges rotes Haar und plauderte über dies und über das. Nach einer Weile verzog sie ihren hübschen Mund zu einem Schmollmund und sagte: »Ihr habt mir noch gar nicht gesagt, ob Ihr mich schön findet, Herr Ritter!«

»O doch, o ja, sehr schön sogar«, stotterte er.

»Und warum bittet Ihr mich dann nicht um einen Kuss, Herr Ritter?«

Sir Gawein wurde rot. »Ich meinte … ich dachte … Nun, es schickt sich nicht. Aber wenn Ihr … Ach bitte, küsst mich.« Da nahm sie zärtlich seinen Kopf in ihre Hände und küsste ihn auf die Stirn.

Am Abend kam der Schlossherr und brachte seine Jagdbeute. Es war ein Hirsch. »Er gehört Euch, Sir Gawein, wie versprochen.«

»Der Hirsch soll unser Festmahl sein«, sagte der Ritter und gab dem verblüfften Schlossherrn einen Kuss auf die Stirn. »Das ist mein Geschenk für Euch.«

Sir Birtilack lachte und fragte: »Ein Kuss auf die Stirn? Wem habt Ihr ihn denn abgejagt?«

»Darauf muss ich nicht antworten, das war nicht ausgemacht«, sagte Gawein.

Als der Schlossherr früh am nächsten Tag zur Jagd geritten war und der Ritter noch im Bett lag, kam wieder die schöne Schlossherrin in sein Gemach geschlichen. Sie sagte ihm, wie sehr er ihr gefalle und dass sie noch nie einen schöneren Ritter gesehen hätte. Und dann gestand sie, dass sie sich fast in ihn verliebt hatte. Als sie ihn umarmen wollte, wehrte sich Gawein so höflich wie möglich und bat sie schließlich, ihn zu verlassen. Da gab ihm die schöne Frau zwei Küsse und ließ ihn allein.

Am Abend brachte der Schlossherr ein Wildschwein mit und machte es seinem Gast zum Geschenk. Als Gegengabe legte der Ritter dem erstaunten Schlossherrn die Hände auf die Schultern und gab ihm zwei Küsse. Von wem er sie erhalten hatte, sagte er nicht.

Schließlich war der letzte Tag des alten Jahres gekommen und der Schlossherr ritt wieder zur Jagd.

Auch an diesem Tag kam Lady Birtilack zu Sir Gawein und gestand ihm, dass sie sich wirklich in ihn verliebt hatte. »Ach, schöner Ritter«, seufzte sie, »Ihr müsst ein Herz aus Stein haben oder die Kälte des Winters ließ es erstarren, sonst würdet Ihr mich in die Arme nehmen und lieben.«

»Schönste Frau, mein Herz ist heiß wie Eures, aber Euer Gemahl ist mein Gastgeber, es wäre gegen meine Ritterehre, Euch zu lieben.«

Sie schmeichelte ihm und versuchte zärtlich, ihn umzustimmen, aber der tapfere Ritter widerstand. Da küsste sie ihn dreimal, dann löste sie ihren Gürtel und sprach: »Nehmt diesen Gürtel als Abschiedsgeschenk, er hat einen geheimen Zauber. Wenn Ihr ihn tragt, wird er Euch beschützen, und vielleicht denkt Ihr dabei auch an mich.«

Sir Gawein dankte der Lady und legte sich den grünen, mit goldenen Fäden durchwirkten Gürtel unter seinem Hemd um den Hals, denn niemand sollte ihn sehen.

Am Abend kam Sir Birtilack mit einem erlegten Fuchs und machte ihn dem Ritter zum Geschenk. Sir Gawein legte ihm wieder die Hände auf die Schultern und küsste ihn dreimal. Von dem Gürtel sagte er nichts.

»Drei Küsse?«, fragte der Schlossherr neugierig, »sonst habt Ihr nichts zu bieten?« – »Nein«, sagte Sir Gawein.

Am Neujahrstag bestieg der Ritter sein Pferd Gringolet und ein Knappe begleitete ihn bis zu einer Wegkreuzung, von der eine Straße zur grünen Kapelle führte. Dann ritt er allein weiter, an kahlen, froststarrenden Bäumen vorbei, durch Nebelschwaden, die dichter und dichter wurden, bis er glaubte, nichts mehr sehen zu können. Doch da klarte es auf und er sah einen grünen Hügel mit einer Öffnung, die wie ein Tor ins Innere führte.

»Das muss die grüne Kapelle sein«, dachte er, ritt den Hügel hinauf, stieg vom Pferd und rief hinein: »Herr Ritter von der grünen Kapelle, ich bin da, wie ich es vor einem Jahr und einem Tag versprochen habe.«

»Kommt nur herein, ich habe Euch schon erwartet, Sir Gawein«, hallte es aus dem Hügel, »meine Streitaxt ist neu geschliffen.«

Gawein drehte sich um, sah noch einmal die Berge von Wales, die jetzt in der Sonne leuchteten, und nahm von ihnen Abschied. Dann ging er in den Hügel hinein.

Der grüne Ritter stand da, genauso grün gekleidet wie vor einem Jahr auf Burg Camelot. »Ihr habt Wort gehalten, das schätze ich an Euch«, sagte er. »Nun zeigt, ob ihr ebenso mutig wie treu seid.«

Gawein sagte nichts. Er kniete nieder und senkte den Kopf, um den Schlag zu empfangen. Der grüne Ritter holte mit der Axt aus und ließ sie pfeifend niedersausen. Doch im letzten Augenblick zuckte Gawein zurück und die Axt hieb daneben.

»Ich habe nicht gezuckt, als Ihr vor einem Jahr mit der Axt zuschlugt«, sagte der grüne Ritter.

»Ihr wusstet aber auch, dass Euch der Kopf wieder anwächst, und ob das bei meinem Kopf auch so ist, weiß ich nicht. Schlagt also noch einmal zu.«

Der grüne Ritter holte noch einmal aus und diesmal zuckte Sir Gawein nicht, aber die Axt verfehlte seinen Hals um Haaresbreite und bohrte sich neben ihm in den weichen Boden.

»Wie oft wollt Ihr es noch versuchen?«, schrie Gawein. »Schlagt zu und trefft endlich!«

»Das will ich gerne tun«, sagte der grüne Ritter. Er hob die Axt, und als sie niedersauste, spürte Gawein einen leichten Stich. Blut tropfte von seinem Hals, aber die Streitaxt stak neben ihm im Boden.

»Nun aber genug«, schrie Gawein, sprang auf und zog sein Schwert. »Ich habe mein Wort gehalten, aber ich lasse mich nicht abschlachten.«

Zornig schaute er dem grünen Ritter ins Gesicht, doch der lächelte nur, und während er lächelte, verschwand das Grün in seinem Gesicht und auch seine Kleidung wandelte sich und auf einmal trug der Ritter nur die grüne Tracht eines Jägers. Der Jäger war niemand anders als Sir Birtilack, der Schlossherr.

»Warum das Spiel mit den drei Schlägen?«, wollte Gawein wissen.

»Die ersten zwei Schläge gingen fehl, weil ihr mir die Küsse meiner Frau gestanden habt. Erst der dritte Schlag hat Euch etwas Blut gekostet, weil Ihr gelogen habt. Ihr habt mir zwar die Küsse meiner Frau gegeben, jedoch das Geschenk ihres Gürtels verschwiegen. Ihr habt aber trotzdem die Probe bestanden. Denn wäret Ihr den Versuchungen meiner schönen Gemahlin erlegen, so hätte ich Euch ohne Zögern den Kopf abgeschlagen. Es war alles zwischen ihr und mir abgesprochen, denn ich wollte den Mut und die Standhaftigkeit eines Ritters der berühmten Tafelrunde prüfen. Ihr habt mir gezeigt, was wahre Ritterehre ist, Sir Gawein.«

»Aber ich habe Euch den grünen Gürtel verschwiegen«, sagte Gawein, nahm ihn von seinem Hals und wollte ihn Birtilack geben.

»Natürlich, weil Ihr jung seid und das Leben liebt, das ist verzeihlich. Behaltet den Gürtel als Erinnerung und merkt Euch, kein Spiel der Welt ist wert, dass man dabei den Kopf verliert.«

»Und wie kommt es, dass Ihr einmal der grüne Ritter seid, der nicht stirbt, auch wenn ihm der Kopf abgeschlagen wird, und dann wieder der gastfreundliche Schlossherr?«

»Ich bin der Herr des Waldes«, sagte der grüne Ritter, »und so wie der Wald in jedem Frühjahr zu neuem Leben erwacht, bin auch ich unsterblich. Mehr verrate ich nicht.«

Sir Gawein verbeugte sich, schwang sich auf sein Ross Gringolet und ritt den langen Weg zurück zur Burg Camelot, zu König Artus und den Rittern, die voll Freude waren und ihn feierten, als wäre er von den Toten auferstanden.

Sir Lancelot vom See, der weiße Ritter

Eines Tages, als König Artus eben zur Jagd ausreiten wollten, kam ein prächtiger Zug nach Camelot, sieben Ritter und sieben Damen auf weißen Pferden und zum Schluss eine Dame in einem blauen Kleid. Ein schöner blonder Jüngling in weißer Rüstung ging neben ihr und führte ihr Pferd am Zügel. Die Dame brachte ihr Pferd vor Artus zum Stehen und sprach: »Kennt Ihr mich noch, König Artus?«

Der König stutzte, doch bald fiel es ihm ein: »Ja, ich erinnere mich, Ihr seid die Dame vom See, Euch verdanke ich mein Schwert Excalibur.«

Die Dame lächelte. »Ihr habt mich also nicht vergessen. Heute habe ich eine Bitte an Euch. Der Jüngling in meiner Begleitung ist ein Königssohn, schlagt ihn zum Ritter, er wird Eurem Hof viel Ehre bringen. Seinen Namen kann ich Euch nicht nennen, er weiß ihn selbst noch nicht, aber er wird ihn nach seinem ersten Abenteuer erfahren.«

Artus versprach, ihr diesen Wunsch zu erfüllen, und die Dame verließ mit ihrem Gefolge die Burg.

Am nächsten Tag schon wurde der namenlose Jüngling zum Ritter geschlagen. Die Königin Guinevere selbst legte dem Knienden den Schwertgurt um die Hüften. Sie tat es, weil er ein Königssohn war, aber auch, weil der schöne Jüngling ohne Namen sie rührte. Doch als sie die Schnalle schließen wollte, gelang es ihr nicht. Der junge Ritter bemerkte es und half ihr, wobei sich ihre Hände berührten. Er sah zu ihr auf, und als er in ihre strahlend blauen Augen blickte, war er auf der Stelle in Liebe entbrannt. Er fühlte, dass er sie lieben würde, sein ganzes Leben lang.

Bald nach dem Ritterschlag des Jünglings kamen drei alte Männer zu König Artus, warfen sich vor ihm auf die Knie und baten inständig um Hilfe. Ein Ritter möge kommen, flehten sie, und sie von ihrem tyrannischen Burgherrn befreien, der die Menschen quälte und ausbeutete. Seine Burg Dolorsgard, die Burg der Schmerzen, sei verflucht. Aber nur ein Ritter ohne jede Schuld könne den Fluch lösen.

Als der Ritter in der weißen Rüstung, der noch keinen Namen hatte, das hörte, rief er sogleich, dass dies ein Abenteuer für ihn sei. Und König Artus dachte, wenn einer noch keinen Namen hat, so hat er wohl auch noch keine Schuld auf sich geladen, und ließ ihn reiten.

Die Burg Dolorsgard stand auf einem Felsen über dem Fluss Humber. Den Namen Schmerzensburg trug sie zu Recht, denn der Graf, dem sie gehörte, presste die Bauern aus bis aufs Blut und viele Ritter hatten den Tod gefunden, als sie versuchten, die Burg einzunehmen. Die Feste war von zwei Mauern umgeben, jede hatte ein Tor und jedes Tor wurde von zehn Rittern bewacht. Es mussten also zwanzig Ritter besiegt werden. Auf der zweiten Mauer stand eine riesige in Bronze gegossene Statue des Burgherrn. Es hieß, dass diese Statue von der Mauer stürzen würde, falls es einem schuldlosen Ritter gelänge, bis zu ihr vorzudringen.

Als der namenlose Ritter in der weißen Rüstung sich der ersten Mauer näherte, ertönte ein Horn und der erste Wächter ritt heran und eröffnete den Kampf. Der Ritter und der Wächter kämpften nicht lange, denn mit einem Streich war der Wächter überwältigt. Doch da kam auch schon der nächste Wächter herangaloppiert. Es erging ihm wie dem ersten und auch die nächsten zwei erlitten das gleiche Schicksal. Der weiße Ritter hatte vier seiner Gegner besiegt, war aber nun zu Tode erschöpft. Zum Glück war es Abend geworden und für einen Kampf zu dunkel. Er wollte sich unter einen Baum zur Ruhe legen, als eine junge Frau erschien und drei silberne Schilde brachte. Einer hatte einen roten Querbalken, der zweite hatte zwei rote Querbalken und der dritte drei. Sie sei eine Dienerin der Dame vom See, sagte sie und überreichte ihm die Schilde. »Mit ihnen wirst du siegen. Wenn du morgen müde wirst, nimm zuerst den Schild mit dem einen Querbalken und du wirst so stark sein wie dein Gegner, wenn du den zweiten Schild nimmst, wirst du Kraft haben wie zwei Männer, und wenn du den dritten nimmst, bist du so stark wie drei Männer.«

Der namenlose Ritter bedankte sich und besiegte am nächsten Morgen die übrigen sechs Torwächter, hatte dazu aber alle drei Schilde gebraucht. Nun näherte er sich dem Tor der zweiten Mauer. Es sprang auf und dahinter standen grimmig die nächsten zehn Ritter, bereit zum Kampf. Verzweifelt blickte der namenlose Ritter auf die Statue, die auf der Mauer stand, da fing sie auch schon an zu wanken, stürzte hinunter und erschlug einen Ritter, worauf die anderen neun in Panik davonrannten. Als die Statue auf dem Boden zerschellte, stürzte im Inneren der Burg auch der Burgherr zu Boden und stand nicht mehr auf.

Nun läuteten im Dorf die Glocken, denn der böse Zauber von Dolorsgard war gebrochen. Die Menschen bedankten sich bei dem weißen Ritter und machten ihm die Burg, die nun herrenlos war, zum Geschenk.

»Jetzt soll sie aber nicht mehr Schmerzensburg heißen«, sagte er fröhlich, »sondern Joyousgard, Freudenburg.«

Dann zeigte man ihm auf dem Friedhof die Gräber all der unglücklichen Ritter, die versucht hatten, die Burg einzunehmen, und ihren Mut mit dem Leben bezahlen mussten. In der Mitte des Friedhofs sah der Ritter ein Grab, das mit einer schweren Marmorplatte bedeckt war. Auf dieser Platte stand geschrieben, dass nur der sie zu heben vermag, der die Burg Dolorsgard vom Fluch befreit habe. Als der namenlose Ritter das las, wurde er neugierig. Er versuchte, die Platte zu heben, und sie wurde in seiner Hand so leicht wie ein dünnes Brett. Unter der Platte lag ein Sarkophag mit einer goldenen Inschrift: »Hier soll einst liegen Lancelot vom See, der Sohn des Königs Ban von Benwick.« Nun wusste der Ritter, wie er hieß, aber nicht, warum er so hieß.

Als er auf Camelot dem König und den Rittern der Tafelrunde erzählte, wie er die Burg Joyousgard gewonnen hatte und auf welche Weise er seinen Namen erfahren hatte, erschien plötzlich wieder die blaue Dame vom See. »Ja«, sagte sie, »er ist der Sohn jenes Königs Ban, der einst für Euch, König Artus, gegen die Belagerer von Bedegraine gekämpft hat. Da König Ban aber bald nach diesem Kampf starb, nahm ich den Knaben mit in mein Reich im See. Dort habe ich ihn aufgezogen und ihn in allem unterrichten lassen, was ein Ritter wissen und können muss. Er wird die Zierde Eures Hofes sein, König Artus.« Die blaue Dame lachte ein silberhelles Lachen und war im nächsten Augenblick verschwunden.

Kaum hatten sich der König und die Ritter von der Überraschung gefasst, als auf der Lehne des Stuhls, der neben dem »gefährlichen Sitz« stand, ein Name in goldenen Buchstaben aufleuchtete: Sir Lancelot vom See.

So kam es, dass der junge Ritter, der namenlos gekommen war, schon bald nach seinem Ritterschlag ein Mitglied der berühmten Tafelrunde wurde. Er erwies sich dieser Ehre würdig, denn die Dame vom See hatte für eine hervorragende Ausbildung in allen ritterlichen Künsten gesorgt. Sir Lancelot vom See, der weiße Ritter, war in jedem Wettkampf der überlegene Sieger, und bald hieß es, er sei der beste Ritter der Christenheit, wenn nicht gar der ganzen Welt.

König Artus pflegte einmal in Carlisle Hof zu halten, ein andermal in London, dann wiederum in Caerlon, denn er wollte allen Menschen seines Reiches nahe sein. Am liebsten aber hielt er sich auf Camelot auf. Jedes Jahr zu Pfingsten versammelten sich hier die Ritter der Tafelrunde, um von ihren Abenteuern zu erzählen oder ihre Kräfte im Turnier zu messen.

An einem Pfingstsonntag saßen König Artus und Königin Guinevere auf der Tribüne und verfolgten gespannt das prächtige Schauspiel, das die Ritter in ihren glänzenden Rüstungen auf dem Turnierplatz boten. Da sprengte ein unbekannter Reiter heran, sprang vom Pferd, riss die Königin von ihrem Thron und hob sie auf sein Pferd. Der Ritter stieß dem Ross die Sporen in die Flanken und sprengte davon.

Das alles geschah blitzschnell. Dem König setzte der Herzschlag aus, die Damen schrien auf und die Ritter auf dem Turnierplatz ließen die Schwerter sinken und starrten dem Reiter nach. Der König sprang auf und rief nach seinem Pferd, um hinterherzureiten, doch da hörte er eine Stimme: »König Artus, Ihr habt einst geschworen, das Reich und seine Menschen zu schützen, Ihr dürft nicht um eines Menschen willen Euren Eid brechen, auch dann nicht, wenn Ihr Eure Königin verliert. Ihr müsst geschehen lassen, was nicht zu ändern ist.« Die Dame vom See war unsichtbar zum König getreten und hatte ihn an seine Pflichten als Herrscher erinnert. Ehe er noch erwidern konnte, schwang sich Sir Lancelot vom See in den Sattel, rief: »Ich bringe die Königin zurück!«, und ritt davon.

Der Reiter, der die Königin geraubt hatte, war Meleagant. Man nannte ihn auch den schwarzen Ritter, denn schwarz waren seine Hände und sein Gesicht, schwarz war die Rüstung, die er trug, und schwarz war sein Pferd. Der schwarze Ritter war der Tod. Mit der ohnmächtigen Königin im Arm ritt er in sein Reich, in das wüste Land, aus dem kein Mensch je zurückgekehrt ist.

Dem schwarzen Ritter jagte ein weißer hinterher. Sir Lancelot durchquerte todesmutig den Wald der Finsternis, achtete nicht auf Dornen, Disteln und

Gestrüpp und verlor doch den schwarzen Ritter aus den Augen. Verzweifelt blickte er suchend um sich und sah im Dickicht etwas funkeln und leuchten. An einem dürren Zweig hing der goldene Kamm der Königin. Vielleicht wollte sie ein Zeichen setzen, damit man ihre Spur findet, dachte Lancelot, nahm den Kamm und drückte ihn an seine Lippen.

Ein höhnisches Gelächter ließ ihn zusammenfahren. Ein Karren, vor den eine Schindmähre gespannt war, holperte heran und darin hockte ein hässlicher Zwerg. »Was wollt Ihr hier, Herr Ritter? Eure Zeit für dieses Land ist noch nicht gekommen«, kreischte er.

»Ich suche die Königin Guinevere. Wo ist sie?«

Wieder ein Hohngelächter, dann blinzelte der Zwerg und deutete auf den Karren. »Steigt ab von Eurem hohen Ross, Herr Ritter, und steigt ein in meinen Karren, dann werdet Ihr es erfahren.«

Sir Lancelot vom See, der schöne weiße Ritter, zögerte. In einem solchen Karren wurden Mörder, Räuber, Verbrecher und Hexen zu Schafott und Scheiterhaufen gefahren. Sollte er sein edles weißes Ross mit dem Karren der Schande vertauschen?

»Nun gut«, krächzte der Zwerg, »bleibt schön hoch zu Ross, stolzer Ritter, dann werdet Ihr Eure Königin nie mehr sehen.« Da überlegte Sir Lancelot nicht länger, sprang ab von seinem Ross und hinein in den Schinderkarren. Der Zwerg gab der Mähre die Peitsche und der Karren rumpelte über Steine und Unterholz dahin, bis sie eine Stadt erreichten. Als die Leute den Ritter im Karren sahen, zeigten sie mit dem Finger auf ihn, krümmten sich vor Lachen und riefen: »Karrenritter, Karrenritter, wohin geht denn die Reise? Fährst du zum Schafott oder zum Galgen?«

Der schöne weiße Ritter zuckte jedes Mal zusammen, wenn er das Wort Karrenritter hörte, und die Fahrt durch die Stadt schien ihm endlos. Doch auch als sie die Stadt hinter sich hatten, dröhnte es ihm immer noch in den Ohren: »Karrenritter, Karrenritter!«

Am Ufer eines Flusses hielt der Zwerg den Karren an. »Hier ist die Fahrt zu Ende, Herr Ritter, steigt aus!«

»Wo ist die Königin?«

»Am anderen Ufer.« – »Und wie komme ich hinüber?«

»Gar nicht, Herr Ritter.«

Der Zwerg grinste bösartig. »Hier ist jeder Weg und jede Zeit zu Ende.« Wieder ließ er sein Gelächter hören, dann rumpelte der Karren davon.

Sir Lancelot vom See ging den Fluss entlang, fand aber weder Furt noch Fährmann, auch keine Brücke und keinen Kahn. Er ging weiter und sah am Ufer eine junge Wäscherin, die im Fluss weiße Hemden schwemmte.

»Meine Königin wurde entführt und wird drüben am anderen Ufer festgehalten. Wo gibt es einen Übergang?«

Die Wäscherin schüttelte den Kopf. »Es gibt keinen Übergang, Herr. Dies ist der Fluss des Vergessens, der das Reich der Toten vom Reich der Lebenden trennt. Kein Lebender kann ihn überqueren. Seht Ihr die Hemden, die ich schwemme? Sie haben keine Taschen, denn niemand kann auf seinem letzten Weg etwas mitnehmen.«

»Ich werde der erste Lebende sein, der den Fluss überquert. Ich muss hinüber.«

»Herr, es ist schade um Euer junges Leben, kehrt um!« Das Mädchen beschwor den Ritter. »Dort drüben ist das Reich des schwarzen Ritters, das Totenreich. Der schwarze Ritter besiegt jeden und verschont die Königin ebenso wenig wie einen Ritter oder Bauern.«

Doch Sir Lancelot blieb dabei: »Ich muss hinüber!«

Die Wäscherin seufzte. »Wenn es denn sein muss, dann geht dorthin, wo das Ufer steil ist und das Wasser tosend dahinschießt. Die Brücke, die hinüberführt, ist ein blankes Schwert. Sie ist so lang wie drei Lanzen und scharf wie die schärfste Klinge. Ihr müsst aber vorher Kleider und Rüstung ablegen und nackt wie ein kleines Kind hinübergehen.«

Lancelot fand die Brücke, die sich mit der Schneide nach oben über den wild brausenden Fluss spannte. Er legte Kleider und Rüstung ab und setzte seinen Fuß darauf. Da begann das Schwert gefährlich hin und her zu schwanken. Jetzt ließ er sich auf die Knie nieder, hielt sich mit den Händen fest und kroch langsam, Stück für Stück, vorwärts. Das Schwert zerschnitt ihm Hände, Knie und Füße, Blut rann aus seinen Wunden, und je weiter er kroch, desto heftiger schwankte die Brücke. Er fühlte seine Kraft schwinden und klammerte sich verzweifelt an die Klinge, tastete sich dann wieder vorwärts, und als er glaubte, im nächsten Augenblick in den Fluss zu stürzen, griff seine Hand auf ein Büschel Gras. Mit einer letzten Anstrengung zog er sich an das Ufer. Er war gerettet. Dann schwanden ihm die Sinne.

Eine Stimme krächzte und riss ihn aus seiner Ohnmacht. »Habt Ihr es doch geschafft, Herr Ritter! Aber die Königin bekommt Ihr trotzdem nicht. König Meleagant hält sie gefangen und aus dem Totenreich kommt niemand frei.«

Wieder ließ der Zwerg sein bösartiges Lachen hören, dann verschwand er. An seiner Stelle aber stand ein Mönch und reichte ihm die Hand. »Kommt mit mir«, sagte er. »Dort liegen Eure Kleider und die Rüstung, auch Euer weißes Pferd steht da und wartet. Aber zuerst müssen Eure Wunden heilen.«

Der Ritter kleidete sich an, ging mit dem Mönch mit, und als nach sieben Tagen seine Wunden verheilt waren, zeigte ihm der Mönch den Weg zum Schloss des schwarzen Ritters.

»Neben dem Tor hängt ein Jagdhorn, blast hinein und Meleagant wird erscheinen. Dann wird es zu einem Kampf auf Leben und Tod kommen. Gebe Gott, dass das Leben siegt«, sagte er und bekreuzigte sich.

Lancelot tat, was ihm der Mönch gesagt hatte, und blies in das Horn. Kaum war der letzte Ton verklungen, als Meleagant erschien. Ohne ein Wort zu sagen zog er sein Schwert und gleichzeitig zog auch Lancelot das Schwert. Die Funken sprühten und die Klingen klirrten und sie kämpften einen Kampf auf Leben und Tod, wie er noch nie gekämpft worden war. Meleagant wurde immer stärker, und als die Sonne im Sinken war, wurde Lancelot immer schwächer. Da hörte er plötzlich eine zarte Stimme: »Lancelot! Ach, lieber Lancelot vom See!«

Es war die Stimme der Königin Guinevere, die bei dem Waffenlärm aus dem Schloss geeilt war und nun zitternd dem Kampf zusah. Die Stimme der geliebten Königin gab dem weißen Ritter so viel Wärme, als würde die Sonne aufgehen, und verlieh ihm so viel Kraft, dass er den Tod mit einem Streich besiegte. Als er ihm das Schwert an die Brust setzte, sprach König Meleagant: »Stoßt nur zu, Herr Ritter, wenn Ihr den Tod töten wollt!«

Aber Guinevere sagte: »Lasst Gnade walten und den Tod leben. Ohne Tod gibt es kein Leben.« Da steckte Lancelot sein Schwert in die Scheide und König Meleagant erhob sich. »Euer Sieg über den Tod war nur vorübergehend, Sir Lancelot«, sagte er. »Der Tag wird kommen, an dem Ihr in mein Reich zurückkehrt und für immer bleiben müsst. Auch für Eure Königin wird dieser Tag kommen. Aber nun lebt wohl!«

Schweigend ritten die Königin und ihr Ritter nebeneinander her, und Lancelot war traurig, weil ihm Guinevere kein Wort des Dankes sagte. Schließlich sprach er: »Ich habe Euch dem Tod entrissen, ich bin für Euch in den Karren der Schande gestiegen und musste mich verspotten lassen. Ich habe mein Leben für Euch aufs Spiel gesetzt, Ihr aber straft mich mit Schweigen!«

Die Königin runzelte die Stirn. »Der Zwerg hat mir berichtet, dass Ihr gezögert habt, ehe Ihr in den Karren stiegt«, sagte sie. »Warum seid Ihr nicht sofort hineingesprungen? Würdet Ihr mich so verehren, wie Ihr sagt, hättet ihr keinen Augenblick überlegt.«

Darauf gab der Ritter keine Antwort. Er verstand die Welt nicht und die Königin schon gar nicht. Sie ritten schweigend weiter. Doch als sie ihm in Camelot lächelnd die Hand reichte, um ihm zu danken, hätte er für sie noch einmal Kopf und Kragen riskiert.

Eines Tages im Herbst nahm Lancelot Urlaub vom Hof des Königs. Er hatte kein bestimmtes Ziel, er wollte einfach nur fort. Von allen Rittern der Tafelrunde suchte er am meisten Abenteuer in der Fremde. Manchmal begleitete ihn Sir Gawein, den er wie einen Bruder liebte, manchmal auch Sir Bors oder einer von Sir Gaweins jüngeren Brüdern, Gaheris, Gareth und Agravain. Wo immer wer in Not war, kämpften die Ritter für Recht und gegen Unrecht. Sir Lancelots Taten rühmte man im ganzen Abendland und König Artus freute sich immer, wenn der weiße Ritter nach einem Abenteuer zurückkehrte und erzählte, was er erlebt hatte. Doch Lancelot tat es weh, die Königin, die er liebte, an der Seite ihres Gemahls zu sehen. In der Ferne suchte er Ablenkung, auch wollte er durch seine Abwesenheit Gerüchten entgegentreten, die immer entstanden, wenn er zu lange am Hof des Königs weilte.

An diesem Herbsttag war er weit über die Grenzen des Landes geritten und in ein Tal gekommen, wo unter einem tiefblauen Himmel die Birken golden leuchteten und die roten Beeren an den Sträuchern das verfärbte Laub noch bunter erscheinen ließen. Doch als er das Tal durchquert hatte und in eine weite Ebene kam, wichen die leuchtenden Farben dem fahlen Braun dürrer Äste und dem schmutzigen Gelb von verdorrtem Gras. Er sah keine Tiere und hörte auch keine Vögel singen, er ritt durch eine öde Landschaft unter einem nebelgrauen Himmel. Als er die Ebene durchquert hatte, gelangte er in die Stadt Corbenic im Land Corbenic.

Ein Bettler auf der Straße erkannte den weißen Ritter an seinem Schild mit der Rose und die Nachricht von seiner Ankunft sprach sich schnell wie der Wind herum. Sein Ruhm war bis in dieses traurige Land gedrungen. Die Menschen strömten aus den Häusern, umringten ihn und hinderten ihn am Weiterreiten. »Jetzt wird unsere Königstochter endlich gerettet!«, hörte er rufen, und: »Sir Lancelot ist der Einzige, der sie befreien kann!«

Eine Frau griff nach seinem Steigbügel, hielt sich fest und schluchzte: »Endlich hat die Not ein Ende.«

Der weiße Ritter wusste nicht, wie ihm geschah. »Was ist los mit eurer Königstochter? Wovon soll ich sie denn befreien?«, fragte er.

»Ach Herr, ein großes Unglück ist ihr und uns widerfahren«, berichtete ein Mann. »Die Tochter unseres Königs ist schön wie eine Lilie, daher heißt sie auch Elaine die Lilie. Weil aber die Zauberin Morgan le Fay ihr die Schönheit neidete, lockte sie die Prinzessin in einen Turm und schloss sie darin ein. Im Turm muss sie in einem kochend heißen Bad sitzen, bis ein Ritter den Mut aufbringt, sie daraus zu befreien. Gleichzeitig wurde unser Land von Hitze und Dürre heimgesucht, das Gras auf den Weiden verdorrte, die Tiere verdursteten und unsere Ernten wurden schlechter von Jahr zu Jahr. Ach, wenn Ihr Elaine doch retten könntet!«

»Ich will es versuchen«, sagte Sir Lancelot hilfsbereit. Er ging zu dem Turm, in dem die Königstochter gefangen war, stieg die enge Wendeltreppe hoch und kam zu einer verriegelten Eisentür. Er faltete demütig die Hände, sandte ein Stoßgebet zum Himmel, und es gelang ihm, was noch nie zuvor einem Ritter gelungen war: Kaum hatte er den Riegel berührt, als die Tür aufsprang. Heiße Dampfwolken schlugen ihm entgegen und nahmen ihm die Sicht. Erst als der kühle Luftzug, der durch die offene Tür strich, den Dampf lichtete, sah er eine Frau in einem Becken sitzen, das mit siedend heißem Wasser gefüllt war. Mit der einen Hand bedeckte er rasch seine Augen und mit der anderen Hand half er ihr, aus dem Becken zu steigen. Eine Dienerin, die ihm gefolgt war, hüllte Elaine in ein Tuch, trocknete sie ab und half ihr, in die mitgebrachten Kleider zu schlüpfen. Nun sah man, dass sie zu Recht »Lilie« genannt wurde. Ihre Haut war weiß wie der Blütenkelch einer Lilie und ihr Haar blond und glänzend wie Gold. Sie bedankte sich überschwänglich bei ihrem Retter und bat ihn, sie zu ihrem Vater, König Pelles von Corbenic, zu begleiten.

König Pelles, der krank und bleich vor Kummer um seine Tochter und sein Land war, erhob sich freudestrahlend, als Sir Lancelot sich vor ihm verbeugte. »Ich kann Euch nicht genug danken«, sagte er, »viele Ritter haben schon versucht, meine Tochter aus dieser unwürdigen Lage zu befreien, aber alle haben versagt. Gott möge Euch segnen und Eure Tat lohnen, ich vermag es nicht.«

Mittlerweile hatte Elaine ein Festmahl für ihren Retter bereiten lassen. Doch bevor noch die Speisen und Getränke aufgetragen wurden, fielen Lancelot vor Müdigkeit die Augen zu und er träumte einen seltsamen Traum. Er träumte, dass eine weiß gekleidete Jungfrau erschien, die einen goldenen Kelch in den Händen hielt, von dem ein blendendes Licht strahlte. Gleichzeitig strömte ein wundersamer Duft durch das Tor in die Halle. Die Jungfrau ging mit dem Kelch um die Tafel herum, wobei ihre Füße kaum den Boden berührten, dann entfernte sie sich. Die Flügel des Tors schlossen sich hinter ihr und Lancelot erwachte.

Als König Pelles seinen Gast scherzend fragte, wovon er denn geträumt habe, da im Schlaf ein Lächeln sein Gesicht verklärt hatte, erzählte ihm Lancelot seinen Traum. »Was hat das zu bedeuten?«, fragte er leise.

»Ihr habt vom Heiligen Gral geträumt«, sagte König Pelles ehrfürchtig. Und als Lancelot ihn fragend ansah, fuhr er fort: »Der Heilige Gral ist ein Kelch oder eine Schale, aus dem unser Heiland beim Letzten Abendmahl getrunken hat. Joseph von Arimathia hat darin das Blut aufgefangen, als der Erlöser am Kreuz hing und der Soldat ihn mit der Lanze in die Seite stach. Joseph von Arimathia hat diesen Kelch später nach Britannien gebracht. Wo er jetzt aufbewahrt wird, ist ein Geheimnis. Einmal wird der Heilige Gral auch den edlen Rittern der Tafelrunde erscheinen und sie zu ihrem letzten und größten Abenteuer aufrufen.«

Es war still im Saal, nachdem der König gesprochen hatte. Erst nach einer Weile begannen die Ritter wieder zu sprechen und Elaine ließ die Speisen auftragen. Lancelot wunderte sich über diesen Traum, dachte aber nicht lange darüber nach und hatte ihn bald vergessen. Erst viel später sollte er sich daran erinnern.

Sir Lancelot vom See genoss die Gastfreundschaft des Königs und die Gesellschaft der schönen Elaine, doch seine Gedanken bei Tag und seine Träume bei Nacht waren bei Königin Guinevere. Sosehr er auch versuchte, sich diese Liebe aus dem Herzen zu reißen, es gelang ihm nicht. Er bemerkte daher auch nicht, dass Elaine sich leidenschaftlich in ihn verliebt hatte, und ahnte nicht, wie viele Nächte sie durchweinte, weil er ihre Liebe nicht erwiderte. Doch Brissen, Elaines alte Amme, wusste es.

Die Amme war eine Zauberin. Wie Morgan, Gawein oder Merlin hatte auch sie Verbindung zu den verborgen wirkenden Mächten der alten Welt. Bei Elaines Geburt war eine Fee erschienen, die niemand sah außer Brissen und niemand außer Brissen hörte.

Die Fee hatte der Amme ins Ohr geflüstert, dass die neugeborene Königstochter einmal einen Ritter mit dem Namen Galahad zur Welt bringen werde. Dieser Ritter mit dem reinen Herzen ohne Sünde und ohne Makel werde auserwählt sein, den Heiligen Gral zu sehen.

An diese Weissagung erinnerte sich Brissen, als sie die rotgeweinten Augen Elaines sah, und hielt es an der Zeit, dem Mädchen die geheime Botschaft der Fee zu verraten. »Beruhige dich, mein Herz«, sagte sie, »morgen Nacht wirst du in Lancelots Armen liegen und einen Sohn empfangen, der Galahad heißen wird. Er wird der beste und edelste aller Ritter sein, von Gottes Gnade berufen, den Heiligen Gral zu erblicken.« Dass die Fee auch prophezeit hatte, dass die Liebe dem Mädchen großen Schmerz zufügen würde, verschwieg sie.

Am nächsten Tag brachen Elaine und die Amme auf geheimen Wegen zum Schloss von Case auf. Stunden später klopfte ein Bote Brissens an der Tür zu Lancelots Kammer, und als dieser öffnete, drückte ihm der Bote einen Ring in die Hand. Lancelot warf einen Blick darauf und glaubte, einen Ring Guineveres zu erkennen. »Die Königin erwartet Euch im Schloss von Case«, flüsterte der Bote und verschwand.

Lancelots Herz begann zu rasen. Er sprang auf sein Pferd, jagte es durch Gestrüpp und Gehölz, scherte sich nicht um kahle Zweige, die seine Wangen peitschten und ihm die Haut zerkratzten, trieb es zu immer wilderem und schnellerem Galopp. Wenn das Tier in der Düsternis zu straucheln drohte, stieß er ihm die Sporen in die Flanken, dann bäumte es sich auf und sprang mit einem gewaltigen Satz vorwärts. Wie in Trance wiederholte Lancelot immer wieder den geliebten Namen der Königin, und wenn er den Blick zum Nachthimmel hob und die schwarzen Wolken den Mond freigaben, sah er darin das strahlend schöne Gesicht Guineveres.

Vor dem Schloss sprang er vom Pferd, und Brissen, die ihn erwartet hatte, öffnete ihm das Tor. Lancelot, der die Amme nie zuvor gesehen hatte, hielt sie für eine Vertraute der Königin Guinevere und ließ sich von ihr in eine Kammer führen, wo er sich den Staub vom Leib waschen konnte. Dann reichte sie ihm ein Getränk, von dem ein betörender Duft ausging. Als er es getrunken hatte, fühlte er sich von den Anstrengungen des Ritts befreit, und alles, was er sah, sah er durch einen goldenen Schleier. Sein Herz drohte zu zerspringen, als Brissen ihm leise die Tür zu einem Gemach öffnete. Er starrte in das Dunkel, seine Lippen flüsterten »Guinevere« – und er sank in die Arme Elaines.

Als Lancelot am hellen Morgen erwachte und neben ihm Elaine erkannte, stieß er einen Schrei aus. »Ich töte dich«, schrie er und griff nach seinem

Schwert. So grausam aus Schlaf und Traum gerissen, starrte ihn Elaine entsetzt an. In ihren Augen lag Angst, nackte Todesangst. Da steckte er das Schwert in die Scheide. »Elaine«, schluchzte er und sank in die Knie. »Warum habt Ihr mir das angetan? Warum nur?«

»Aus Liebe«, flüsterte sie, und dann weinte sie, als müssten ihre Tränen das ausgetrocknete Land ihres Vaters, die verdorrten Weiden und die verbrannten Wiesen, bewässern. Lancelot stand auf, küsste sie auf die Stirn und ging zum Fenster. Er öffnete es und sprang hinaus. Mit blutenden Füßen rannte er durch das Dickicht, durch das er am Tag zuvor geritten war, rannte weiter und immer weiter, bis das Dunkel des Waldes sich hinter ihm schloss.

Auf den goldenen Herbst folgte ein trüber Winter und das Frühjahr kam spät. Doch als die Bäume wieder grün waren, trug Elaine ein Kind auf den Armen. Es war Galahad, Sir Lancelots Sohn.

Ein Jahr war seit dem Verschwinden des Ritters vergangen und niemand auf Camelot wusste, wo er war, oder hatte von ihm gehört. Da brach Sir Bors auf, um ihn zu suchen. Doch wo immer er auch hinkam und wen immer er fragte, niemand hatte ihn gesehen, niemand gab ihm Auskunft. Zuletzt kam er auch nach Corbenic, wo die Felder, die Wiesen und die Weiden wieder grünten und die Bäume blühten. König Pelles hieß ihn freundlich willkommen, und als Elaine zur Begrüßung erschien, hielt sie ihren Sohn auf dem Arm. Verwundert schaute Sir Bors das Kind an – und blickte in die großen grauen Augen Sir Lancelots. Nun lächelte Elaine. »Der Vater meines Sohnes ist Sir Lancelot vom See, der weiße Ritter«, sagte sie.

»Ist denn der Ritter hier?«

»Nein, nicht mehr. Er ist im Dunkel des Waldes beim Schloss von Case verschwunden. Wir haben lange nach ihm gesucht, tagelang und nächtelang, ihn aber nicht gefunden.«

Traurig ritt Sir Bors zurück nach Camelot. Auch König Artus wurde das Herz schwer, als er von der vergeblichen Suche erfuhr, denn er liebte Lancelot. Aber noch schwerer wurde das Herz der Königin.

Sir Bors verriet einmal seinem Freund Gawein, dass Elaine einen Sohn Sir Lancelots zur Welt gebracht hatte, und bat ihn, niemandem davon zu erzählen. Gawein versprach, das Geheimnis zu hüten, doch irgendwie, niemand konnte später sagen, wie es geschah, wusste es bald jeder und zuletzt erfuhr es auch die Königin. Da wurde Guinevere vor Schmerz und Zorn halb verrückt. König Artus ahnte den Grund und Merlins Worte fielen ihm ein: »Guinevere wird dein Unglück sein.« Da brach auch ihm vor Kummer fast das Herz.

Als wieder ein Jahr seit Sir Lancelots Verschwinden zu Ende ging, machten sich mehrere Ritter auf die Suche nach dem weißen Ritter, doch keiner kehrte mit ihm zurück. Gerüchte tauchten auf, dass sich in den Wäldern beim Schloss von Case ein Wahnsinniger mit langem Bart und wüst zerzaustem Haar herumtreibe, aber niemand ahnte, dass der Verrückte Sir Lancelot sein könnte.

Eines Tages meldete ein Jäger König Pelles, dass er einen verwilderten Menschen gefunden habe, der bewusstlos im Wald liege. Elaines Amme Brissen, die sich neben ihren Zauberkünsten auch auf die Kunst des Heilens verstand, ging zu der Stelle, die der Jäger beschrieben hatte. Elaine, die mit allen Kranken Mitleid hatte, ging mit. Unter einem Baum fanden sie einen in Lumpen gehüllten Mann regungslos und mit geschlossenen Augen liegen. Sein Haar war zottelig, der lange Bart struppig und seine Haut mit Geschwüren bedeckt. Elaine kniete neben ihm nieder, strich ihm die Haare aus dem Gesicht – und starrte in das Gesicht Sir Lancelots. Der ohnmächtige Ritter wurde in eine Kammer auf Burg Corbenic gebracht, wo Brissen seine Wunden versorgte, ihm Bart und Haar schnitt und ihn mit heilkräftigen Salben pflegte. Bei Tag wachte Elaine bei ihm, bei Nacht saß Brissen an seinem Lager.

Als Lancelot aus seiner Ohnmacht erwachte, die Augen aufschlug und Elaine erblickte, die sich liebevoll über ihn beugte, glaubte er zunächst an eine Täuschung. Zwei Jahre lang hatte der Wahnsinn seinen Geist verwirrt und hatten ihn Trugbilder genarrt. Aber nun war sein Verstand klar und er erkannte Elaine an der Stimme. »Um alles in der Welt, wie bin ich denn hierher gekommen?«, rief er bestürzt.

Elaine erklärte es ihm mit sanfter Stimme und bat ihn, so lange als Gast zu bleiben, bis er wieder ganz bei Kräften sei. Insgeheim hoffte sie jedoch, er würde sie nie verlassen, und erzählte ihm, dass sie einen Sohn geboren hatte, von dem er der Vater sei. Aber Lancelot erinnerte sich nur an die erzwungene Liebesnacht, in der er geglaubt hatte, die Königin Guinevere in den Armen zu halten, und spürte, wie der Zorn in ihm hochstieg. Doch er zwang sich zur Höflichkeit, dankte ihr für alles, was sie für ihn getan hatte, und bat sie, ihren gemeinsamen Sohn sorgfältig zu erziehen. Dann sagte er, dass er nicht bleiben könne. Er müsse fort.

»Ach, könntest du nur bleiben, ich würde für dich leben und für dich sterben«, sagte sie mit zitternder Stimme.

»Du sollst für mich weder leben noch sterben«, erwiderte Lancelot. »Eines Tages wird ein Ritter kommen, der dich liebt. Ihm sollst du dein Herz schenken, nicht mir.«

Elaine schüttelte nur stumm den Kopf und Sir Lancelot vom See ritt davon. Sie stieg auf den Söller der Burg und sah ihm lange nach. Sie wusste, dass es ein Abschied für immer war.

Sir Lancelot ritt auf kürzestem Weg nach Camelot und der ganze Hof, allen voran König Artus, freute sich über seine Rückkehr. Nur die Königin blieb kühl. Eines Tages traf er sie allein an. »Also seid Ihr doch wieder zurückgekehrt, Herr Ritter«, sagte Guinevere scheinbar leichthin.

»Ja, ich bin zurückgekehrt«, sagte Lancelot und das Herz schlug ihm bis zum Hals.

»Es war eine lange Zeit«, fuhr die Königin fort. »Warum seid Ihr nicht auf Burg Corbenic geblieben? Man sagt, König Pelles' Tochter sei sehr schön. Sie heißt nicht ohne Grund Elaine die Lilie.«

»Sie ist sehr schön«, sagte Lancelot, »aber nicht sie, sondern Euch liebe ich.«

»Und doch ist sie die Mutter Eures Sohnes!«

»Ja«, sagte Lancelot und erzählte, wie ihn der Ring und das Getränk der Amme getäuscht und verwirrt hatten, sodass er glaubte, sie, Guinevere, hätte ihn rufen lassen.

Als die Königin das hörte, umarmte sie ihn, und als sie einander in den Armen hielten, fühlten beide, dass sie nie mehr von einander lassen konnten. Und beide wussten, dass diese Liebe sie in Schuld verstrickte und ihnen und dem König noch viel Leid bringen würde. Aber das Schicksal nahm seinen Lauf, ganz so, wie es Merlin vorhergesagt hatte, der nun schon Jahr für Jahr unter dem Weißdornbusch seinen Zauberschlaf schlief.

Sir Gawein und die hässliche Frau

Das Weihnachtsfest feierte König Artus mit den Rittern seiner Tafelrunde gerne in Carlisle, nahe der Grenze zu Schottland. Wenn das fröhliche Fest vorbei war, ritt er in den Tagen bis zu Neujahr oft allein aus, um in der Stille der Landschaft neue Kraft zu schöpfen. So ritt er an einem Wintertag durch den Wald von Inglewood und kam zu der Meeresbucht von Tarn Wathelan. Da tauchte plötzlich ein Riese in schwarzer Rüstung auf einem schwarzen Schlachtross auf und versperrte ihm mit seiner Keule den Weg. Der Riese war ausnehmend hässlich, sein Mund war verzerrt, die Augen schielten, die Nase hatte einen Höcker und seine Haut war mit Krätze bedeckt. Ehe der König ein Wort sagen konnte, hatte ihm der Riese schon das Schwert Excalibur vom Gürtel gerissen. »Herr König, jetzt seid Ihr in meiner Gewalt«, grölte er. »Ich könnte Euch töten und mich zum Herrscher Eures Reiches machen oder Euch ins Verlies meiner Burg werfen. Dort könnt Ihr das neue Jahr erwarten, wenn Ihr so lange am Leben bleibt. Aber ich will gnädig sein. Ihr könnt Euch auslösen.«

»Wie viel Gold willst du?«, fragte der König und seine Stimme bebte vor Zorn.

»Gold? Wer fragt nach Gold. Ich brauche es nicht, soll ich mich sorgen, ob es mir wer stiehlt?«

»Was willst du dann?«

»Wenn Ihr mir Euer Wort gebt, dass Ihr von heute an in einem Jahr wieder hierherkommt und die richtige Antwort auf meine Frage wisst, gebe ich Euch Euer Schwert zurück und lasse Euch ziehen.«

»Und was fragst du?«

»Ich will wissen, was der größte Wunsch einer Frau ist, was sie sich am sehnlichsten wünscht«, sagte der Riese und lachte, dass es wie Donnergrollen klang. König Artus dachte, dass ihm die Antwort auf diese Frage schon noch einfallen würde, und versprach, am Neujahrstag wieder nach Tarn Wathelan zu kommen. »Ich werde da sein«, sagte er, »entweder mit der richtigen Antwort oder mit der falschen.«

Wieder lachte der Riese sein donnerndes Lachen. »Wenn es die falsche Antwort ist, dann habt Ihr ausgespielt, Herr König, dann seid Ihr tot oder sitzt Euer Leben lang im Verlies meiner Burg.« Er gab Artus Excalibur zurück und trollte sich.

Nachdenklich ritt König Artus durch den verschneiten Wald zurück nach Carlisle. Tausend Dinge, die sich eine Frau wünschen könnte, schwirrten ihm im Kopf umher, aber was würde sie sich am sehnlichsten wünschen? Er hatte keine Ahnung. Traurig dachte er an Merlin, der sicher die Antwort auf die Frage gewusst hätte.

In Carlisle begrüßte ihn sein Neffe Gawein und merkte sofort, dass der König bedrückt war. Nachdem Artus ihm von der Begegnung erzählt hatte, dachten beide zuerst, es wäre am besten, eine Frau, die Königin, zu fragen, was sie sich am sehnlichsten wünsche. Doch bald verwarfen sie den Gedanken. Die Wünsche einer Frau zu erraten sei schließlich Männersache, meinten sie, und es wäre doch gelacht, wenn ihnen die Lösung des Rätsels nicht einfiele. Sie ließen auch die anderen Ritter mitraten und mitdenken, und als sie so beim Feuer saßen und grübelten, fiel dem einen dies ein und dem anderen jenes. So kam es, dass König Artus sich am Neujahrstag nicht mit einer, sondern mit neunundneunzig Antworten auf den Weg machte. Kurz bevor er Tarn Wathelan erreichte, sah er im Schnee einen feuerroten Fleck leuchten und hörte eine schöne, klangvolle Stimme: »Guten Tag, ich wünsche Euch ein gutes neues Jahr.«

Neugierig ritt er näher, hielt sein Pferd an und vor Schreck stand ihm der Mund offen. Die schöne Stimme gehörte der bei Gott hässlichsten Frau, die er je in seinem Leben gesehen hatte. Sie saß in einem feuerroten Kleid auf einem umgestürzten Baumstamm zwischen einer Stechpalme und einer jungen Eiche.

Eines ihrer Augen schielte nach rechts, das andere nach links, die Höckernase war gebogen, der halb offene Mund war schief und ließ einen braungelben Zahn sehen, die Haut war von Krätze entstellt und statt der Haare hatte sie Zotteln.

»Herr König, auch wenn ich nicht so schön bin wie die vornehmen Damen an Eurem Hof, so könntet Ihr wenigstens so höflich sein, mir für meinen Gruß zu danken. Vielleicht verrate ich Euch dann die Antwort auf die Frage, die Ihr und Eure Ritter nicht gefunden habt.«

König Artus verbeugte sich und sprach: »Verzeiht, auch ich wünsche Euch ein gutes neues Jahr. Und wenn Ihr mir die richtige Antwort sagt, werde ich für immer daran denken, dass ein gutes Herz mehr bedeutet als vergängliche Schönheit.«

»Das sind nur Worte, die nichts bedeuten, Herr König, damit gebe ich mich nicht zufrieden.«

»Sagt mir die Antwort und Ihr sollt bekommen, was immer Ihr wollt.«

»Versprecht Ihr das?«

»Ich verspreche es«, sagte der König.

»Ich will heiraten«, sagte die hässliche Frau im feuerroten Kleid, »und zwar den schönsten Ritter der berühmten Tafelrunde. Sir Gawein, der Ritter mit den roten Locken, Euer Neffe, soll mein Gemahl werden.«

König Artus wurde blass. Diese Hexe sollte die Gemahlin Sir Gaweins werden? Er schüttelte den Kopf. »Das geht nicht, ich kann doch nicht für ihn entscheiden und ich zweifle auch daran, dass Ihr für ihn die richtige Frau seid.«

»Sir Gawein würde Euch zuliebe sogar mich heiraten, Herr König. Aber wenn Ihr lieber sterben oder im Verlies des Riesen schmoren wollt, bitte sehr. Euer Wort als König ist so leicht wie ein Blatt, das vom Baum fällt. Versprochen und schon gebrochen, Herr König.«

Sie sah ihn an, und im Blick ihrer schielenden Augen las er neben Trotz und verletztem Stolz eine tiefe Traurigkeit, die ihn, ob er es nun wollte oder nicht, doch betroffen machte. Er war in einer Zwickmühle. Was sollte er tun? Schließlich stieß er hervor: »Ich werde Sir Gawein zu Euch bringen, damit er selbst entscheiden kann. Wenn er Euch heiraten will, sollt ihr beide meinen Segen haben. Einverstanden?«

»Einverstanden«, sagte die Frau und ihr schiefer Mund versuchte zu lächeln. Dann verriet sie dem König die richtige Antwort und Artus ritt zum Treffpunkt mit dem schwarzen Riesen.

Als der Riese die Antwort hörte, brüllte er vor Zorn und brach in seiner

Wut die Keule entzwei. »Das hat Euch meine Schwester Ragnell verraten, diese triefäugige, schiefmäulige Hexe«, schrie er. Da aber die Antwort richtig gewesen war, musste er den König ziehen lassen.

Sorgenschwer ritt König Artus zurück nach Carlisle, und je näher er kam, desto tiefer gruben sich die Falten in sein Gesicht. Die Ritter bestürmten ihn mit ihren Fragen, er aber wehrte ab und wollte allein sein. Als er in seinem Gemach in die Flammen des Kaminfeuers starrte, trat sein Neffe Gawein zu ihm und wollte wissen, was ihn so bekümmerte. Artus erzählte ihm, dass er von einer Frau die richtige Antwort erhalten und sie auch dem Riesen gesagt hatte, der Preis dafür aber sei die Hochzeit der Frau mit einem Ritter der Tafelrunde. Mit welchem, sagte er nicht.

Gawein lachte nur und sagte, es würde sich schon einer finden, es gäbe ja noch so manche Ritter, deren Herz frei sei. »Ist sie auch jung und hübsch?«, fragte er und lachte wieder sein fröhliches Lachen.

Der König aber seufzte tief und sagte: »Sie ist die hässlichste und unglücklichste Frau, der ich jemals begegnet bin.« Da verging Sir Gawein das Lachen.

Am nächsten Morgen ritt König Artus mit Gawein und einigen Rittern in den Wald, um die hässliche Frau im feuerroten Kleid aufzusuchen. Die Ritter erschraken bei ihrem Anblick. Nun fiel dem einen plötzlich ein, dass er unbedingt seinen entlaufenen Jagdhund suchen müsse, ein anderer hatte plötzlich heftige Bauchschmerzen und musste dringend zurück nach Carlisle, ein dritter wollte einen Hasen jagen, ein anderer entfernte sich ganz unauffällig und jeder hatte etwas ganz Wichtiges zu tun, das er nicht aufschieben konnte. Zuletzt waren König Artus und Sir Gawein allein. Fragend sah Gawein den König an, doch der starrte stumm und die Stirne runzelnd vor sich hin. Mit einem Seufzer sprang Gawein vom Pferd, ging zu der Frau im feuerroten Kleid, verbeugte sich und sagte. »Darf ich um Eure Hand bitten?«

Sie sah zu ihm auf, nickte und ihr verzweifeltes, hässliches Gesicht drückte eine leise Hoffnung aus. Gawein hob sie zu sich aufs Pferd und ritt mit ihr nach Carlisle, wo noch am Abend desselben Tages Hochzeit gefeiert wurde. Es war ein Fest mit Spielleuten, Sängern und Spaßmachern, aber froh war außer der hässlichen Braut im feuerroten Kleid niemand.

Als das junge Paar im Schlafgemach war, starrte Sir Gawein in das flackernde Feuer des Kamins. Den Anblick seiner Frau konnte er nicht ertragen. Da hörte er sie sagen: »Du bist nun mein Ehemann, aber du hast mich noch kein einziges Mal geküsst. Wo bleibt die Höflichkeit, mein Gemahl?«

Sir Gawein fuhr zusammen. Er wusste, dass die Höflichkeit einer Dame gegenüber zu den Tugenden eines Ritters gehörte, daher überwand er sich, drückte fest die Augen zu, bevor er sich ihr zuwandte, und küsste sie. Doch was war das? Auf einmal fühlten sich die schiefen Lippen der Frau so weich an, wie er es nie erwartet hätte. Ganz vorsichtig machte er die Augen ein wenig auf, denn er traute ihnen nicht, im nächsten Moment aber riss er sie auf. Er sah die bezauberndste und schönste junge Frau, die er je in seinen Armen gehalten hatte. »Wie ... wie ... wie kommt das?«, stotterte er verwirrt.

»Ein Fluch, von dem ich jetzt halb erlöst bin, hat mich verdammt, entweder bei Nacht so schön zu sein, wie du mich jetzt siehst, und bei Tag so hässlich, wie ich im Wald war, oder umgekehrt. Du kannst wählen, was dir lieber ist.«

Sir Gawein überlegte hin und her und konnte sich nicht entscheiden.

»Du musst etwas bedenken«, sagte sie, »in der Nacht gehöre ich dir allein und bin nur für dich schön, bei Tag bin ich allerdings die hässlichste aller Frauen und die Ritter könnten dich meinetwegen verspotten. Bin ich bei Tag schön, werden die Ritter dich beneiden, aber in der Nacht musst du mein Aussehen ertragen.«

Wieder überlegte Gawein hin und her und wusste nicht, was er lieber wollte, dann sah er sie liebevoll an und sagte: »Ich glaube, am besten ist, wenn du die Entscheidung triffst. Was dir am liebsten ist, soll geschehen.«

Da fiel ihm die schöne junge Frau unter Freudentränen um den Hals. »Jetzt bin ich ganz von dem Fluch befreit, den Morgan le Fay über mich und meinen Bruder verhängt hat, denn nichts wünscht sich eine Frau sehnlicher, als für sich selbst entscheiden zu können. Das ist die richtige Antwort auf die Frage, die er als schwarzer Riese dem König gestellt hat. Nun kann ich Tag und Nacht so aussehen wie jetzt und auch mein Bruder ist nicht mehr dazu verdammt, einsamen Wanderern mit der Keule aufzulauern und sie nach dem größten Wunsch einer Frau zu fragen.«

»Warum hat die Zauberin euch verflucht?«

»Morgan wollte meinen Bruder als Werkzeug benutzen, damit er König Artus die Herrschaft über Britannien entreiße. Sie hoffte, dass Artus dann zu ihr nach Avalon käme und für immer bei ihr bliebe. Und mir neidete sie die Schönheit.«

»Wieso hast du die Antwort gewusst, die König Artus gerettet hat?«

»Weil ich eine Frau bin und weiß, was Frauen wünschen, und weil auch ich eine Zauberin bin«, sagte Ragnell und lächelte. Nun wurde noch einmal groß gefeiert und bei diesem Fest waren alle froh.

Sieben Jahre waren die Zauberin Ragnell und Sir Gawein sehr glücklich. Dann war sie eines Tages verschwunden und kam nie wieder. Sie war in jene andere Welt gegangen, deren Geheimnisse kein Mensch ergründen kann. Sir Gawein, der schöne Ritter, trauerte lange um sie, und nach ihrem Verschwinden klang sein Lachen nie mehr so fröhlich wie zu der Zeit, als sie seine Gemahlin war.

Erec und Enide

Als König Artus einmal in Caerleon Hof hielt, meldete ihm ein Knecht, dass er im Wald von Dean einen weißen Hirsch gesehen hatte. »Dann brechen wir morgen früh zur Jagd auf«, sagte Artus, denn ein weißer Hirsch war etwas Besonderes und der König jagte leidenschaftlich gern.

Auch Königin Guinevere wollte mitreiten, verspätete sich aber, sodass der König Sir Erec bat, die Königin und ihre Dienerin bei ihrem Ausritt zu begleiten.

Für Erec, den Sohn des Königs Lac von Destrigales, war es eine große Ehre, Begleiter der Königin zu sein, und die drei ritten fröhlich dem König und seinem Tross hinterher. Schon hörten sie das Gebell der Jagdhunde und den Klang der Hörner, als ihnen ein hässlicher Zwerg auf einem Pony begegnete, dem eine vornehm gekleidete Dame und ein Ritter auf schönen großen Pferden folgten.

Königin Guinevere, die stets neugierig war, wollte wissen, wer der fremde Ritter sei, und befahl ihrer Dienerin, den Zwerg nach dem Namen seines Herrn zu fragen. Doch statt einer Antwort versetzte der Zwerg dem Mädchen einen Schlag mit der Peitsche. Mit blutender Wange kehrte es weinend zurück. Wütend fragte nun Sir Erec den Zwerg nach dem Namen des Ritters, doch auch er bekam die Peitsche zu spüren. Dann gab der Zwerg seinem Pony die Sporen und ritt davon, der fremde Ritter und die Dame ritten schweigend hinterdrein. Da Sir Erec keine Rüstung trug, konnte er den fremden Ritter nicht zum Zweikampf fordern. Also bat er die Königin, sich entfernen zu dürfen, um irgendwo eine Rüstung und ein Schwert aufzutreiben und die Schmach zu rächen. »Wenn Ihr nach zwei Tagen nichts von mir gehört habt, bin ich tot«, sagte er und ritt davon.

Er lenkte sein Pferd in die Richtung, in die Ritter, Dame und Zwerg geritten waren, und kam gegen Abend in eine Stadt mit einer Burg, wo er gerade noch sah, wie Dame, Ritter und Zwerg durch das Burgtor ritten und verschwanden.

In der Stadt herrschten ein Gedränge und ein Getümmel wie vor einem großen Fest. Hin und wieder hörte er das Wort »Sperber«, konnte sich aber keinen Reim darauf machen. Er suchte eine Herberge, wurde aber nirgends aufgenommen, jede Kammer war besetzt, auch eine Rüstung war nirgends aufzutreiben. Missmutig wollte er die Stadt verlassen, als er etwas außerhalb eine Ritterburg sah, die schon halb verfallen war. Vielleicht kann ich dort die Nacht verbringen, dachte er, zumindest habe ich ein Dach über dem Kopf.

Im Burghof traf Sir Erec auf einen alten Mann, der sich zu freuen schien, als er den Ritter sah, und ihn freundlich einlud, sein Gast zu sein. Er habe nicht viel, sagte der Burgherr, aber das Wenige wolle er gerne mit ihm teilen. Dann erzählte er, dass er einst Herr über große Ländereien gewesen sei, sein Neffe ihn aber daraus vertrieben habe. Einzig die baufällige Burg, in der er mit seiner Frau und seiner Tochter wohne, sei ihm geblieben.

»Enide, mein einziges Kind, muss Knappe und Knecht ersetzen«, sagte er. »Sie wird sich gleich um Euer Pferd kümmern.«

Das verarmte Ritterfräulein trug nur einen einfachen Kittel, war aber so anmutig und schön, dass es jede Prinzessin in den Schatten gestellt hätte. Auch die Frau des Burgherrn musste einmal sehr schön gewesen sein, bevor Sorgen und Kummer in ihrem Gesicht Spuren hinterlassen hatten.

Auf Sir Erecs Frage, ob die Vorbereitungen in der Stadt einem Fest galten, erzählte sie, dass tatsächlich ein Fest, das »Sperberfest«, bevorstand.

»Ritter aus aller Herren Länder kommen Jahr für Jahr hierher und kämpfen um einen Sperber, den unser Neffe als Preis ausgesetzt hat. Der Sieger im Turnier darf ihn der schönsten Dame als Preis überreichen. In den vergangenen zwei Jahren war es unser Neffe, der den Sperber seiner Herzensdame als Trophäe überreichte. Wenn er ihn heuer auch gewinnt, erwirbt er den Ehrentitel ›Sperberritter‹ und genießt hohes Ansehen.«

Nun berichtete Sir Erec von der unliebsamen Begegnung mit dem Ritter, der Dame und dem hässlichen Zwerg, und es stellte sich heraus, dass er dem Neffen des Burgherrn, seiner Dame und seinem Zwerg begegnet war.

»Gerne würde ich ihn zum Kampf fordern und mich für die Schmach rächen, die er mir und der Dienerin meiner Königin angetan hat«, sagte Erec, »aber leider habe ich keine Rüstung.«

»Dem könnten wir abhelfen«, meinte der Burgherr, »meine Rüstung gebe ich Euch gern, sie ist zwar alt und vielleicht rostet sie auch schon ein wenig, aber Ihr habt keine Dame, die Euch begleitet. Jeder Teilnehmer braucht die Gesellschaft einer Dame, von der er behauptet, sie wäre die schönste von allen. In ihrem Namen kämpft er um den Sperber.«

»Da müssen wir aber wirklich nicht lange suchen«, sagte Sir Erec und sah Enide an, die dabei rot wurde. »Eure Tochter soll mich begleiten, vorausgesetzt, dass sie selbst es auch will.«

»Ja, das will ich«, sagte das Mädchen, dem der Ritter vom ersten Augenblick an gefallen hatte.

Nun holte der Burgherr seine alte Rüstung aus einer Truhe. »Schauen wir einmal, was wir mit ihr noch anfangen können«, meinte er und befreite den Brustpanzer vom Rost, prüfte die Riemen und wechselte die zerschlissenen aus. Erec und Enide halfen eifrig mit, und wenn sich ihre Hände berührten, was nicht ganz zufällig geschah, sahen sie einander an und lächelten.

Am nächsten Morgen ritten Sir Erec, der Burgherr und Enide zum Turnierplatz. Die Tribünen waren voll besetzt, die Ritter führten ihre Rosse am Zügel und der Sperber saß auf einer Silberstange zwischen den Ästen eines Baums. Fanfaren schmetterten, Fahnen flatterten, und da sprengte auch schon der Ritter, dem Sir Erec tags zuvor begegnet war, auf schnaubendem Ross heran. Seine vornehm gekleidete Dame trug die Nase hoch, als sie zu dem seidenen Baldachin schritt, unter dem ihr Platz war. Sie war überzeugt, dass keine Dame es an Schönheit mit ihr aufnehmen konnte. Zu ihren Füßen kauerte der hässliche Zwerg und grinste. Der Neffe des Burgherrn verbeugte sich vor ihr, dann drehte er sich um und rief den versammelten Rittern zu: »Meine Lady ist die schönste Frau in dieser Stadt, ihr allein gebührt der Sperber. Sollte jemand so kühn sein und daran zweifeln, muss er mit mir kämpfen.«

»Ich bin so kühn«, rief Sir Erec, so laut er nur konnte, damit alle es hörten. »Die Schönheit meiner Dame überstrahlt alle anderen. Ihr allein gebührt der Sperber!«

Die Ritter drehten erstaunt den Kopf, und als sie Erec in der alten verbeulten Rüstung sahen, lachten sie laut heraus. Und als die vornehmen Damen

Enide in ihrem armseligen Kittel sahen, tuschelten sie und kicherten und konnten sich nicht genug daran tun, die Augen zu verdrehen und über das Mädchen herzuziehen.

Der großmäulige Ritter lachte nur schallend, bevor er rief: »Wohlan, du Tölpel, lass dir für deine Bauerndirne nur den Schädel einschlagen!«

Die beiden Ritter begaben sich an die äußersten Enden des Turnierplatzes, wendeten und schossen im vollen Galopp aufeinander los. Sie prallten so heftig zusammen, dass ihre Speere zersplitterten. Darauf brachte der Zwerg seinem Ritter einen neuen Speer und Enides Vater reichte Erec einen Speer mit den Worten: »Ich habe ihn erhalten, als ich zum Ritter geschlagen wurde, er hat mich nie im Stich gelassen.«

Wieder donnerten die beiden aufeinander los und wieder zersplitterte der Speer von Erecs Gegner, während der alte Speer von Enides Vater sich mit solcher Wucht in den Schild des Gegners bohrte, dass die Sattelriemen rissen und der Ritter samt seinem Sattel im Bogen über die Kruppe seines Pferds flog.

Erec sprang ab und zückte sein Schwert, und der Ritter, der sich rasch hochgerappelt hatte, tat dasselbe. Nun kämpften sie, bis ihnen das Blut aus den Rüstungen sickerte. Schon sah es aus, als würde Erec unterliegen, da hörte er die Stimme von Enides Vater: »Denkt an die Schmach, die er Euch und Eurer Königin angetan hat!« Da flammte Erecs Zorn auf und verlieh ihm neue Kraft. Er holte aus und sein Schwert sauste nieder. Der Hieb spaltete den Helm des Ritters und zwang den großmäuligen Helden in die Knie. »Wollt Ihr vielleicht jetzt die Güte haben, mir Euren Namen zu nennen?«

»Gnade«, wimmerte der Ritter, »ich bin Yder, der Sohn des Nut.«

»Warum nicht gleich? Wenn Ihr leben wollt, gebt Eurem Onkel die geraubten Güter zurück und geht dann an den Hof des Königs Artus und entschuldigt Euch bei Königin Guinevere.«

Nachdem der Ritter alles versprochen hatte, was Erec verlangte, wurde er auf sein Pferd gesetzt und festgebunden, der hässliche Zwerg, dem das Grinsen vergangen war, ritt auf seinem Pony voran, die vornehm gekleidete Dame, die nun die Nase hängen ließ, ritt hinterdrein und so zogen sie ab nach Caerleon.

Sir Erec überwachte die Rückgabe der Ländereien und Güter an Enides Vater und dann verabschiedeten sich Erec und Enide. Sie hatten sich ineinander verliebt und wollten in Caerleon Hochzeit halten. Der König und die

Königin wussten bereits von Erecs Abenteuer, denn Yder hatte Wort gehalten, sich bei Königin Guinevere entschuldigt und alles, was geschehen war, erzählt.

Die Königin begrüßte Enide voll Herzlichkeit und suchte ein kostbares Kleid für sie aus, mit dem sie ihren geflickten Kittel tauschte. Nach altem Brauch durfte am Hof des Königs ein Jäger, der einen weißen Hirsch erlegt hatte, der schönsten Dame einen Kuss geben. Nun war es Artus selbst, der den weißen Hirsch im Wald von Dean zur Strecke gebracht hatte, und der König übte den schönen Brauch mit großer Freude aus. Herzlich umarmte er Enide und küsste sie.

Am folgenden Tag hielten Erec und Enide Hochzeit. Dann nahm das junge Paar Abschied und zog reich beschenkt nach Destrigales, in Erecs Heimat.

König Lac war von seiner Schwiegertochter entzückt und herzlich froh, dass er nun die Last des Regierens seinem Sohn überlassen konnte.

Erec widmete sich mit Eifer den Regierungsgeschäften und seiner geliebten Gemahlin. Für Turniere, Wettkämpfe und die Jagd blieb ihm keine Zeit. Doch das verdross die Ritter an seinem Hof. Es wurde ihnen langweilig, sie verloren die Lust, ihm zu dienen, und einer nach dem andern verließ ihn. Bald munkelte man, der junge König habe durch die Liebe zu seiner Gemahlin Mut und Tatkraft eingebüßt, und sie sei schuld, dass er träge und schlapp geworden war.

Enide hörte davon und kränkte sich sehr. Eines Nachts, als sie wach lag und glaubte, dass Erec schlief, seufzte sie tief und sagte vor sich hin: »Ach, sollte wirklich ich schuld sein, dass Erec sich so verändert hat? Warum ist er nicht mehr der strahlende Held, der einst so tapfer um mich gekämpft hat?«

Erec schlief aber nicht und hatte alles gehört. Er glaubte, Enide würde ihn nicht mehr lieben und hätte sich vielleicht in einen Ritter verliebt, der mit seinen Siegen im Turnier und mit seinen Erfolgen bei der Jagd prahlte. Er war wütend und beschloss, sie zu prüfen. »Steh auf und zieh dein schönstes Kleid an«, befahl er. »Wir werden ausreiten und du dienst mir als Knappe. Du reitest vor mir auf dem Fuchs, ich reite hinter dir auf dem Rappen. Ich verbiete dir zu sprechen, ich will dein Geschwätz nicht mehr hören. Kein Wort darf über deine Lippen kommen, außer ich spreche dich an. Verstanden?« Enide nickte gehorsam, kleidete sich an und stieg in den Sattel.

Sie ritten durch die silberne Mondnacht, sie vorne, er hinten. Da sah sie drei Pferde, die an drei Birken angebunden waren, und hörte drei Räuber, die sich hinter den Bäumen versteckt hatten: »Ein Mädchen und ein Ritter auf zwei schönen Pferden, die werden wir uns schnappen«, sagte einer der drei und ein anderer kommandierte: »Los!«

Enide drehte sich um und machte Erec ein Zeichen, um ihn zu warnen, er aber blickte auf sein Pferd und sah sie nicht. Da ritt sie zu ihm, packte ihn am Arm und rief: »Dort sind Räuber, gib Acht!«

Nun sah auch Erec die drei Banditen, streckte den ersten mit seiner Lanze nieder und spaltete die Köpfe der beiden anderen mit dem Schwert. Dann band er die drei Pferde los und befahl Enide, sie mitzuführen.

»Habe ich dir nicht verboten zu sprechen. Warum hast du geredet?«, fuhr er sie zornig an.

»Aus Liebe«, flüsterte sie.

Sie ritten weiter und ritten die ganze Nacht und kamen in der Morgendämmerung an einen Bach. Dort lauerten hinter fünf Ulmen fünf berittene Räuber. Wieder hörte Enide, was sie vorhatten: »Ein Mädchen als Knappe, nur ein Ritter und fünf Pferde, das zahlt sich aus«, sagte einer der fünf und ein anderer meinte: »Für jeden ein Pferd und die Jungfrau gehört uns allen!«

»Gib Acht!«, schrie Enide, denn Erec hatte wieder nichts bemerkt. Im nächsten Augenblick galoppierte schon der erste Räuber auf Erec zu, aber der Ritter durchbohrte den ersten mit der Lanze und tötete die anderen vier mit dem Schwert. Dann fing er die fünf Pferde ein und sagte zu Enide: »Warum hältst du nicht endlich den Mund! Jetzt sind es acht Pferde, die du mitführen musst.«

Enide schwieg. Die Arme, die Beine und der Rücken taten ihr weh und sie brauchte ihre ganze Kraft, um die Pferde zu bändigen. Erec aber kannte kein Erbarmen und so ritten sie weiter.

Als es Nacht wurde, stieg Erec vom Ross, befahl Enide, alle Pferde festzubinden, und legte sich unter einen Baum, um zu schlafen. Enide tat, was ihr aufgetragen war, und legte sich dann neben ihn. Sie hoffte auf wenigstens ein zärtliches Wort, doch sie hoffte vergebens.

In der Morgendämmerung brachen sie auf, ritten wieder den ganzen Tag und kamen gegen Abend in eine Stadt mit einer mächtigen Burg. Herr über Burg und Stadt war Graf Oringles. Erec bat um Unterkunft für die Nacht und der Graf gewährte sie gerne. Er lud den Ritter und seine Dame ein, als seine Gäste auch am Mahl teilzunehmen, und wies ihnen höflich den Platz an seiner Seite zu. Doch wunderte er sich sehr, als Erec sich neben ihn setzte, seiner Dame aber befahl, in einer Ecke des Saals Platz zu nehmen. Immer wieder wanderte der Blick des Grafen hinüber zu der Begleiterin seines Gastes, deren Schönheit ihn bezauberte. Er bat daher Erec um die Erlaubnis, Enide Gesellschaft zu leisten. Der Ritter war darüber nicht erfreut, doch aus Höflichkeit gestattete er es.

»Lady«, wandte sich der Graf an Enide, »Ihr scheint nicht gerade glücklich zu sein. Macht es Euch denn Freude, einen Ritter zu begleiten, der Euch befiehlt, allein in der Ecke zu sitzen?«

»Das ist meine Sache«, sagte Enide kurz angebunden.

Doch Graf Oringles ließ nicht locker. »Ihr seid eine so schöne Frau«, begann er wieder, »und es ist eine Schande, wie man Euch behandelt. Wenn Ihr Euch entschließen könntet, bei mir zu bleiben, würdet Ihr es besser haben.«

Enide schüttelte den Kopf. »Ich habe meinem Gemahl Treue geschworen und werde sie halten, in guten wie in schlechten Tagen.«

»Dann überlegt Euch Folgendes: Ich könnte Euren Gemahl erschlagen und Ihr würdet mir gehören, solange es mir gefällt. Und sollte ich Eurer überdrüssig sein, jage ich Euch davon. Wenn Ihr aber freiwillig bei mir bleibt, mache ich Euch zu meiner Gemahlin und zur Herrin über alles, was ich besitze.«

Jetzt erschrak Enide und überlegte, wie sie Erec warnen könnte. Sie gab vor, den Vorschlag des Grafen anzunehmen, und sagte lächelnd: »Ihr müsst mich aber entführen. Wenn ich morgen mit meinem Gemahl reite, werde ich so tun, als würde ich vom Weg abkommen, dann müsst Ihr mit ein paar Männern kommen und mich auf Eure Burg bringen. Ich werde Euch gehören und mein Gemahl wird nie erfahren, dass es freiwillig geschah.«

Als Erec und Enide am nächsten Tag forttritten, missachtete Enide wiederum ihr Redeverbot und erzählte ihm, was sie mit Graf Oringles besprochen hatte. Bevor Erec ein Wort herausbrachte, sahen sie auch schon eine Staubwolke und hörten das Donnern von Hufen. Ein Reitertrupp galoppierte heran. Erec befahl Enide, rasch abzusteigen, ihm die Pferde zu überlassen und sich im nahe gelegenen Wald zu verstecken. Als die Reiter immer näher rückten, band Erec im richtigen Moment die Pferde los und gab dem Pferd, das er als letztes losgebunden hatte, einen kräftigen Tritt. Das Pferd wieherte laut, machte einen Satz nach vorne und riss die anderen mit.

Sir Erecs Plan ging auf. Die Pferde rasten in Panik gegen den Reitertrupp, die Pferde des Grafen und seiner Männer scheuten, bäumten sich auf und manche der Reiter fielen recht unsanft zu Boden. Fluchend und brüllend wälzten sie sich im Gras, während die anderen versuchten, die wild gewordenen Tiere zu zügeln. Rasch legte nun Erec seine Lanze an und warf den ersten Reiter aus dem Sattel. Nachdem er noch drei weitere Reiter aus dem Sattel befördert hatte, brach die Lanze. Nun zückte er sein Schwert.

Unterdessen stand Enide zitternd hinter einem Baum und hörte das Klirren der Waffen, die Schreie der Männer und das Wiehern der Pferde. Erec tötete einige der Männer, aber nicht alle, und zuletzt lag er selbst aus vielen Wunden blutend auf dem Boden. Da stürzte Enide zu ihm hin, warf sich über ihn und schluchzte. »Mein einzig geliebter Mann, jetzt bist du tot und ich bin schuld daran.«

»Euer Weinen wird ihn nicht wieder lebendig machen«, sagte der Graf und befahl den Männern, die noch am Leben waren, Erec mitsamt seinem Schwert auf seinen Schild zu legen und in die Burg zu tragen. Enide ritt schluchzend hinterher. Als ihr Gemahl in der Halle aufgebahrt auf seinem Schild lag, fiel Enide neben ihm auf die Knie und weinte.

»Seid nicht so traurig, Lady«, sagte der Graf mit zärtlicher Stimme. »Er hat tapfer gekämpft und ist gestorben wie ein Held.«

Aber da weinte Enide noch mehr.

»Esst mit mir, es wird Euch gut tun«, meinte der Graf.

»Niemals, ich esse keinen Bissen, ehe sich nicht mein Gemahl von seinem Schild erhebt und mit mir isst.«

»Was für ein Unsinn«, sagte der Graf, »er ist doch tot.«

»Dann werde ich mein Leben lang nie mehr essen.«

»Seid vernünftig, trinkt ein wenig. Ein Becher Wein wird Euch gut tun.«

Jetzt weinte Enide nicht mehr und ihre Augen funkelten vor Zorn. »Ich trinke nicht, ehe sich nicht mein Gemahl von seinem Schild erhebt und mit mir trinkt.«

Jetzt verlor der Graf die Geduld. »Wenn gute Worte nicht nützen, muss ich deutlicher werden«, schrie er und schlug Enide ins Gesicht. Sie schrie auf und dieser Schrei, der durch Mark und Bein ging, riss Erec, der nicht tot, sondern nur bewusstlos war, aus seiner Ohnmacht. Er sprang von seinem Schild auf, griff nach dem Schwert, stürzte sich auf den Grafen und spaltete ihm mit einem Hieb den Kopf. Jetzt rannten alle, die in der Halle versammelt waren, die Ritter, die Damen, die Diener und die Knechte, schreiend davon, weil sie glaubten, Sir Erec sei von den Toten auferstanden und würde sie alle töten. Als die Halle leer war, fiel Erecs Blick auf seine Frau, die bleich wie eine Leinwand neben seinem Schild kniete. Da strömte wieder die Liebe zu ihr in sein Herz und er vergaß seine Wunden. Er hob sie auf und sagte: »Rasch, wir müssen fort von hier!«

Sie ritten zum Burgtor hinaus, so schnell sie konnten, und wechselten erst dann in eine gemächlichere Gangart, als sie sich vor den Männern des Grafen sicher fühlten. Nun ritt Enide weder vor noch hinter Erec, sondern beide ritten nebeneinander. »Verzeih mir, dass ich dich so gequält habe«, sagte Erec. »Ich war blind und dachte, dass dir Macht, Glanz und Ruhm mehr bedeuten als ein fühlendes Herz, und wollte dich auf die Probe stellen. Aber du hast mir mehr Liebe gezeigt, als ich verdiene.«

Enide schwieg eine Weile, dann sagte sie: »Nein, so ist es nicht. Auch ich habe gelernt, dass ein weiser und umsichtiger Herrscher mehr wert ist als einer, der nichts als Turniere, Ritterspiele und die Jagd im Kopf hat. Es kommt auf das richtige Maß an. Und Liebe wird nicht verdient, man bekommt sie geschenkt.«

Sie stiegen von den Pferden, umarmten sich und ruhten im Schatten einer Eiche, als sie das Gebell von Hunden und den Klang von Jagdhörnern hörten. Bald darauf sahen sie Sir Kay, den Seneschall des Königs, heranreiten. Sir Kay, der sich gerne wichtig machte, erkannte Erec nicht, weil dessen Schild in der Burg des Grafen Oringles geblieben war.

»Ich habe die Pflicht, Fremde zu König Artus zu führen, also kommt mit«, sagte Kay im Befehlston.

»Langsam, langsam«, antwortete Erec, »wir lassen uns nicht zwingen.«

»Mitkommen!«, schrie darauf Sir Kay mit hochrotem Kopf. Da drehte Sir Erec seine Lanze um und versetzte dem Seneschall mit dem anderen Ende einen so gut gezielten Schlag, dass Kay vor Schreck die Zügel losließ und vom Pferd fiel. »Ach, Sir Kay«, wurde jetzt eine Stimme laut, »hättet Ihr doch besser geschaut und Eure Worte klüger gewählt! Der Ritter ist Sir Erec und die Dame an seiner Seite ist seine Gemahlin Enide.«

Sir Lancelot vom See, der Kay nachgeritten war, hatte Erec und Enide erkannt und begrüßte sie herzlich. Nun half Erec dem Seneschall zuerst wieder auf die Beine und dann aufs Pferd. Versöhnt ritten sie zu einer Lichtung, wo König Artus Rast hielt. Die Freude über das Wiedersehen war groß. Gemeinsam ritten sie nach Caerleon, um ein Fest zu feiern. Königin Guinevere ließ es sich nicht nehmen, für Enide wieder ein kostbares Kleid auszusuchen wie damals, als sie in ihrem zerlumpten Kittel mit dem Sperber als Preis für die schönste Dame gekommen war.

Nach drei Tagen sagten Erec und Enide dem Königspaar Lebewohl und kehrten zurück in ihr Königreich Destrigales. König Erec fand jetzt das rechte Maß zwischen seinen Pflichten als Herrscher und der Freude an Geselligkeit und dem höfischen Leben. Die Ritter, die ihn verlassen hatten, kehrten an seinen Hof zurück und der König verspürte wieder Lust, sich mit ihnen im Wettkampf zu messen. Ab nun hatte Enide keinen Grund mehr, über ihren Mann zu klagen, und Erec fand keinen Grund, seiner Frau zu misstrauen. Wie sehr sie einander liebten und was ihre Liebe bewirkte, zeigte sich bei einem Abenteuer, das Sir Erec bald darauf bestand.

Ein Spielmann war eines Tages nach Destrigales gekommen und hatte am Hof des Königs eine seltsame Geschichte erzählt. Er berichtete von einer Burg, in der ein König mit dem Namen Ivreins residierte, und von einem ewig blühenden Garten, der verflucht war. Die Burg hieß Brandigan und ragte mit dreißig Türmen hoch in den Himmel. Sie stand auf einem Felsen, an dem auf einer Seite ein tosender Fluss vorbeibrauste, und wer von den Zinnen niedersah, glaubte, in den Schlund der Hölle zu blicken. Auf der anderen Seite lag eine Stadt, von der aus die Burg bequem zu erreichen war und die sich bis zu dem Garten erstreckte, auf dem der Fluch lag. In diesem Garten, erzählte der Spielmann, lebe Mabonagrin, ein grausamer Zauberer, mit seiner Frau. Um Burg und Garten gebe es ein Geheimnis, manche Wanderer hätten behauptet, ein Schluchzen sei durch die Mauern der Burg nach außen gedrungen, andere wiederum meinten, es sei nur das Heulen des Windes gewesen. Aber niemand habe etwas Bestimmtes gewusst, versicherte der Spielmann. Viele Ritter hätten bereits versucht, das Geheimnis von Burg und Garten zu ergründen, fuhr er fort, aber keiner von ihnen sei je zurückgekommen. Mehr wisse er nicht.

Als König Erec das hörte, blitzte es in seinen Augen. Seine Lust, ein Abenteuer zu bestehen, war geweckt. »Ich werde das Geheimnis ergründen!«, rief er. Und Königin Enide sagte: »Ich gehe mit dir mit und sei es bis ans Ende der Welt.«

Sie ritten den Weg, den ihnen der Spielmann beschrieben hatte, und gelangten zu der Stadt unterhalb der Burg Brandigan. Als die Menschen Erec und Enide sahen, verdüsterten sich ihre Mienen, ja einige Frauen weinten sogar. »Kehrt um, es wäre schade um Euer junges Leben«, sagte eine Frau zu Erec. Und zu Enide sagte ein Mann: »Ach, Ihr seid so schön und jung, kehrt um mit Eurem Gemahl, es wäre schade um Euch!« Eine Frau stellte sich ihnen in den Weg und schluchzte: »Ach, wenn Ihr wüsstet, was Euch bevorsteht. Ihr rennt in Euer Unglück!«

Aber Erec kümmerte sich nicht darum. Er war furchtlos und Enide war tapfer.

Sie fanden den Weg zur Burg Brandigan, wo sie von König Ivreins herzlich und mit allen Ehren empfangen wurden. Doch als sie sagten, dass sie das Geheimnis des Gartens ergründen wollten, wurde er traurig. »Ich würde Euch raten, nicht daran zu rühren«, meinte er, »es wäre schade um Euch!«

Aber Erec und Enide ließen sich nicht beirren. Der König seufzte, als hätte er geahnt, dass seine Gäste auf ihrem Vorhaben beharrten. Als er sie noch einmal warnte und sie seinen Rat in den Wind schlugen, ließ er sie bewirten und ihre Pferde versorgen. Dann zeigte er ihnen seine Burg, führte sie durch die vielen Gemächer und zuletzt in einen großen prachtvollen Saal. In diesem Saal saßen achtzig junge Frauen. Eine schien Erec schöner als die andere, ja er glaubte, noch nie so schöne Frauen gesehen zu haben, selbstverständlich mit Ausnahme Enides. Die Frauen trugen Kleider aus schwerem schwarzem Samt und hatten keinerlei Schmuck an sich, keine Haarreifen, keine Armbänder und keine Ohrgehänge. Stumm und traurig starrten sie vor sich hin. Als Erec fragte, welche Bewandtnis es mit den traurigen Frauen habe, winkte König Ivreins ab. »Das werdet Ihr morgen erfahren, wenn ich Euch den Garten zeige.«

Kaum hatte er das gesagt, als die Frauen zu weinen und zu jammern begannen. Nun fragte Enide voll Mitleid nach dem Grund des Wehklagens, aber der König wiederholte nur: »Ihr werdet es morgen erfahren.«

Es war eine unruhige Nacht für Erec und Enide, die sich den Kopf darüber zerbrachen, welches Leid die Frauen zu tragen hätten. Sie rätselten und grübelten und fanden doch keine Antwort.

Am nächsten Morgen fragte der König Erec und Enide noch einmal, ob sie wirklich den Garten sehen wollten oder nicht doch lieber umkehrten. »Die Frauen haben um Euch geweint, Sir Erec, und auch um Euch, Lady Enide«, sagte er.

»Um uns?«, klang es darauf wie aus einem Mund.

»Ja, um Euch. Die Frauen sind Witwen. Der Zauberer Mabonagrin hat ihre Männer erschlagen, und nun fürchten sie, dass er auch Lady Enide zur Witwe macht. Deshalb weinen sie. Ihr könnt immer noch umkehren!«

»Nein«, sagten Erec und Enide wieder zugleich. Und dann fragte Erec, wie es gekommen sei, dass die Ritter von ihren Frauen begleitet waren, als sie zum Kampf mit dem Zauberer ritten. »Es ist ja auch eine Ausnahme, dass meine Gemahlin mich heute begleitet«, meinte er.

»Es geht um das Geheimnis der Liebe«, sagte König Ivreins. »Mabonagrin ist ein Zauberer, ein Riese und ein Ritter zugleich. Er hatte einst seine Braut entführt, deren Schönheit er verfallen war, und sie in den Garten unterhalb meiner Burg gebracht. Er wurde daraufhin verflucht, mit ihr allein in diesem Garten und abgeschieden von aller Welt leben zu müsssen, bis einer käme und ihn besiege. Es hieß, dass der Zauberer nur von einem Mann besiegt werden könne, dessen Herz ganz von reiner und treuer Liebe erfüllt sei. Im Laufe der Jahre waren viele Ritter gekommen, die ihren Frauen beweisen wollten, wie sehr sie sie liebten, und hatten Mabonagrin zum Kampf gefordert. Er hat sie aber alle besiegt«, erzählte König Ivreins. »Das ist der Grund, weshalb in meiner Burg so viele Witwen trauern.«

»Ich werde ihn besiegen«, sagte Erec zuversichtlich und Enide nickte.

Sie ritten durch die Stadt und kümmerten sich nicht um die Menschen, die Erec warnten und zur Umkehr überreden wollten. Enide war totenblass und voll Sorge um das Leben ihres Gemahls, aber kein Wort kam über ihre Lippen. Vor dem Garten bat Erec sie, auf ihn zu warten. »Sei unbesorgt«, sagte er. »Unsere Liebe ist stärker als jeder Zauber und jeder Fluch.«

Ein schmaler Pfad führte zu dem Garten, der weder von einem Zaun noch von einer Mauer umgeben war und den doch niemand betreten konnte, der nicht zum Kampf mit dem Zauberer bereit war. Ein unsichtbares, undurchdringliches Band umschloss ihn. König Ivreins führte Erec zu einem verborgenen Tor und der Ritter betrat den Garten. Ein süßer Duft schlug ihm entgegen, weit ausladende Obstbäume trugen auf einer Seite reife Früchte und blühten auf der anderen. Blüten und Blumen leuchteten in den herrlichsten Farben und dufteten betörend, und bunte Vögel sangen so süß, als wollten sie mit ihrem Gesang jedes Leid auslöschen. Das Paradies hätte nicht schöner sein können, dachte er und konnte sich an der Herrlichkeit des Gartens nicht sattsehen. Doch dann bot sich ihm ein Bild, das ihn vor Entsetzen die Augen schließen ließ. Als er sie wieder aufmachte, sah er Pfähle, die in einem Kreis aufgestellt waren, und auf jedem Pfahl stak ein Totenschädel. Nur auf einem Pfahl war statt einem Totenkopf ein silbernes Horn befestigt. Ihn graute. Er erinnerte sich an die Worte, die König Ivreins ihm zum Abschied am geheimen Tor gesagt hatte: »Ihr werdet Totenschädel sehen, das waren die Köpfe der Ritter, die von Mabonagrin erschlagen wurden. Ihre Witwen habt Ihr ja gesehen. Ihr könnt immer noch umkehren, Sir Erec, denn er wird auch Euch töten. Dann steckt er Euren Kopf auf den Pfahl, an dem jetzt das Horn hängt, und das Horn wird an einen neuen Pfahl gehängt. Wenn es aber einem Ritter gelingen sollte, Mabonagrin zu besiegen, dann soll er dreimal in das Horn blasen. Der Klang wird Zauber und Fluch brechen.«

Stumm hatte Erec zugehört. Das Schicksal der Unglücklichen, deren Schädel ihm entgegengrinsten, machte ihn schaudern, aber dann dachte er an Enide und fasste wieder Mut. Er ging durch eine Allee blühender Bäume und gelangte zu einem prachtvollen Zelt, in dessen Mitte ein mit Zobel und Hermelin bedecktes Ruhebett stand. Darauf saß in einem kostbaren Kleid und mit funkelnden Edelsteinen geschmückt eine Frau, die über alle Maßen schön war. Doch ihre Schönheit blendete und wärmte nicht. Ihre Augen, die hell und klar wie Kristalle waren, strahlten Kälte aus und ihre Haut war schneeweiß wie die Haut einer Toten.

Als Sir Erec sie nach höfischer Sitte begrüßte, hörte er eine tiefe, dröhnende Stimme: »Wer hat Euch erlaubt, hier einzutreten, Herr Ritter? Was wollt Ihr?« Hinter ihm stand drohend ein Riese in roter Rüstung.

»Der Ruf des Zauberers Mabonagrin hat mich hierhergeführt«, antwortete Sir Erec. »Ich will beweisen, dass wahre Liebe stärker ist als kalte, verführerische Schönheit, für die Ihr kämpft.«

Ein Gelächter wie Donnergrollen folgte und schon hatte Mabonagrin das Schwert gezogen. Erec zog das seine und ein furchtbarer Kampf entbrannte. Beide fochten bis zur Erschöpfung, dann umkreisten sie einander, jeder auf eine Blöße des anderen lauernd, um dann mit neuer Kraft loszuschlagen. Schon fühlte Erec, wie sein Arm schwächer wurde, doch dann vermeinte er, Enide vor sich zu sehen, und die Kraft kehrte in seinen Arm zurück. Sie fochten weiter, und als ihre Schwerter brachen, begannen sie zu ringen. Schließlich gelang es Erec, Mabonagrin einen so heftigen Stoß zu versetzten, dass er zu Boden stürzte. Ein Sprung und Erec kniete auf der Brust Mabonagrins. Blut sickerte aus der roten Rüstung und der Zauberer hob die Hand zum Zeichen, dass er besiegt sei. Als Erec ihm das Visier öffnete, starrten ihm zwei hasserfüllte Augen entgegen. Da Erec aber nicht daran dachte, ihn zu töten, und ihm sogar half, wieder auf die Beine zu kommen, entspannten sich die Züge des Riesen, und seine Gestalt schrumpfte, bis sie die Größe eines Menschen erreicht hatte.

Atemlos hatte König Ivreins den Kampf verfolgt. Nun trat er heran, nahm das silberne Horn vom Pfahl und reichte es dem Sieger. Dreimal blies Sir Erec in das Horn, und die Menschen, die den Klang hörten, wussten, dass Fluch und Zauber gebrochen waren. Die Liebe hatte gesiegt.

»Euer Herz ist wahrlich von treuer Liebe erfüllt«, sagte der König.

»Und meines auch!«, rief Enide, die rasch gelaufen kam.

Erec und Mabonagrin versöhnten sich und Enide schloss Freundschaft mit seiner Gemahlin, die nun erlöst war. König Ivreins gab ein großes Fest und alle freuten sich, nur die achtzig Witwen trauerten. Da schlug Sir Erec ihnen vor, mit ihm und Enide nach Caerleon zu König Artus zu ziehen, wo sie in Gesellschaft edler Ritter Trost in ihrem Leid finden würden. Das taten sie auch und König Artus hieß sie herzlich willkommen und gab ein Fest für alle. Am Tag darauf nahmen Erec und Enide Abschied und zogen in ihr Land Destrigales, wo sie als König und Königin weise herrschten bis an das Ende ihrer Tage.

Tristan und Isolde

Eines Tages kam ein junger Ritter an König Artus' Hof, dessen Name in ganz Britannien und auch in Frankreich bekannt und berühmt war. Der Ritter hieß Tristan, was so viel wie der »Traurige« bedeutet. Er hieß so, weil seine Mutter bei der Geburt gestorben war und sein Vater, König Riwalin von Parmenien, im Kampf gegen Herzog Morgan von Bretonien getötet worden war. Riwalins treuer Marschall Rual hatte sich des verwaisten Knaben angenommen und ihm diesen Namen gegeben. Er ließ den jungen Königssohn in allen ritterlichen Tugenden und Künsten sorgfältig unterrichten und bald glänzte Tristan in allen Turnieren und Wettkämpfen. Er sprach mehrere Sprachen und sang gerne mit seiner schönen Stimme zum Harfenspiel, das er so meisterhaft beherrschte, wie er Schwert und Speer zu führen verstand.

Nach mancherlei Fahrten und Abenteuern kam der junge Tristan an den Hof seines Onkels, König Marke von Cornwall. Durch sein liebenswürdiges Wesen gewann er das Herz des Königs, der unvermählt war und keine Kinder hatte. Als Tristan zum Ritter geschlagen war, zog er nach Bretonien und rächte den Tod seines Vaters, indem er Herzog Morgan in einer siegreichen Schlacht tötete. Er gewann sein Land zurück und gab es Marschall Rual zu Lehen. Dann kehrte er nach Cornwall zu König Marke zurück.

Er kam gerade recht, denn am Hof des Königs herrschte verzweifelte Ratlosigkeit. Vor Jahrhunderten hatte nämlich ein irischer König einen Ahnherrn König Markes besiegt und deshalb forderten die Iren jedes Jahr eine Schiffsladung Gold und dreißig adelige Knaben als Geiseln. Lange Zeit hatte König Marke diese Forderungen nicht beachtet. Doch nun hatte der König von Irland seinen Schwager, den Ritter Morolt, nach Cornwall geschickt. Wenn König Marke sich weigere, das Gold und die Edelknaben auszuliefern, solle Morolt es mit Gewalt erzwingen, lautete der Auftrag.

»Ich kann das Gold nicht aufbringen«, klagte König Marke, »und noch viel weniger kann ich den Eltern die Söhne wegnehmen. Wenn es jemandem gelänge, Morolt im Zweikampf zu besiegen, wären wir diesen schändlichen Erpresser los.«

Kaum hatte Tristan das gehört, als er inständig um die Erlaubnis bat, gegen Morolt kämpfen zu dürfen. »Du bist zu jung, Tristan, und diesen Morolt hat noch keiner besiegt. Es heißt, dass er Zauberkräfte hat«, sagte der König, der Angst um seinen Neffen hatte. Doch Tristan war von seinem Vorhaben nicht abzubringen, sodass König Marke schließlich nachgab und ihn schweren Herzens ziehen ließ.

Als der kampferprobte Morolt hörte, dass der Neffe des Königs von Cornwall den Zweikampf bestreiten würde, lachte er und glaubte, mit dem jungen Ritter ein leichtes Spiel zu haben. Aber er sollte sich täuschen.

Der Kampf begann am Morgen, und als der Abend kam, kämpften beide noch genauso erbittert wie zu Beginn. Erst als die Sonne im Meer versank, gelang es Tristan, Morolts Helm mit einem Hieb vom Kopf zu schlagen. Der nächste Hieb war tödlich. Tristans Schwert drang in Morolts Schädel, wobei ein Splitter des Schwerts im Knochen stecken blieb. Aber auch Morolts Schwert hatte Tristan schwer verwundet. Es war durch die Rüstung hindurch in seine Hüfte gedrungen.

Bevor der tödlich getroffene Morolt die Augen schloss, sagte er noch: »Mein Schwert ist ein Zauberschwert, und die Wunde, die es schlägt, kann nur von meiner Schwester, der Königin von Irland, geheilt werden. Deine Schmerzen wirst du nie wieder los!« Dann brach ihm die Stimme und er starb.

In Irland war das Leid groß, als man Morolts Leichnam in die königliche Burg brachte. Der König hatte nicht nur seinen Schwager, sondern auch seinen kühnsten Kämpfer verloren, noch dazu gegen einen so jungen Ritter, wie Tristan es war. In seinem Zorn befahl er, dass jeder, der aus Cornwall nach Irland käme, zu töten sei. Groß war auch das Leid der irischen Königin Isolde. Weinend beugte sie sich zum blutüberströmten Haupt ihres Bruders und strich ihm übers Haar. Da spürte sie den Splitter, der in seinem Kopf steckte. Sie zog ihn heraus und legte ihn in eine Schatulle.

In Cornwall war die Freude groß über Tristans Sieg. Aber die Wunde, die ihm Morolts Schwert geschlagen hatte, wollte nicht heilen. Tristan siechte dahin und wurde von Tag zu Tag schwächer. Kein Arzt und keine heilkundige weise Frau konnten ihm helfen. Und als er sich wieder einmal vor Schmerzen krümmte, erinnerte er sich an Morolts letzte Worte: »Deine Schmerzen wirst du nie wieder los!« Aber Morolt hatte auch gesagt, dass nur Isolde, die Königin von Irland, die Wunde heilen könnte, die sein Zauberschwert geschlagen hatte. Da beschloss Tristan, seinem Leiden ein Ende zu machen.

Er verkleidete sich als Spielmann, nannte sich Tantris und segelte nach Irland. Mühsam schleppte er sich an den Königshof und bot seine Dienste an.

»Erst müsst Ihr gesund werden, dann könnt Ihr spielen«, sagte die Königin Isolde, und da ihr der schöne Spielmann gefiel, pflegte sie ihn selbst. Unter ihren heil- und zauberkundigen Händen war seine Wunde bald verheilt und er lohnte es der Königin mit seinem Spiel. Auch die blonde Königstochter, die wie ihre Mutter Isolde hieß, fand Gefallen an dem Spielmann und seinen Liedern, die sie so fröhlich und traurig zugleich machten. Und Tristan war bezaubert von dem schönen Mädchen, das ihm bewundernd lauschte. Er war in dieser Zeit so glücklich wie noch nie in seinem Leben. Aber nach einiger Zeit begann ihn die Angst zu quälen, man könnte eines Tages entdecken, dass er es war, der Morolt getötet hatte. Sie ließ sich nicht verdrängen, wurde sogar immer stärker, bis er sich eines Tages zur Flucht entschloss. Heimlich stahl er sich davon und landete wieder am Hof König Markes in Cornwall.

Der König war überglücklich, seinen Neffen gesund wiederzusehen, und zeichnete ihn durch besondere Gunst aus. Das aber erweckte den Neid und die Eifersucht der Höflinge. Sie fürchteten, der gemütliche König Marke würde seinen zielstrebigen Neffen als Erben einsetzen, und dann wäre es mit ihrem bequemen Leben vorbei. Sie rieten ihm daher, sich endlich eine Gemahlin zu nehmen, die ihm einen Thronerben schenken würde.

Der König war darüber verärgert. Er liebte es nicht, sich etwas vorschreiben zu lassen, und im Geheimen hatte er tatsächlich daran gedacht, Tristan zu seinem Nachfolger auf dem Thron zu machen. Er werde nachdenken, versprach er den Rittern, und ging in den Burggarten. Als er dort auf und ab ging und nachdachte, kam eine Schwalbe geflogen und setzte sich ihm auf den Arm. Im Schnabel hielt sie sieben feine weizenblonde Haare. Lächelnd nahm er sie und verwahrte sie in einem Kästchen.

Am nächsten Morgen rief er Tristan und alle Ritter an seinem Hof zu sich, öffnete vor ihnen das Kästchen und zeigte ihnen die seidig glänzenden Haare. »Wenn einer von euch das Mädchen findet, dem diese Haare gehörten, dann will ich es zur Gemahlin nehmen, nur sie und keine andere wird die Königin von Cornwall werden!«

Der König glaubte schon, seine Höflinge überlistet zu haben, und das Gerede um seine Vermählung wäre beendet. Aber darin hatte er sich getäuscht. Zum Erstaunen aller sagte Tristan: »Ich kenne das blonde Mädchen und werde es finden, selbst wenn es mich das Leben kostet.«

Da nickten die Ritter zufrieden, denn beides wäre ihnen recht gewesen, und auch dem König blieb nichts anderes übrig, als sich einverstanden zu zeigen.

Tristan segelte nach Irland, aber dort war alles anders, als er es in Erinnerung hatte. Im Tal von Anferginan war ein Drache erwacht, der hundert Jahre in einer Höhle geschlafen hatte. Das Ungeheuer lauerte Menschen oder Tieren auf, packte das Opfer dann blitzschnell mit seinen Klauen und verschlang es. Viele Menschen hatten bereits ihr Leben verloren, und die Verzweiflung war so groß, dass der König von Irland die Hand seiner Tochter Isolde demjenigen versprach, der das Land von dem Drachen befreite.

Als Tristan davon hörte, machte er sich auf den Weg zur Drachenhöhle. Das Ungeheuer musste ihn gerochen haben, denn kaum kam er in die Nähe, schoss es mit schauerlichem Gebrüll hervor und riss gierig den Rachen auf. Ein Schwall stinkenden Atems fuhr ihm heiß wie eine Flamme ins Gesicht. Er hielt seinen Atem an und rammte mit voller Kraft sein Schwert in den grausigen Leib. Der Drache brüllte, bäumte sich noch einmal auf, zuckte zusammen und war tot. Rasch schnitt ihm Tristan die Zunge aus dem Maul. Aber jetzt konnte er die Luft nicht länger anhalten, er musste atmen und die Giftwolke, die ihm entgegenströmte, betäubte ihn. Ohnmächtig sank er neben dem toten Drachen nieder.

Nun lebte am Hof des Königs ein Ritter, der das Amt des Truchsess ausübte, und dieser hatte schon lange ein Auge auf die blonde Königstochter geworfen. Er trieb sich oft in der Nähe der Drachenhöhle umher und wartete auf eine Gelegenheit, das Glück seines Lebens zu machen. Als er Tristan auf dem Weg zur Höhle sah, schlich er ihm heimlich nach und beobachtete aus sicherer Entfernung den Kampf. Als Tristan ohnmächtig wurde, glaubte der Truchsess, der Drachentöter sei so tot wie der Drache, schnitt dem Ungeheuer den Kopf ab und ritt damit zur Königsburg. Im Burghof hielt er den Drachenkopf triumphierend in die Höhe, weil er hoffte, die Königstochter würde ihn von ihrem Fenster aus sehen.

Isolde sah ihn auch, aber statt ihm bewundernd zuzuwinken, brach sie in Tränen aus. Es gab niemanden auf der Welt, den sie noch weniger hätte leiden können als den Truchsess. Lieber wäre sie in ein Kloster gegangen, als ihn zu heiraten. Königin Isolde, die genug von der Welt erfahren hatte und die Menschen kannte, tröstete ihre verzweifelte Tochter.

»Auf keinen Fall hat dieser Tölpel den Drachen getötet«, sagte sie. »Er ist viel zu feige dazu. Jemand anderer muss es gewesen sein, und Gott wird uns helfen, es zu beweisen.«

Mutter und Tochter ritten in das Tal von Anferginan, fanden den toten Drachen und daneben den ohnmächtigen Drachentöter. Die junge Isolde sprang vom Pferd, blickte Tristan ins Gesicht und rief: »Das ist doch Tantris, der Spielmann! Er war es, der den Drachen getötet hat.«

Die Königin ließ Tristan durch ihre Knappen in eine Kemenate der Burg bringen, wo er unter ihren heilkundigen Händen bald aus seiner Ohnmacht erwachte. Inzwischen hatte der König eine Versammlung seiner Ritter einberufen. Der Truchsess sollte vor aller Augen das Drachenhaupt als Beweis seiner Heldentat präsentieren. Dafür würde er ja die Hand der Königstochter bekommen. Eben hatte der Truchsess begonnen, sich seiner Kühnheit zu rühmen, als die Königin in den Saal trat und rief: »Er lügt! Nicht er, ein anderer hat den Drachen getötet.« Ein Gemurmel setzte ein und ein Geraune, das erst verstummte, als der König Ruhe gebot.

»Wie wollt Ihr das beweisen?«, fragte der Truchsess und versuchte, das Zittern seiner Stimme zu verbergen.

»Ich werde es beweisen!«, erklang es da laut von der Tür her. Tristan war mit einem Beutel in der Hand eingetreten. »Zeigt mir doch die Zunge des Drachen!«, forderte er den Truchsess auf.

»Er … er … er … hat … hat … keine gehabt«, stotterte der Truchsess, der bleich geworden war.

»Vielleicht doch«, sagte Tristan, öffnete den Beutel und schob die Zunge dem Drachenkopf ins Maul. Nun jubelten die Ritter und priesen den Helden, der das Land von dem Ungeheuer befreit hatte. Der Truchsess aber nahm Reißaus und wurde nie mehr gesehen.

Die junge Isolde war nicht mit in den Saal gekommen. Sie war in der Kemenate geblieben, in der Tristan ohnmächtig gelegen war. Sie sah sein Schwert auf dem Lager liegen, nahm es in die Hand und betrachtete die blanke Klinge. Dabei entdeckte sie eine Scharte. Da fiel ihr ein, dass ihre Mutter einst dem toten Morolt einen Splitter aus dem Kopf gezogen hatte, und ein furchtbarer Verdacht stieg in ihr hoch. Sie rannte mit dem Schwert in das Gemach ihrer Mutter, nahm den Splitter aus der Schatulle und hielt ihn gegen die Scharte. Er passte haargenau.

»Dieser Schurke«, schrie sie, »dieser Betrüger, er hat uns belogen, er ist nicht Tantris, der Spielmann, er ist Tristan, der Mörder!«

»Er ist kein Mörder.« Die Königin sagte es ganz ruhig. Sie hatte den Aufschrei ihrer Tochter gehört und war eingetreten. »Morolt ist im ehrlichen Zweikampf gefallen.«

»Aber er hat uns getäuscht«, rief die Tochter zornig. »Wie kann ich ihn zum Mann nehmen, ihn heiraten, wie mein Vater es versprochen hat?«

»Du wirst ihn nicht heiraten«, sagte die Königin leise und ihre Augen waren traurig.

Der König blieb bei seinem Versprechen. »Wer auch immer den Drachen getötet hat, soll die Hand meiner Tochter erhalten«, sagte er. »Ich habe mein königliches Wort gegeben und werde es halten.« Und er blieb auch dabei, als Tristan ihm gestand, dass nicht er um die irische Königstochter warb, sondern König Marke von Cornwall. Die sieben weizenblonden Haare, die die Schwalbe gebracht hatte, hatten Isolde gehört. Die Vermählung seiner Tochter mit dem mächtigen Herrscher würde den Frieden sichern, überlegte der König von Irland, aber das Herz war ihm schwer dabei. König Marke war ein alter Mann und Isolde war so jung.

Der Königin lag das Glück ihrer Tochter genauso am Herzen wie ihrem Gemahl. Was sie dazutun konnte, wollte sie tun. Sie besann sich auf ihre Zauberkünste und braute nach geheimen Regeln aus Kräutern und Essenzen einen Liebestrank. Der Kammerfrau Brangäne befahl sie, ihn am Tag der Hochzeit den Eheleuten heimlich in den Wein zu gießen.

»Hüte den Trank gut«, schärfte sie ihr ein, »er darf auf keinen Fall in falsche Hände geraten, denn wer immer davon trinkt, entbrennt in Liebe zu dem, der auch davon trinkt.« Brangäne versprach es.

Als der Sommer kam, wurde das Schiff für Isoldes Brautfahrt gerüstet. Unter dem Schutz Tristans und in der Obhut Brangänes fuhr die Königstochter übers Meer und ihrem Schicksal entgegen. Je näher das Schiff der Küste von

Cornwall kam, desto ängstlicher wurde sie. Es graute ihr vor der Zukunft an der Seite eines Mannes, von dem sie nichts wusste, außer dass er mächtig und alt war. Als sie wieder einmal trübsinnig auf das Meer starrte, griff Tristan zur Harfe und spielte ihr die Lieder vor, die sie so gerne gehört hatte, als sie ihn noch für Tantris den Spielmann hielt. Sie vergaß ihren Kummer, doch als er aufhörte zu spielen, war sie trauriger als zuvor.

An einem heißen Tag, als die Sonne unbarmherzig auf das Schiff brannte, legte der Kapitän am Ufer einer Insel an. Es regte sich kein Wind, die Segel hingen schlaff vom Mast und die Luft war drückend schwül. Brangäne ging mit der Besatzung an Land, um sich im Schatten zu erholen, Tristan und Isolde blieben auf dem Schiff zurück. Wieder griff Tristan zur Harfe und sang, aber das Singen, die Hitze und die Schwüle machten ihn bald durstig. Da erinnerte sich Isolde, dass sie einmal eine Flasche mit einem Getränk in einem Schrank gesehen hatte, den Brangäne stets versperrte. Sie suchte nach einem Schlüssel, fand aber keinen. Als sie den Schrank öffnen wollte, zeigte sich zu ihrer Überraschung, dass er offen war. Brangäne hatte an diesem Tag vergessen, ihn abzusperren. Isolde nahm die Flasche aus dem Schrank, füllte einen Becher mit dem Getränk und reichte ihn Tristan. Er dankte, ließ aber mit ritterlicher Höflichkeit die Königstochter zuerst trinken. Dann füllte er den Becher wieder und leerte ihn bis zum letzten Tropfen. Und so geschah, was nie hätte geschehen dürfen.

Als Brangäne zurück aufs Schiff kam, hielt Tristan den leeren Becher noch in der Hand. Sie sah, wie er Isolde anblickte und wie Isolde seinen Blick erwiderte. Nur Liebende sahen sich so an. Entsetzt machte sich Brangäne Vorwürfe, doch es war zu spät. Tristan und Isolde waren einander in Liebe verfallen und kein Wasser der Welt konnte das Feuer ihrer Leidenschaft löschen.

König Marke bereitete seiner Braut an der Küste Cornwalls einen prächtigen Empfang. Als Tristan mit Isolde an der Hand das Schiff verließ und sie dem König zuführte, brandete Jubel auf. Niemand hatte je ein schöneres Paar gesehen. Wie es im Inneren der beiden aussah, ahnte nur Brangäne.

König Marke war überglücklich, als er die junge blonde Braut in die Arme schloss, und umgab sie mit all der Liebe und Güte, deren er fähig war. Isolde bemühte sich, ihm eine gute Frau zu sein, aber ihrem Herzen konnte sie nicht befehlen.

Bald nach der Hochzeit regte sich Verdacht und wenig später war es offenkundig, dass Tristan Isolde liebte und Isolde Tristan. Alle wussten es. Nur der König wusste es nicht.

Es gab viele Neider unter den Höflingen, da König Marke seinen Neffen, dem er die schöne junge Frau verdankte, jetzt noch mehr bevorzugte als zuvor. Einer von ihnen, der Ritter Melot, der besonders missgünstig war, beschloss, dem König die Augen zu öffnen.

»Herr, es fällt mir schwer zu sagen, was gesagt werden muss, aber Eure Ehre steht auf dem Spiel«, sagte er mit scheinbar bedrückter Stimme, »Tristan stellt der Königin nach, das pfeifen die Spatzen von den Dächern.«

»Dummes Geschwätz«, erwiderte der König verärgert, »nichts daran ist wahr.«

Er konnte und wollte nicht glauben, dass die beiden Menschen, die er über alles liebte, ihn hintergehen könnten. Um aber dem Gerede ein Ende zu machen, bat er seinen Neffen, den Hof für einige Zeit zu meiden.

Tristan gehorchte und zog sich in eine Einsiedelei zurück. Dort versuchte er, Isolde zu vergessen. Doch es gelang ihm nicht, und auch Isolde gelang es nicht, sich die Liebe zu ihm aus dem Herzen zu reißen. Zu ihrem Gemahl aber sagte sie: »Ich bin froh, ihn nicht sehen zu müssen. Ich kann nicht vergessen, dass er es war, der meinen Onkel Morolt getötet hat.«

Als der König das hörte, war er erleichtert. Brangäne war jedoch nicht so leicht zu täuschen. Sie beobachtete, wie Isolde sich Tag und Nacht nach Tristan sehnte, und da sie sich an all dem Unglück schuldig fühlte, beschloss sie zu helfen. Sie schlich sich in die Einsiedelei und nannte Tristan eine Quelle, die als Bach durch den Garten der Burg floss. »Werft Rindenstückchen ins Wasser«, riet sie ihm, »einmal die Rinde einer Eiche, dann einer Ulme oder einer Erle. An der Rinde wird Isolde erkennen, an welchem Baum im Garten Ihr sie erwartet. Jedes Mal woanders.«

Und so trafen die Liebenden sich im Garten. Einmal bei der Eiche, ein andermal bei der Ulme und dann wieder bei der Erle. Doch auch davon erfuhr der Ritter Melot. In seinen Diensten befand sich nämlich ein böser Zwerg, der sich wie ein Affe von Baum zu Baum und von Ast zu Ast schwingen konnte und für Melot ausspionierte, was immer der Ritter wissen wollte.

In einer mondhellen Nacht, als Isolde unter der Krone einer Erle am Ufer des Baches auf den Geliebten wartete, sah sie im Wasser einen Schatten. Den Schatten warf die Gestalt des Königs, der auf einem Ast der Erle saß. Melot hatte ihn hergelockt. Doch Isolde gelang es, Tristan zu warnen, ohne dass der König es bemerkte. »Warum habt Ihr mich zu so später Stunde in den Garten gebeten?«, fragte sie ihn und ihre Stimme klang sehr ungehalten.

»Weil mir der König Unrecht tut und ich um Eure Fürsprache bitte«, antwortete Tristan.

»Welches Unrecht?«

»Ich bin in Ungnade gefallen, weil er mich verdächtigt, ihn mit Euch zu hintergehen.«

»Das kann nicht sein«, erwiderte Isolde kalt. »Der König weiß, dass ich dem Mörder meines Onkels nie verziehen habe. Ihr habt Euch sicher etwas anderes zuschulden kommen lassen.«

»Ich wüsste nicht was«, murmelte Tristan und ging ohne Gruß davon.

Am liebsten hätte der König im Baum vor Freude aufgeschrien, denn nun war er von der Unschuld der beiden überzeugt. Schon am nächsten Tag ließ er Tristan zurück an den Hof holen.

Bald danach kam ein Bote aus Camelot und brachte ein Geschenk. Es war ein reich verziertes Trinkhorn aus Gold und Elfenbein, mit dem es möglich war, die Treue einer Frau zu prüfen. Nur eine Frau, die nie, nicht einmal in ihren geheimsten Gedanken, ihrem Mann untreu gewesen war, konnte daraus trinken, ohne dabei einen Tropfen zu verschütten. Morgan le Fay hatte das Zauberhorn nach Camelot geschickt, um die Königin Guinevere der Untreue zu überführen. Sie hoffte nämlich, dass König Artus dann die Königin verlassen würde und zu ihr nach Avalon käme. Doch Sir Lamorac, ein Ritter der Tafelrunde, durchschaute die Ränke der Zauberin. Um Guineveres Ehre zu schützen, verwehrte er dem Boten den Zutritt. Darauf ritt der Bote mit dem Trinkhorn nach Cornwall, machte es König Marke zum Geschenk und weihte ihn in das Geheimnis ein.

Dem König waren Melots Einflüsterungen lästig geworden. Mit dem Trinkhorn wollte er jeden Verdacht entkräften. Er reichte es Isolde mit den Worten: »Ich zweifle nicht an deiner Treue, aber wenn du aus diesem Horn trinkst und kein Tropfen geht verloren, werden alle bösen Gerüchte endlich verstummen.« Isolde musste das Horn an ihre zitternden Lippen setzen, und es kam, wie es kommen musste. Dunkler Wein färbte den Boden unter ihren Füßen rot.

»Die Schuld der Königin ist erwiesen«, schrie Melot und König Marke wurde blass. »Ein Gottesgericht wird über Schuld und Unschuld entscheiden«, entgegnete er.

Ein Schiff brachte die an Händen und Füßen gefesselte Königin auf eine Insel, wo das Gericht stattfinden sollte. Da sie sich weigerte, von Rittern, die an ihrer Unschuld zweifelten, angefasst zu werden, befahl der König einem Pilger, der in schwarzer Kutte und mit tief über sein Gesicht gezogener Kapuze am Ufer stand, die Königin an Land zu tragen. Der Pilger gehorchte, trug sie auf seinen Armen ans Ufer und machte sich dann schleunigst aus dem Staub.

An der Richtstätte, wo schon der Scheiterhaufen aufgeschichtet war, wurden der Königin die Fesseln gelöst, damit sie die Hand zum Schwur heben konnte. »Ich schwöre bei Gott, dass ich nie in den Armen eines anderen Mannes gelegen habe als in denen meines Gemahls und in denen des Pilgers, der mich eben getragen hat«, sagte sie mit fester Stimme. Und es war die Wahrheit, denn der Pilger war niemand anderer gewesen als der verkleidete Tristan. Nach dem Schwur brachte man auf einem Marmorblock glühendes Eisen. Ohne zu zögern legte sie ihre Hand darauf und das Wunder geschah – ihre schöne weiße Hand blieb unverletzt. Die Augen des Königs waren nass von Freudentränen. »Gott hat geurteilt«, sagte er und schloss seine Gemahlin in die Arme. Dann ließ er Tristan suchen, bat ihn um Vergebung und lud ihn ein, wieder an den Hof zu kommen.

Tristan und Isolde waren gerettet, aber für wie lange? Sosehr beide sich auch bemühten, einander zu meiden, die Leidenschaft in ihren Herzen brannte und trieb sie zueinander, ob sie es nun wollten oder nicht. Das beobachtete der Ritter Melot, der nur darauf wartete, das Paar endgültig ins Verderben zu stürzen. Er riet dem König, eine Reise vorzutäuschen, und obwohl Brangäne Tristan und Isolde gewarnt hatte, trafen sich die Liebenden im Dunkel der Nacht. Alles war still, bis auf den Ruf eines Käuzchens, das man zuerst von fern, dann von nah hörte. Es war aber kein Käuzchen, das da rief, sondern die Stimme des bösen Zwergs. Ritter Melot hatte ihm nämlich befohlen, die Stimme eines Käuzchens nachzuahmen und so dem König den Weg zu der Stelle zu weisen, wo Tristan und Isolde einander in den Armen lagen. Als König Marke es sah, krampfte sich sein Herz zusammen.

»Seht Ihr jetzt endlich, was Ihr so lange nicht sehen wolltet?«, fragte Melot höhnisch. »Das Gesetz verlangt Sühne. Die Strafe des Ehebrechers ist die Enthauptung und die Ehebrecherin muss auf dem Scheiterhaufen verbrannt werden.«

Der König nickte stumm. Er sprach das Todesurteil, das am nächsten Tag vollstreckt werden sollte. Es war ihm zumute, als hätte er sich selbst zum Tod verurteilt.

Als Tristan im Morgengrauen zur Richtstätte geführt wurde, kam der Zug mit seinen Wächtern an einer Kapelle vorbei, die auf einem Felsen hoch über dem Meer erbaut war. »Ach, lasst mich doch um Vergebung meiner Schuld flehen, bevor ich aus diesem Leben scheide«, bat er seine Wächter. Sie gewährten es ihm, denn der junge Ritter, der stets freundlich zu allen gewesen war, tat ihnen leid. »Gott wird Euch schon erhören«, tröstete einer und ein anderer sagte: »Wir warten einstweilen draußen.«

Als sie dachten, er hätte nun lange genug gebetet, gingen sie in die Kapelle, doch sie fanden ihn nicht. Ein Fenster stand offen, und als sie in die schwindelnde Tiefe blickten, nahmen sie an, der Gefangene hätte sich ins Meer gestürzt und wäre ertrunken. So berichteten sie es dem König.

Nun hatte sich Tristan tatsächlich aus dem Fenster ins Meer gestürzt, war aber nicht ertrunken, sondern an Land geschwommen. Da sah er seinen treuen Pferdeknecht heranreiten, der geahnt haben musste, dass seinem Herrn die Flucht glücken würde, denn er brachte Tristans Schwert mit und führte ein zweites Pferd am Zügel.

»Wo ist Isolde? Lebt sie noch?«, fragte Tristan und seine Stimme zitterte.

Der Knecht gab keine Antwort. Stumm senkte er den Kopf.

»Was ist mit Isolde?«, schrie Tristan.

Da hob der Knecht stockend und stotternd an zu berichten, dass eine Schar Aussätziger den Weg der Königin gekreuzt hatte, als man sie zum Scheiterhaufen führte. Es seien Ekel erregende Gestalten mit verstümmelten und verfaulten Gliedmaßen gewesen, und ihr Anführer habe den König gebeten, die Sünderin zu begnadigen. Mit einem bösartigen Grinsen habe er vorgeschlagen, die Königin hätte eine schöne Aufgabe, wenn sie die Aussätzigen pflegte und ihnen Gesellschaft leistete.

Tristan stöhnte auf. »Und der König? Was sagte der König?«

»Den König schauderte es«, sagte der Knecht, »er wollte davon nichts wissen, aber Melot meinte, es wäre nur christlich, der Ehebrecherin das Leben zu schenken, damit sie den unheilbar Kranken dienen und so für ihre Sünden büßen könne.«

»Aufs Pferd!«, schrie Tristan. »Wir müssen sie retten.«

In rasendem Galopp sausten der Ritter und sein Knecht dahin und fanden die Königin inmitten der Aussätzigen, die sie johlend umringten. Der König,

Melot und die Wächter waren bereits verschwunden. Der Knecht stieß die Jammergestalten zurück, Tristan packte Isolde, hob sie blitzschnell aufs Pferd und sprengte mit ihr davon.

In der Wildnis der Wälder fühlten sie sich vor Verfolgung sicher. Sie bauten eine Hütte aus Ästen und Laub, Isolde sammelte Kräuter, Beeren und Pilze und Tristan jagte und fischte. Es war Sommer, ihre Liebe war groß und sie waren glücklich. Doch als der Sommer ging und der Herbst kam, wurde ihnen bang. Wohin sollten sie flüchten, wenn der Sturm durch die Wälder brauste und der Regen die Äste peitschte? Aber ihre Liebe war größer als die Angst. Sie sammelten Vorräte für die Zeit, wenn das Land in Eis erstarren würde, und flüchteten vor Nässe und Kälte in die Hütte. Doch die Nächte wurden lang und kalt und eines Tages fiel der erste Schnee.

An einem Wintertag ritt König Marke durch den tief verschneiten Wald. Er hatte einen Eber verfolgt und war immer tiefer ins Dickicht geraten, bis er die Fährte verlor. Da entdeckte er Spuren von Menschenfüßen. Neugierig ging er ihnen nach und kam zu einer armseligen Hütte, in der ein Mann und eine Frau schliefen. Sein Herz krampfte sich zusammen. Der abgemagerte Mann in Lumpen war Tristan und die blasse Frau im zerrissenen Kleid Isolde. Sie lagen nicht aneinandergeschmiegt, ein Schwert, Tristans Schwert, lag zwischen ihnen und trennte sie.

Lange stand der König davor. Ich habe beide mehr geliebt als mein Leben, dachte er, und beide haben mir mehr Schmerz zugefügt, als ein Mensch ertragen kann. Jetzt könnte ich sie töten. Doch da regte sich Isolde im Schlaf und er hatte Erbarmen. Er nahm Tristans Schwert und legte stattdessen sein Schwert zwischen den Mann und die Frau. Dann wandte er sich ab und ging.

Als Tristan erwachte und nach seinem Schwert greifen wollte, erkannte er König Markes Schwert und erschrak. Der König hätte ihn und Isolde töten können und hatte es nicht getan. War das Schwert ein Zeichen seiner Barmherzigkeit? Traurig betrachtete Tristan die schlafende Geliebte. Er wusste, dass sie den Winter in der Wildnis nicht überleben konnte, dass sie verhungern oder erfrieren würde. Als sie erwachte, sagte er: »König Marke war hier und hat uns verziehen. Du musst zu ihm zurückkehren, hier gehen wir beide zugrunde.« Isolde weinte, als sie ihn so reden hörte. Da nahm er sie in die Arme und küsste sie. Er ahnte, dass es das letzte Mal war.

Am nächsten Tag ging Tristan zum König. Er bat ihn um Vergebung für das Leid, das er und die Königin ihm angetan hatten, und flehte ihn an, Isolde wieder aufzunehmen. »Der Platz an meiner Seite ist ihr Platz, solange ihr Herz schlägt«, sagte der König, der Isolde immer noch liebte. Er gab Befehl, sie zu holen und empfing sie mit allen Ehren, die einer Königin gebührten.

Tristan verließ Cornwall und ging nach Camelot an König Artus' Hof. Er vollbrachte viele Heldentaten und erwarb sich großen Ruhm, aber wo immer er war und was immer er tat, nichts konnte das Bild der geliebten Frau in seinem Herzen auslöschen.

Eines Tages erreichte ihn die Nachricht, dass Feinde Sir Kedin, einen mit ihm befreundeten Ritter, in der Bretagne bedrohten. Tristan eilte dem Bedrängten zu Hilfe und gemeinsam schlugen sie den Feind. Beim anschließenden Fest war auch Kedins schöne junge Schwester anwesend, Isolde Blanchemains, Isolde mit den weißen Händen. Sie verliebte sich Hals über Kopf in Tristan, er aber dachte, als er ihren Namen hörte, an die ferne blonde Isolde am Hof König Markes in Cornwall.

An einem Tag im Frühling spielte Tristan auf seiner Harfe ein Lied, das er oft in Irland gespielt hatte, damals, als er sich Tantris nannte. Wieder sah er die ferne Isolde vor sich, wie sie bewundernd seinen Weisen lauschte, und wieder war er von Sehnsucht erfüllt. »Ach Isolde«, seufzte er und beendete sein Spiel.

An diesem Frühlingstag aber hatte ihm Isolde Blanchemains heimlich zugehört und war überzeugt, sein Seufzen hätte ihr gegolten. Sie konnte nicht ahnen, dass es eine andere Isolde, die Königin von Cornwall, gab. Überglücklich lief sie zu ihrem Bruder, erzählte ihm, dass sie Tristan liebte und er ihre Liebe erwiderte. Sir Kedin freute sich sehr darüber. »Mein Freund warst du schon lange, nun wirst auch mein Schwager sein«, sagte er dem erstaunten Tristan und machte ihn zu einem unfreiwilligen Bräutigam.

Als Tristan sah, wie Isolde mit den weißen Händen vor Glück strahlte, brachte er es nicht über sich, sie zu enttäuschen, und insgeheim hoffte er sogar, das schöne Mädchen würde das Bild jener anderen, der fernen Isolde in ihm allmählich verdrängen und die Macht des Zaubertranks brechen.

Sie hielten Hochzeit und Tristan bemühte sich, ein guter Ehemann zu sein. Bei Tag gelang es ihm, seine Schwermut zu verbergen, aber seinen Träumen im Schlaf konnte er nicht befehlen, und da geschah es, dass er den Namen der geliebten Isolde flüsterte. Isolde Blanchemains lag dann so manche Nacht schlaflos vor Kummer neben ihm. Nun ahnte sie, dass nicht sie es war, von der ihr Gemahl träumte, und als sie ihn einmal danach fragte, zögerte er mit der Antwort. Er wusste, wie bitter die Wahrheit war, doch schließlich gestand er ihr, was ihn mit der Königin von Cornwall verband. Die junge Isolde fühlte einen Schmerz, wie sie ihn noch nie in ihrem Leben gefühlt hatte. Tristan wollte sie trösten. »Ich bin bei dir im Wachen, am hellen Tag, und lebe an deiner Seite«, sagte er, »vergiss die Träume, sie sind nur ein Schatten der Nacht.« Isolde schwieg. Gegen Träume konnte sie nicht kämpfen.

Bald danach landeten erneut Feinde in der Bretagne und Kedin und Tristan zogen wieder in die Schlacht. Sie kämpften und siegten, aber ein vergifteter Pfeil traf Tristan in die Brust. Isolde mit den weißen Händen pflegte ihn, wie ihn einst die Königin von Irland gepflegt hatte, doch die Zauberkünste der Königin besaß sie nicht und Tristan wurde schwächer von Tag zu Tag.

Einmal, als Isolde das Krankenlager kurz verlassen hatte, trat ein treuer Diener ins Gemach und bot sich an, übers Meer nach Cornwall zu fahren und die ferne Isolde zu holen. »Herr, Ihr habt es mir selbst erzählt, dass die Königin von Irland Euch geheilt hat, als die Ärzte jede Hoffnung aufgegeben hatten. Was die Mutter gekonnt hat, wird wohl auch die Tochter können. Erlaubt mir, nach Cornwall zu fahren und sie zu holen.«

Schwach schüttelte Tristan den Kopf. »König Marke wird sie nicht ziehen lassen.« – »Ich will es versuchen. Kommt sie mit mir, will ich weiße Segel setzen, kommt sie nicht, schwarze.«

Da nickte Tristan und der Diener fuhr übers Meer. Vor der Tür aber war Isolde Blanchemains gestanden und hatte alles mit angehört. Beide warteten nun auf das Schiff und zählten Wochen, Tage und Stunden. Tristan hoffte auf weiße Segel und Isolde auf schwarze.

Endlich erschien das Schiff am Horizont, kam näher und näher und bald war es deutlich sichtbar – die Segel waren weiß. Die weißen Segel schnitten Isolde Blanchemains wie Messer ins Herz. Wäre Tristans Geliebte ein Traum geblieben, sie hätte es ertragen können, aber die Königin von Cornwall war kein Traum. Weiß wie die Segel des Schiffes trat Isolde an das Lager ihres Gemahls und sagte: »Ich sehe das Schiff. Seine Segel sind schwarz.« Da richtete sich Tristan noch einmal auf, dann sank er zurück und starb.

Als Königin Isolde von Cornwall kam und den toten Geliebten sah, kniete sie nieder und küsste ihn. Dann hörte ihr Herz auf zu schlagen.

König Marke hatte seine Gemahlin ziehen lassen, nachdem er von Brangäne das Geheimnis des Zaubertranks erfahren hatte. Nun waren die beiden Menschen, die er am meisten geliebt hatte und die ihm den tiefsten Schmerz zugefügt hatten, tot. Ein Schiff mit schwarzen Segeln brachte ihre Särge nach Cornwall, wo König Marke sie Seite an Seite im Garten seiner Burg bestatten ließ. Auf Tristans Grab pflanzte er einen Weißdornbusch und auf Isoldes Grab einen Rosenstock. Als die Zweige über den Gräbern wuchsen, rankten sie sich aneinander empor, bis sie untrennbar verflochten waren, und so ineinander verschlungen blühten Weißdorn und Rose.

Sir Galahad, der Ritter mit dem reinen Herzen

König Artus feierte das Pfingstfest am liebsten inmitten der Ritter seiner Tafelrunde auf Burg Camelot. Sie trachteten daher, stets rechtzeitig von ihren Abenteuern zurück auf Camelot zu sein, um gemeinsam das Fest zu feiern.

Es war zwei Tage vor dem Pfingstsonntag, als ein Bote erschien und Sir Lancelot vom See bat, sich in ein nahe gelegenes Nonnenkloster zu begeben. Den Grund für diese seltsame Bitte verschwieg er. Lancelot ritt zu dem Kloster und traf dort Sir Bors, der ebenfalls gebeten worden war, ins Kloster zu kommen. Auch er wusste nicht, warum. Die beiden Ritter begrüßten einander, und während sie noch rätselten, was man an diesem für Ritter doch ungewöhnlichen Ort von ihnen wollte, erschien die Äbtissin mit zwölf Nonnen und einem Jüngling von fast überirdischer Schönheit. Als Sir Bors ihn sah, musste er an Elaine, die Tochter von König Pelles, und ihren Sohn denken, dessen Augen den großen grauen Augen Sir Lancelots so ähnlich waren.

Die Äbtissin lächelte und sagte zu Lancelot: »König Pelles von Corbenic hat mir und meinen Mitschwestern diesen jungen Mann anvertraut, nachdem seine Mutter gestorben war, und mich gebeten, ihn zu einem Ritter zu erziehen. Er war damals nicht größer als eine Schwertlänge und wir liebten ihn, als wäre er unser Kind. Mit Gottes Hilfe und der eines edlen Ritters konnten wir diese Aufgabe erfüllen. Nun lässt Euch König Pelles bitten, den jungen Mann, dessen Namen Ihr später erfahren werdet, morgen im Beisein von Sir Bors zum Ritter zu schlagen.«

»Willst du das auch?«, fragte Lancelot den Jüngling.

»Ja, das will ich«, sagte er.

Am nächsten Morgen nach der Messe kniete der junge Mann im Beisein der Äbtissin, der Nonnen und Sir Bors' vor Sir Lancelot vom See, dem weißen Ritter. Er sah zu ihm auf, um den Ritterschlag zu empfangen, und dieser Blick war wie ein Zauber, der über Lancelot geworfen wurde. Er fühlte sich zu dem Jüngling hingezogen wie noch zu keinem Ritter der Tafelrunde. Tief bewegt und verwirrt zugleich beendete er die Zeremonie und verließ das Kloster. Sir Bors wollte am Pfingstsonntag mit dem jungen Ritter auf Camelot erscheinen.

Als sich am Sonntag der König und seine Ritter nach dem Gottesdienst in der Halle versammelten, kam aufgeregt ein Knappe gelaufen und meldete, dass am Fuße der Burg im Fluss ein Stein mit einem Schwert aufgetaucht sei.

Neugierig gingen der König und die Ritter ans Ufer und sahen den Stein, in dem ein Schwert mit einer Inschrift steckte: »Nur der beste Ritter der Welt, ein Ritter mit reinem Herzen und ohne Makel, vermag den Stein herauszuziehen.«

»Ein Pfingstwunder«, murmelten ehrfürchtig die Ritter, und König Artus dachte an jenen fernen Tag in London, als er vor der Kathedrale das Schwert aus dem Marmorblock zog, das ihn zum König machte.

»Wollt Ihr es nicht versuchen, Sir Lancelot? Es heißt doch, dass Ihr der beste Ritter der Welt seid«, meinte er.

Stumm schüttelte Lancelot den Kopf. Auch wenn ich der beste Ritter der Welt wäre, überlegte er, ohne Makel und ohne Sünde bin ich nicht.

König Artus wandte sich an Gawein mit den roten Haaren, den er liebte wie einen Sohn, und forderte ihn auf, das Schwert herauszuziehen. Gawein versuchte es und nach ihm versuchten es andere Ritter, doch keinem gelang es. »Gibt es denn unter meinen Rittern keinen, der diese Probe bestehen kann?«, fragte der König leise und traurig. Da ertönte eine helle und klare Stimme. »Diese Aufgabe ist für mich bestimmt!«

In Begleitung von Sir Bors war ein junger Ritter gekommen, der über der Rüstung einen leuchtend roten Mantel trug und an dessen Gürtel eine Schwertscheide ohne Schwert hing. Er beugte sich zu dem Stein, zog das Schwert mit Leichtigkeit heraus und steckte es in die Scheide.

»Ein Wunder ist geschehen«, flüsterte Sir Kay den staunenden Rittern zu und König Artus dachte, Gott hat ein Zeichen gesetzt, so wie er damals in London ein Zeichen gesetzt hat. Es blieb aber nicht bei diesem einen Wunder. Als die

Ritter stumm und nachdenklich in die Halle zurückkehrten, leuchtete auf dem »gefährlichen Sitz« eine Flammenschrift. »Galahad«, las König Artus vor und der junge Ritter nahm ohne Bedenken darauf Platz. Nun kannten alle seinen Namen und begriffen, dass Gott ihn auserwählt hatte, unter allen Rittern der Einzige zu sein, der vollkommen war, ein Ritter mit reinem Herzen, ohne Makel und ohne Sünde. Denn hätte sich ein Unwürdiger auf diesen Sitz niedergelassen, wäre der Frevler von der Erde verschlungen worden.

Schwermut umschattete den König, denn er erinnerte sich an Merlins Prophezeiung, dass nach Ankunft des Ritters mit dem reinen Herzen das Ende der Tafelrunde nahe sei. Auch jetzt vermisste Artus seinen treuesten Freund, der schon so lange unter dem Weißdornbusch seinen Zauberschlaf schlief, und fühlte sich inmitten all seiner Ritter sehr einsam.

Sir Lancelot vom See hatte in Galahad den Jüngling erkannt, den er am Tag zuvor zum Ritter geschlagen hatte. Was er geahnt und gefühlt hatte, war Gewissheit geworden: der Ritter mit dem reinen Herzen, der beste Ritter der Welt, wie es geschrieben stand, war sein und Elaines Sohn.

Auch der Königin Guinevere war nicht verborgen geblieben, dass Lancelot und Galahad mehr verbinden musste als ein Gefühl der Freundschaft. Vor Jahren war die Nachricht, dass Elaine einen Sohn Lancelots geboren hatte, wie ein Pfeil in Guineveres Herz gedrungen und hatte eine Wunde hinterlassen, die nie ganz verheilte.

»Nun, Sir Lancelot«, sprach sie, nachdem Sir Galahad das Schwert aus dem Stein gezogen hatte, und zwang sich zu einem Lächeln, »wart nicht Ihr einmal der beste Ritter der Welt? Dieser Ruhm gebührt Euch jetzt nicht mehr.«

»Er hat mir nie gebührt, Königin«, sagte Lancelot, »und Ihr wisst auch warum.«

Als die Ritter um den runden Tisch versammelt waren und König Artus Galahad als neues Mitglied der Tafelrunde willkommen heißen wollte, geschah noch ein Wunder. Ein Licht, das heller als die Sonne strahlte, erfüllte ohne zu blenden den Raum und in diesem zauberischen Licht erschien ein leuchtendes Gefäß, ein Kelch oder eine Schale, und schwebte um den Tisch. Vor jedem Ritter machte es Halt und füllte Teller und Becher eines jeden mit seiner Lieblingsspeise und mit dem Getränk, das er sich wünschte. Dann entschwand die geheimnisvolle Erscheinung und zurück blieb ein überirdisch süßer Duft.

Als die Ritter, die wie erstarrt gewesen waren, sich gefasst hatten, erhob sich Sir Galahad und sprach: »Was wir eben erlebt haben, war eine Botschaft des Heiligen Grals. Er hat uns auf wunderbare Weise gespeist, und das bedeutet, dass er uns auffordert, ihn zu suchen. Der Weg zu ihm ist der Weg zum Licht und die Suche nach ihm ist die Suche nach Gott.«

Sir Gawein sprang als Erster auf und schwor, den Heiligen Gral zu suchen und nicht eher zurückzukehren, als bis er ihn gefunden hätte. Nun standen auch die anderen Ritter auf, erhoben die Hand und schworen, dass sie die Suche nach dem Gral wagen wollten. König Artus aber war traurig und verbarg es nicht. »Wie soll ich mein Reich verteidigen, wenn alle meine Ritter mich verlassen? Der Weg, den ihr gehen werdet, ist lang und gefährlich. Wer von euch wird zurückkommen?«

»Mag sein, dass einige von uns fallen«, erwiderte ihm Sir Lancelot, »aber sterben müssen wir alle einmal und der Tod auf der Suche nach Gott ist ein gesegneter Tod.«

Die Königin hatte sich nach der Erscheinung des Grals in ihre Kemenate zurückgezogen und stickte. Als ein Knappe eintrat und ihr vom Schwur der Ritter berichtete, fragte sie: »Hat auch Sir Lancelot geschworen?«

»Er wäre sonst nicht Sir Lancelot«, sagte der Knappe.

Da beugte sich die Königin tiefer über ihren Stickrahmen. Doch die Nadel stach nicht in das Leinen, sondern in ihren Finger, und die weiße Lilie, an der sie stickte, war blutrot.

Am nächsten Morgen rüsteten die Ritter nach dem Besuch der heiligen Messe zum Aufbruch. Keiner wollte zurückbleiben und König Artus ließ sie ziehen. Die Königin aber ertrug es nicht, die Ritter, die nun ins Ungewisse fortritten und nicht wussten, ob sie je wiederkehren würden, so fröhlich zu sehen. Sie wollte in ihrem Kummer allein sein. Doch ohne Abschied konnte Sir Lancelot sie nicht verlassen. Er ging zu ihr und sah, dass sie weinte. Es tat ihm weh, sie so unglücklich zu sehen, doch sie wollte keinen Trost.

»Guinevere, wäre es dir lieber, wenn ich als Einziger nicht nach dem Gral suchte?«, fragte er leise.

Sie blieb stumm und schüttelte den Kopf.

»Ich verspreche dir zurückzukommen, sobald meine Ehre es erlaubt.«

Da flüsterte sie: »Gott schütze dich«, und küsste ihn. Sir Lancelot wandte sich ab und ging rasch zu den anderen.

Die Ritter der Tafelrunde ritten gemeinsam bis zu einer Kreuzung. »Von hier muss jeder seinen eigenen Weg gehen. Gebe Gott, dass wir uns wiedersehen«, sagte Sir Lancelot, der den Zug angeführt hatte. Sie reichten sich die Hände und ritten auseinander.

Am fünften Tag, nachdem sich die Ritter getrennt hatten, gelangte Sir Galahad in ein Kloster und traf dort König Bagdemanus, der vor vielen Jahren in die Tafelrunde aufgenommen worden war. »Ein glücklicher Zufall hat uns beide an diesen Ort geführt«, meinte Galahad nach der Begrüßung.

»Für mich war es kein Zufall«, erwiderte Bagdemanus, »ich kam wegen des magischen Schilds hierher.«

»Was meint Ihr damit?«

»In diesem Kloster befindet sich ein Schild mit magischer Kraft. Nur der beste Ritter der Christenheit darf ihn führen, und wer glaubt, der beste zu sein, muss mit dem Schild zu einem Zweikampf antreten. Dabei wird sich zeigen, ob er es ist oder nicht. Denn ist er es nicht, wird er entweder schwer verwundet oder erschlagen. Morgen hole ich mir den Schild und trete an.«

»Ich wünsche Euch viel Glück dabei«, sagte Galahad, »solltet Ihr jedoch nicht bestehen, will ich es versuchen.«

Am nächsten Morgen bat König Bagdemanus den Abt des Klosters um den Schild. »Ach, so viele haben schon geglaubt, sie könnten den Kampf gewinnen«, sagte der Abt seufzend, »sie haben es teuer bezahlen müssen. Aber wenn Ihr unbedingt wollt und glaubt, der beste aller Ritter zu sein, dann versucht es.« Ein Mönch führte den König hinter den Altar der Klosterkirche und nahm von der Wand einen großen weißen Schild, auf den ein blutrotes Kreuz gemalt war. »Gottes Segen sei mit Euch«, sagte der Mönch und Bagdemanus ritt mit dem Schild und einem Knappen davon.

Nachdem er eine Weile geritten war, kam er zu einer Wiese, auf der zwischen zwei Erlen ein Ritter in silberner Rüstung auf einem weißen Ross saß. Der Ritter schien ihn zu erwarten, denn er gab seinem Ross die Sporen und galoppierte ihm entgegen. Als Bagdemanus ihn heranstürmen sah, gab auch er seinem Ross die Sporen und beide stießen aufeinander. Bagdemanus' Lanze zerbrach sofort am Schild des silbernen Ritters, dessen Lanze aber durchdrang den Kettenpanzer des Königs und bohrte sich tief in seine Brust. Bagdemanus sank zu Boden, der silberne Ritter stieg ab und nahm ihm den weißen Schild ab. »Wie vermessen von Euch, König Bagdemanus, diesen Kampf zu wagen«, sagte er, »nur der beste Ritter der Christenheit, ja der ganzen Welt ist würdig, diesen Schild zu tragen, und das seid Ihr nicht. Übergebt ihn Sir Galahad und sagt ihm, er möge kommen und erfahren, was es mit der wunderbaren Kraft dieses Schilds auf sich hat.«

Er gab dem Knappen den Schild und half ihm, den verwundeten König so aufs Pferd zu setzen, dass der Knappe mit ihm zum Kloster reiten konnte. Dort nahm sich ein heilkundiger Klosterbruder, der schon viele verwundete Ritter gepflegt und viele erschlagene Ritter begraben hatte, seiner an.

Am nächsten Tag ritt Sir Galahad mit dem Schild und in Begleitung des Knappen zu der Wiese, auf der König Bagdemanus seine Niederlage erlitten hatte. Wie am Tag zuvor saß der silberne Ritter auf seinem Ross wartend da. »Ich freue mich, Euch zu sehen«, sagte er, als er Sir Galahad sah, »denn Ihr seid der Einzige, der würdig ist, diesen Schild zu tragen.«

»Ich bin nur das Werkzeug Gottes«, sagte Sir Galahad demütig.

»Ich werde Euch erzählen, welche Bewandtnis es mit diesem Schild hat, dann werdet Ihr verstehen, dass nur ein Ritter, der auserwählt ist, ihn tragen darf. Es ist eine Geschichte voller Wunder.«

Beide stiegen vom Pferd und setzten sich auf einen Baumstamm. Der silberne Ritter erzählte und Sir Galahad und der Knappe hörten zu.

»Nachdem Joseph von Arimathia den Leib unseres Heilands vom Kreuz genommen und bestattet hatte, verließ er mit seinem Sohn Josephus, einem Priester, die Stadt Jerusalem. Den Heiligen Gral, das Gefäß, mit dem er das Blut Christi aufgefangen hatte, nahm er mit. Sie gingen in die Stadt Sarras, die weitab in Richtung des Sonnenaufgangs liegt, und trafen dort König Mordrain, der in großer Bedrängnis war. Ein Feind drohte nämlich, in Sarras einzufallen und ihn zu vertreiben. Der Priester Josephus prophezeite Mordrain, dass er die Schlacht gewinnen werde, aber nur wenn er den richtigen Glauben habe. Er erzählte ihm von den Wundern, die Jesus vollbracht hatte, und von der Botschaft der heiligen Evangelien. Während er erzählte und Mordrain andächtig zuhörte, lehnte plötzlich ein großer weißer Schild an der Wand. Josephus nahm ihn, malte ein blutrotes Kreuz darauf und ließ einen Schildschutz anbringen. ›Wenn alles verloren scheint‹, sagte Josephus zu Mordrain, ›entferne den Schildschutz und du wirst im Zeichen des Kreuzes siegen.‹

König Mordrain zog mit dem Schild in die Schlacht, und als alles verloren schien, entfernte er den Schildschutz und betete. Da wichen die Feinde zurück und flohen. Nun ließ sich König Mordrain von Josephus taufen und der Schild mit dem blutroten Kreuz verhalf ihm zum Sieg in jeder Schlacht.

Auf Gottes Geheiß verließen Joseph und Josephus die Stadt Sarras und zogen mit dem Heiligen Gral nach Britannien, wo sie jedoch von Ungläubigen gefangen und in den Kerker geworfen wurden. König Mordrain erfuhr davon und brach sofort mit seinen Kriegern auf, um die heiligen Männer zu befreien. Als sie wieder frei waren, zogen Joseph und Josephus durch das Land und verbreiteten das Christentum. König Mordrain kehrte nicht mehr nach Sarras zurück, sondern blieb in Britannien. Als er so alt geworden war, dass er den weißen Schild mit dem blutroten Kreuz nicht mehr tragen konnte, ließ er ihn in dem Kloster aufbewahren, das Euch, Sir Galahad, gestern Nacht beherbergt hat. Im Traum war König Mordrain verkündet worden, dass nach ihm nur der beste Ritter der Christenheit diesen Schild tragen dürfe. Sollte ein anderer es wagen, würde ein Unglück geschehen.« Der silberne Ritter verstummte und war im selben Augenblick verschwunden.

Sir Galahad und der Knappe aus dem Kloster hatten mit Spannung zugehört, und als nun der Ritter verschwunden war, fiel der Knappe vor Sir Galahad auf die Knie. »Ich bitte Euch«, flehte er, »lasst mich Euer Knappe sein. Wenn Ihr der beste Ritter der Christenheit seid, will ich der beste Knappe der Christenheit sein.« Doch Sir Galahad schüttelte den Kopf. »Meinen Weg muss ich allein gehen und auf dich wartet eine andere Aufgabe. Geh zurück in das Kloster und hilf, König Bagdemanus zu pflegen, damit er bald gesund wird und die Suche nach dem Gral wieder aufnehmen kann.« Der Knappe versprach es, obwohl es ihm schwer fiel, und ritt gehorsam zurück zum Kloster.

Nachdem Sir Lancelot sich von den anderen Rittern getrennt hatte, damit jeder auf der Suche nach dem Gral seinen eigenen Weg gehen konnte, dachte er an die Königin, deren Tränen ihn schmerzten. Dann aber versuchte er, seine Gedanken ganz auf sein Ziel zu richten, auf den Heiligen Gral. Jener Traum fiel ihm ein, den er vor vielen Jahren auf Burg Corbenic träumte und den ihm König Pelles gedeutet hatte. Aus der Tiefe des Vergessens war das Traumbild vom Gral plötzlich emporgetaucht und ihm bewusst geworden. Damals hatte er vom Gral nur geträumt, jetzt war Lancelot entschlossen, ihn zu finden.

Viele Tage war er schon geritten, als er in eine wüste Gegend kam, wo es außer niedrigen, verkrüppelten Bäumen nichts gab. Da sah er einen Ritter, der einen großen weißen Schild mit einem blutroten Kreuz trug. Der Ritter war Sir Galahad, aber da Lancelot dessen Schild noch nie gesehen hatte, erkannte er ihn nicht. Er rief ihn an und wollte seinen Namen wissen, bekam aber keine Antwort. Galahad, der Ritter mit dem reinen Herzen, war wie so oft in Gedanken versunken und achtete auf nichts als auf die Stimme in seinem Inneren. Lancelot stieß einen Warnruf aus, und da der Ritter wieder nicht antwortete, sprengte er ihm mit eingelegter Lanze entgegen. Jetzt erst wandte sich Galahad um und Lancelot warf seine Lanze. Sie traf mitten auf das Kreuz im weißen Schild und brach, Galahad aber saß fest im Sattel. Da auch er Lancelot nicht erkannte, warf er nun gleichfalls seine Lanze und Lancelot flog im Bogen durch die Luft und landete unsanft, aber unverletzt auf dem Boden. Als er wieder auf den Beinen war, hatte Galahad längst sein Pferd gewendet und war außer Sicht.

Lancelot fühlte keinen körperlichen Schmerz. Galahads Lanze hatte ihn in seinem Inneren verletzt und dieser Schmerz ging tief. Noch nie war er aus dem Sattel geworfen worden, und voll Zorn dachte er an die Inschrift auf dem Schwert, das Galahad aus dem Stein gezogen hatte. Bis jetzt war er, Sir Lancelot vom See, der beste Ritter der Christenheit, ja der Welt gewesen. Das Gefühl, der Beste zu sein, und die Liebe zur Königin Guinevere waren für ihn das Wichtigste auf der Welt. Nun ahnte er, dass er beides nicht zugleich haben konnte, und das tat weh.

Doch die trüben Gedanken hinderten ihn nicht, weiter sein Ziel zu verfolgen. Er lenkte sein Pferd nach Süden und ritt, bis ihn die Dunkelheit überraschte. Auf einer Wiese bei einem Holzkreuz legte er Rüstung und Schwert ab, band sein Pferd fest und war bald darauf eingeschlafen. Als er erwachte, waren Pferd, Rüstung und Schwert gestohlen. Zum Glück begegnete er einem Einsiedler, der vor vielen Jahren selbst ein Ritter gewesen war, und dieser fromme Mann schenkte ihm eine verbeulte Rüstung, ein schartiges Schwert und einen alten Klepper.

Mehr schlecht als recht gerüstet ritt Sir Lancelot weiter und gelangte in einen Zauberwald. Die Wege gingen kreuz und quer, aber das alte Ross schien zu wissen, wohin der Reiter wollte. Vor einem Felsen, auf dem von kaltem Mondlicht beschienen eine mächtige Burg stand, blieb es stehen und war nicht mehr von der Stelle zu bewegen. Das muss die Gralsburg Monsalwatsch sein, dachte Lancelot, der Ort, an dem der Heilige Gral aufbewahrt wird.

Der Ritter stieg ab und kletterte hinter seinem eigenen Schatten auf einem steilen gefährlichen Pfad zur Burg hinauf, die gespenstisch schwarz aufragte. Kaum hatte er das Tor in der Burgmauer erreicht, als zwei grimmige Löwen gerannt kamen, sich links und rechts von dem Tor aufstellten und drohend brüllten. Todesmutig schritt Lancelot zwischen ihnen durch das Tor, die Löwen verschwanden und er betrat das Innere der Burg.

Ein düsteres Halbdunkel umfing ihn, es war nicht Tag und es war nicht Nacht und bis auf das Geräusch seiner Schritte war es totenstill. Die Burg schien ausgestorben zu sein, er ging durch Gänge und Säle, betrat Kammern und Gemächer, verließ sie wieder und stieg Wendeltreppen hinauf und hinunter, aber nirgendwo zeigte sich ein Mensch. Sein Herz klopfte, wie es noch bei keinem Kampf geklopft hatte, aber er ging todesmutig weiter. Er fühlte, dass der Gral ganz in der Nähe sein musste. Dann sah er eine Tür, durch deren Spalt helles Licht schimmerte. Als er sie öffnen wollte, durchzuckte ihn ein Schmerz, als hätte seine Hand glühendes Eisen berührt. Eine Stimme schrie: »Zurück!«, doch Lancelot, der jetzt so nahe dem ersehnten Ziel war, biss die Zähne zusammen und stieß mit der Faust der anderen Hand die Tür auf. Da blendete ein Meer von grellem Licht seine Augen, ein flammender Windstoß fuhr ihm entgegen und drohte ihn zu verbrennen. Er taumelte, stürzte hinab in schwarze Finsternis und blieb ohne Bewusstsein liegen.

Als er die Augen wieder öffnete, sah er die rauchgeschwärzte Holzdecke einer armseligen Hütte über sich.

»Wo bin ich?«, fragte er und versuchte sich aufzurichten.

»Bei mir, ich bin ein Köhler«, sagte ein rußgeschwärzter Mann und trat an das Lager des Ritters. »Ich dachte schon, Ihr würdet Eure Augen nie mehr aufmachen. Dreimal sieben Tage liegt Ihr schon hier und habt in Euren Träumen viel unverständliches Zeug geredet.« Er half dem Ritter, sich aufzusetzen, und reichte ihm einen Becher Wasser.

»Ach, hättest du mich schlafen lassen.«

»Gefällt Euch denn die Welt nicht, Herr Ritter?«

»Weißt du, manchmal denke ich, ein Bauer, der sein Feld pflügt und das Vieh versorgt, oder ein Köhler wie du, der im Wald seine Kohlen brennt und auf die Eitelkeit der Welt pfeift, hat das bessere Los gezogen als unsereins, der ständig um Ruhm und Ehre kämpfen muss.«

»Mag sein, dass Ihr recht habt, Herr Ritter, mag auch sein, dass Ihr nicht Recht habt. Aber bevor Ihr zu viel denkt, esst und trinkt einmal, damit Ihr wieder zu Kräften kommt.«

Das tat Sir Lancelot auch, dann dankte er für die Gastfreundschaft und ritt auf dem alten Klepper, der vor der Hütte des Köhlers stand, zurück nach Camelot. Wirre Gedanken schwirrten in seinem Kopf, doch je näher er der Burg kam, desto klarer wurden sie. Er hatte zwar die Gralsburg erreicht, aber der Anblick des Grals war ihm verwehrt. Und mit einem Mal wusste er, warum das so war. Mit diesem Verbot büßte er die Leidenschaft, die ihn mit der Königin verband und die beide in Schuld verstrickte. Diese Schuld war der Preis ihrer Liebe. Vielleicht, dachte er, wird es meinem Sohn Galahad, dem auserwählten Ritter mit dem reinen Herzen, gelingen, den Gral zu erblicken. Er ist dieser Gnade würdig, ich, sein Vater, bin es nicht.

Manche Ritter, die zur Suche nach dem Gral aufgebrochen waren, wollten vorher noch ein Abenteuer bestehen, um später von ihren ruhmreichen Taten erzählen zu können.

Auch Sir Gawein war hinter einem Abenteuer her. Es fand sich aber keines, das dem glich, als er dem Grünen Ritter in der Neujahrsnacht den Kopf abgeschlagen hatte und ihm dann erlaubte, nach einem Jahr auch ihm den Kopf abzuschlagen. Missmutig bat Gawein eines Abends in einem Kloster um Herberge und fand dort zu seiner Überraschung seinen jüngeren Bruder Gareth, der ebenfalls bedauerte, kein Abenteuer gefunden zu haben. Als sie am Morgen weiterzogen, begegneten sie Sir Iwein, der genauso jammerte, weil er noch keine ruhmreiche Tat vollbracht hatte. Es blieb ihnen aber nicht viel Zeit, sich gegenseitig zu bemitleiden, denn sieben Reiter sprengten auf sie zu und schrien: »Rache!«

»Langsam, langsam, Freunde«, sagte Sir Gawein, »wenn es euch beliebt, so habt wenigstens die Güte, uns zu verraten, was oder wen ihr zu rächen vorhabt.«

»Mit größtem Vergnügen«, sagte einer von den sieben. »Ein Mitglied von eurer noblen Runde, auf die ihr euch so viel einbildet, hat uns aus unserer Burg vertrieben, nur weil wir sie einem altersschwachen Ritter abgenommen haben, der sie nicht freiwillig hergeben wollte.« Und ein anderer sagte grinsend, dass sie dort zum Spaß ein paar Frauen eingesperrt hätten. »Aber Euer tugendhafter Ritter, der einen Schild mit einem blutroten Kreuz in der Mitte trägt, war der Meinung, er müsse für Recht und gegen Unrecht kämpfen und die Frauen befreien, dieser gottverfluchte Narr. Da haben wir geschworen, wenn wir einem von dieser Tafelrunde begegnen, machen wir ihn um einen Kopf kürzer. Und das blüht euch jetzt.«

»Sehr freundlich«, sagte Sir Iwein.

Darauf griffen die sieben Raubritter an und bald danach lagen alle sieben stumm und tot auf dem Boden. Nach diesem Abenteuer, das eigentlich gar keines war, trennten sich die drei Ritter und jeder ging seiner Wege.

Sir Gawein ritt verdrossen dahin und traf nach ein paar Tagen Sir Ector de Maris. »Wie schön, Euch zu treffen«, sagte er voll Freude. »Ich habe gelobt, ein Jahr lang nach dem Gral zu suchen, und jetzt wird es Herbst und ich irre allein in Regen und Sturm umher. Ich weiß nicht, ob das noch einen Sinn hat. Wo ist übrigens Sir Lancelot? Habt Ihr ihn vielleicht gesehen?«

»Nein, seit wir beim Kreuz Abschied nahmen und uns trennten, nie mehr. Bleiben wir zusammen, vielleicht finden wir ihn.«

Sie durchstreiften zu zweit das Land, aber Lancelot vom See fanden sie nicht. Als sie einmal in der Dämmerung dahinritten, ballten sich am Himmel schwarze Wolken zusammen und der Sturm riss den Bäumen das letzte Laub von den Ästen. Nirgends war eine Herberge zu sehen und dann und wann grollte der Donner und ein Blitz fuhr über den schwarzen Himmel. Schon fürchteten sie, die sturmbewegte Nacht im Freien verbringen zu müssen, als sie in der Dunkelheit ein goldenes Kreuz leuchten sahen. Sie folgten dem Licht und kamen zu einer Kapelle, die sie vor dem Unwetter schützte. Nachdem sie Rüstung und Waffen abgelegt hatten, war Sir Ector de Maris bald eingeschlafen, während Sir Gawein noch eine Weile wach blieb. Der Wind, der um die Mauern pfiff, und das Trommeln der Regentropfen gegen die Fenster ließen ihn nicht schlafen. Schließlich fielen aber auch ihm die Augen zu.

In dieser Nacht träumte Gawein einen seltsamen Traum: Er sah eine Weide, auf der eine Herde von vierundzwanzig Stieren friedlich graste. Drei Stiere waren weiß, die anderen schwarz. Plötzlich kam Bewegung in die Herde. Die Stiere rannten davon, anscheinend auf der Suche nach einer Weide mit fetterem Gras und schmackhafteren Kräutern. Bald darauf kamen einige von ihnen abgemagert und müde zurück, und man sah ihnen an, dass sie nicht gefunden hatten, wonach sie suchten.

Als Gawein erwachte, ging ihm der Traum nicht aus dem Sinn. Dass die vierundzwanzig Stiere die Ritter der Tafelrunde bedeuteten, war ihm klar, ebenso dass nur drei Ritter auserwählt waren, den Gral zu finden. Er wusste aber nicht, ob er nun zu den weißen oder zu den schwarzen Stieren gehörte. Auch Ector, dem er von dem Traum erzählte, wusste nicht, ob er auserwählt war oder nicht. Doch sie entschlossen sich weiter zu suchen und kamen dabei in ein enges Tal, wo ihnen ein Mann in schwarzer Rüstung entgegenritt. Als er die beiden erblickte, senkte er sofort die Lanze zum Angriff.

»Den nehme ich mir vor!«, schrie Ector de Maris, »endlich ein Abenteuer!«

»Nein, der gehört mir, ich warte schon länger darauf. Der Nächste, der uns bedroht, ist für Euch«, entschied Sir Gawein.

Er galoppierte los, zerschmetterte den Schild des Fremden, stieß ihm die Lanze in die Brust und der Fremde sank zu Boden. Jetzt zog Gawein das Schwert und schrie: »Ergebt Euch oder Ihr fahrt zur Hölle!«

»Ach Herr Ritter«, murmelte der Besiegte, »wenn ich mich schon ergeben muss, dann ergebe ich mich Gott, dem Herrn. Er wird entscheiden, wohin meine Fahrt geht. Aber seid barmherzig, in der Nähe ist ein Kloster, bringt mich hin, damit ich in Frieden sterben kann.«

Sir Gawein und Sir Ector de Maris hielten es für ihre Christenpflicht, dem Verwundeten diesen letzten Dienst zu erweisen. Sie hoben ihn auf und brachten ihn in das nahe gelegene Kloster. Als man ihm den Helm abnahm, erkannten sie Sir Iwein, den Ritter der Tafelrunde.

»Gott, was habe ich getan«, schluchzte Gawein, »Ich habe einen Freund erschlagen.« Er fiel auf die Knie und bat Sir Iwein um Vergebung.

»Ich verzeihe dir, Gawein«, flüsterte der Sterbende, »und auch der barmherzige Gott wird dir verzeihen.« Ein Priester reichte ihm die Sterbesakramente und Sir Iwein verschied in Frieden.

Nachdem sie ihn auf dem Friedhof des Klosters begraben hatten, zogen Sir Gawein und Sir Ector de Maris weiter, ritten in die sinkende Dämmerung und schwiegen, jeder mit sich und seinen trüben Gedanken beschäftigt. Wieder zogen dunkle Wolken am Himmel auf und von den Wiesen stieg der Nebel. Ein Reiter kam ihnen wie ein Schemen langsam entgegen. Da vergaß Ector de Maris seine Trübsal und rief: »Der ist für mich!«, und sprengte zum Angriff.

Es sah so aus, als wollte der Fremde einen Kampf vermeiden, doch als er sah, dass sein Gegner sein Ross nicht anhielt, wich er so geschickt aus, dass Ector an ihm vorbeistürmte. Daraufhin wandte Ector sein Pferd, ritt zurück und griff mit der Lanze an. Der Fremde hielt seinen Schild jedoch so, dass Ectors Lanze abrutschte, sich in die Erde bohrte und wie ein riesiger Hebel Ector vom Pferd warf. Doch rasch stand er auf und zog sein Schwert. Das tat auch der Fremde, nachdem er vom Pferd gesprungen war. Sie kämpften im Nebel und jeder sah vom Gegner nur das blitzende Schwert. Nachdem ein paar Schläge hin und her gegangen waren, traf der Fremde Sir Ector so stark am rechten Arm, dass die Kettenringe des Harnischs durchschnitten wurden und Ector das Schwert fallen ließ.

Nun sprang Sir Gawein vom Pferd und übernahm statt ihm den Kampf. Der Fremde kämpfte jedoch so leicht und so geschickt, dass Gawein sich nicht erinnern konnte, je gegen einen besseren Gegner gekämpft zu haben. Schließlich erhielt Gawein einen Schlag mit solcher Wucht auf den Helm, dass ihm das Blut in die Augen rann und er zu Boden stürzte.

»In der Nähe ist ein Kloster«, sagte der Fremde zu Sir Ector, »dort soll man sich um ihn kümmern.« Als er sprach, trat der Mond hinter einer Wolke hervor und Sir Gawein sah einen großen weißen Schild mit einem blutroten Kreuz. »Galahad«, flüsterte er fassungslos, doch Sir Galahad hörte ihn nicht. Er war davongeritten und im Nebel verschwunden.

Stumm ritt Sir Gawein neben Sir Ector de Maris her, ihr Ziel war das Kloster, wo sie Sir Iwein begraben hatten. Schweigend standen sie an seinem Grab. Nach einer Weile brach Sir Ector das Schweigen.

»Wir suchen den Heiligen Gral und töten dabei unsere Freunde. Das kann nicht Gottes Wille sein.«

Sir Gawein stimmte ihm zu. »Im Traum gab es von vierundzwanzig Stieren nur drei weiße. Ich glaube, wir beide müssen uns zu den schwarzen zählen.«

»Das glaube ich auch«, meinte Sir Ector. »Bleiben wir im Kloster, bis unsere Wunden verheilt sind, und reiten wir dann zurück nach Camelot, zu König Artus und zur Tafelrunde.« Und das taten sie auch.

Parzival und die Suche nach dem Heiligen Gral

Nachdem die Ritter der Tafelrunde fortgezogen waren, um den Gral zu suchen, war nichts mehr so wie früher. Viele von ihnen, die noch Seite an Seite mit König Artus gekämpft hatten, als es darum ging, das Reich zu verteidigen, kamen nicht mehr zurück. Manche kamen zwar zurück, um von ihrer vergeblichen Suche nach dem Gral zu erzählen, ritten aber wieder fort. Es kamen jedoch neue, junge Ritter und baten um Aufnahme, denn die Tafelrunde war noch immer sehr berühmt. Viele Namen, die in Goldschrift an der Rückseite der Stühle leuchteten, wurden ausgewechselt, die tiefe Freundschaft jedoch, die einst alle Ritter verbunden hatte, begann langsam zu schwinden. König Artus wollte nicht wahrhaben, dass die Zeit der Tafelrunde einmal zu Ende gehen würde wie alles in der Welt, und freute sich über jeden jungen Ritter, der um Aufnahme bat.

So war es auch, als eines Tages ein junger Mann auf Camelot erschien, bei dessen Anblick die Ritter der Tafelrunde schallend lachten und auch die Damen losprusteten. Sir Kay, dem Seneschall, entfuhr sogar der Ausruf: »Ja, was will denn dieser Narr bei uns?«

Der Fremde, der auf einem ausgemergelten, schäbigen Gaul geritten kam, sah aber auch wirklich komisch aus. Er trug ein aus grellfarbigen Flicken zusammengesetztes Narrenkleid und dazu auf dem Kopf eine Narrenkappe. König Artus sah selbst ziemlich verwundert drein, aber er lachte nicht und warf seinem Seneschall einen strengen Blick zu.

Eine der Damen lachte besonders laut, worüber alle höchst erstaunt waren. Die schöne Kunneware hatte nämlich gelobt, dass sie erst dann lachen werde, wenn ihr ein Mann begegne, der zu höchstem Ruhm bestimmt sei. Nun hatte sie also gelacht und laut noch dazu, was Sir Kay so wütend machte, dass er sie anschrie: »Die ehrsamsten Ritter haben Euch kein Lächeln entlockt und diese Witzfigur da bringt Euch zum Lachen!« Vor lauter Zorn versetzte er ihr einen Schlag. Das trug ihm eine strenge Rüge des Königs ein und das schadenfrohe Grinsen der Ritter. Sir Kay nahm sich nämlich gerne wichtig und fühlte sich berufen, stets für Ordnung zu sorgen, womit er sich so manchen Ärger mit den Rittern einhandelte.

Doch der fremde junge Mann scherte sich weder um die Zwistigkeiten der Ritter noch um irgendwelche Regeln des Anstands, sondern ging schnurstracks zum König. »Wenn Ihr König Artus seid, dann macht mich bitte gleich zum Ritter!« Wieder erschallte dröhnendes Gelächter, doch König Artus, der mehr und tiefer sah als seine Ritter, ließ sich von der seltsamen Aufmachung des Fremden nicht beeindrucken und gebot mit einer Geste Ruhe. Er hatte als Einziger erkannt, dass unter dem Narrenkleid mehr steckte als ein dummer Narr. »Gemach, junger Freund«, sagte er. »Zuerst verrate uns einmal, wie du heißt und woher du kommst.«

»Ich heiße Parzival«, sagte der Fremde, »und woher ich komme, will ich Euch gern erzählen, so wie meine Mutter es mir erzählt hat. Mein Vater war Gamuret, der Sohn des Königs von Anjou, der einst im Morgenland die schwarze Königin Belakone geheiratet hat. Von ihr hatte er einen Sohn, meinen Halbbruder Feirefiz mit dem gefleckten Gesicht. Sein Gesicht ist nämlich nicht schwarz und ist nicht weiß, sondern schwarzweiß gefleckt. Mein Vater liebte ihn und er liebte auch die Königin, seine Gemahlin, aber es packte ihn doch die Wanderlust. Er verließ beide und kam nach Wales, wo er ein zweites Mal heiratete, und zwar die Königin Herzeloyde. Das ist meine Mutter. Leider musste er gleich nach der Hochzeit wieder ins Morgenland ziehen und kämpfen und ist in der Schlacht gestorben. Meine Mutter Herzeloyde weinte sehr um ihn, aber bald darauf kam ja ich auf die Welt. Sie zog mit mir und ein paar Dienern und Knechten in den Wald Soltane, wo es sonst keine Menschen und schon gar keine Ritter gab. Ich wusste gar nicht, was ein Ritter ist, aber meine Mutter sagte mir, Ritter seien Männer, die immerzu kämpfen müssen und dann im Kampf sterben. Daher wollte sie nicht, dass ich ein Ritter werde wie mein Vater. Ich sollte immer bei ihr bleiben, meinte sie.

Im Wald von Soltane lief ich frei herum, oft mit den Tieren um die Wette, und kletterte auf die höchsten Bäume. Am meisten Spaß aber hatte ich mit meinem Bogen und den Pfeilen, die ich mir selber schnitzte. Einmal zielte ich auf eine Amsel und traf sie so gut, dass sie tot vor meine Füße fiel. Da musste ich weinen, denn vorher hatte sie so schön gesungen. Meine Mutter hätte damals am liebsten alle Vögel aus dem Wald verjagt, weil es ihr so wehtat, wenn ich weinte. Dann aber sagte sie: ›Ach Gott, was für eine dumme Idee von mir!‹

Von Gott hatte ich noch nie etwas gehört, daher wollte ich wissen, wer das sei. ›Gott ist das höchste aller Wesen‹, erklärte mir die Mutter. ›Er hat die Welt erschaffen, die Menschen und die Tiere, den Mond und die Sterne.‹ Da wurde ich neugierig und ging Gott suchen, aber ich fand ihn nicht.

Eines Tages sah ich zwei Männer auf großen Pferden durch den Wald reiten, die ganz anders angezogen waren als die Knechte und die Diener, die ich kannte. Ihre Kleider glänzten in der Sonne, dass es mich blendete, und sie waren so schön, wie ich noch nie jemanden gesehen hatte. Vielleicht ist einer von ihnen Gott, dachte ich, oder vielleicht ist Gott doppelt. Da fragte ich die zwei Männer, ob sie etwa Gott wären.«

»Das waren Gareth und ich«, rief jetzt Sir Gawein dazwischen und lachte.

»Ja«, fuhr Parzival fort, »beide haben mich ausgelacht, und als ich fragte, wer sie denn seien, sagte der eine: ›Nein, Gott sind wir wahrlich nicht, wir sind Ritter!‹«

»Das war ich«, rief nun Sir Gareth.

»Und als ich fragte, weshalb ihre Kleider so starr waren und glänzten, erklärten sie mir, was eine Rüstung ist und wofür ein Ritter einen Helm, ein Schwert und eine Lanze braucht. Da wollte ich auch ein Ritter sein und fragte, wie man es werden kann. Sie lachten wieder und sagten, ich möge nur zu König Artus gehen, er würde mir schon weiterhelfen. Dann ritten sie davon. Ich lief zu meiner Mutter und erzählte ihr, was ich erlebt hatte. Sie weinte sehr, doch dann sagte sie, wenn es wirklich mein Wunsch sei, Ritter zu werden, wolle sie mich nicht hindern. Sie nähte mir das schöne bunte Kleid, das ich trage, und gab mir für den Kopf eine Kappe. Sie sagte, dass es gute und böse Menschen gebe, und wenn man zu mir unfreundlich ist oder mich verspottet, soll ich gleich wieder zu ihr zurück in den Wald von Soltane kommen. Ich aber wollte nur fort. Ich nahm meinen Bogen und meinen Pfeil und setzte mich auf das Pferd, das sie mir brachte. Freilich ist es nicht so schön wie das der Ritter, die ich im Wald gesehen habe, aber vier Beine hat es auch und es bewegt sich.«

»Eine Schindmähre ist es«, rief Sir Kay und lachte. Parzival aber ließ sich nicht beirren und fragte: »Kann ich jetzt ein Ritter werden?«

Nun lächelte auch König Artus. »Geduld, junger Freund«, sagte er nachsichtig, »ein Ritter braucht auch eine Rüstung und Waffen und du hast weder das eine noch das andere. Pfeil und Bogen taugen zur Jagd, aber nicht für einen Kampf, wie er unter Rittern üblich ist.«

»Wenn es weiter nichts ist, das kann ich mir holen«, sagte Parzival. »Da draußen vor der Burg sitzt nämlich ein Ritter auf einem roten Ross und wartet auf einen Zweikampf. Er trägt eine rote Rüstung, hat einen roten Schild und auch ein rotes Schwert. Er hat gesagt, dass er der rote Ritter ist und Ither heißt. Er hat einen goldenen Becher von Eurer Tafel genommen, ohne dass irgendwer es merkte. Genauso will er sich eines Tages Eure Krone holen, König Artus. Er sagte, dass er der richtige Erbe Uther Pendragons sei und nicht Ihr.«

König Artus seufzte. »Sir Ither glaubt im Recht zu sein, aber er ist nur der Neffe Uther Pendragons und ich bin der Sohn. Vielleicht sieht er es eines Tages ein und wir können Freunde sein.«

»Jetzt aber wartet er auf einen Ritter, der mit ihm um den goldenen Becher kämpft«, warf Parzival ein. »Ich will Euch den Becher holen, König Artus, wenn ich mir dann von dem roten Ritter die Rüstung und die Waffen nehmen kann.«

Der König schüttelte den Kopf. Parzival hatte ja noch nie gekämpft, war nicht gerüstet und hatte weder Schwert noch Lanze. Der unerfahrene Jüngling konnte unmöglich gegen einen kampferprobten Ritter, wie Sir Ither es war, antreten. Aber Parzival hörte nicht auf, den König darum zu bitten. Schließlich flüsterte Sir Gawein dem König ins Ohr: »Lasst ihm doch den Spaß, ich passe schon auf, dass dem Jungen nichts passiert.« Nun gab König Artus seine Zustimmung unter der Bedingung, dass Sir Gawein und der Knappe Iwanet Parzival zu seiner ersten Herausforderung begleiteten.

Der rote Ritter Ither lachte nur, als er Parzival im Narrenkleid auf seiner Schindmähre daherkommen sah und ihn rufen hörte: »Gebt den Becher her, der dem König gehört, und gebt mir Eure rote Rüstung und Euer rotes Pferd.«

»Langsam, langsam«, sagte der Ritter, doch als Parzival den Zügel von Ithers Pferd packte, wollte er dem Jungen eine Lehre erteilen und katapultierte ihn mit einem Schlag von der Schindmähre ins Gras. Parzival war aber schnell auf den Beinen, spannte seinen Bogen und zielte so genau in den

Sehschlitz von Ithers Helm, dass der Pfeil dem Ritter durchs Auge ins Gehirn drang. Sir Ither sank tot zu Boden.

Sir Gawein und der Knappe Iwanet erschraken. Sir Ither war stets ein achtbarer Gegner gewesen und nun war er von einem Tölpel einfach umgelegt worden. So einen Tod hatte er nicht verdient, aber es ließ sich nicht ungeschehen machen. Mit Hilfe des Knappen nahm Parzival dem Toten die Rüstung ab und legte sie sich an. Dann schickte er Iwanet mit dem Becher zum König und bat Sir Gawein, dem König und den Rittern von seinem Sieg zu berichten und die Dame, die gelacht hatte, zu beschützen.

Bedrückt über den schmachvollen Tod des roten Ritters kehrten Sir Gawein und der Knappe zurück an den Hof. Parzival aber bestieg froh und unbekümmert Sir Ithers roten Hengst, nahm dessen Schwert und Lanze und ritt in der roten Rüstung in die Welt. Aber unter der Rüstung trug er immer noch sein Narrenkleid. Ein Ritter war er nicht.

Parzival ritt dorthin, wohin ihn der Hengst trug, und kam zu einer Wiese, auf der ein prächtiges Zelt aus purpurfarbener Seide stand. Er trat näher und erblickte darin eine schöne junge Frau, die schlief. Da erinnerte er sich, dass seine Mutter ihm beim Abschied gesagt hatte, edle Frauen würden mit einem Kuss begrüßt. Sie hatte ihm auch gesagt, wenn er einmal von einer Dame einen Ring erhalten sollte, so müsse er ihn in Ehren halten. Also packte er die Dame beim Kopf und drückte ihr herzhaft einen Kuss auf die Lippen. Die aus dem Schlaf gerissene Dame war die Herzogin Jeschute, die Gemahlin des Herzogs Orilus. Sie war so überrascht, dass sie sogar ihren kostbaren Ring vom Finger streifte, als Parzival sie darum bat. Sie hielt ihn zwar für einen Narren, aber für einen harmlosen, und als er ihr gestand, dass er großen Hunger hatte, musste sie lachen und bewirtete ihn mit Rebhühnern und Wein. Als sie aber ihren Ring zurückverlangte, schüttelte er den Kopf und sagte, er werde ihn schon in Ehren halten, so wie seine Mutter es ihn gelehrt hatte. Dann bestieg er sein rotes Ross und ritt, mit sich und der Welt zufrieden, davon. Welches Unglück er in seinem Unverstand angerichtet hatte, ahnte er nicht.

Mittlerweile war nämlich Herzog Orilus nach einem Zweikampf, bei dem er seinen Gegner getötet hatte, zu seiner Gemahlin zurückgekehrt. Der Magen knurrte ihm, doch die Rebhühner, die er tags zuvor erlegt hatte, waren verschwunden. »Sie werden ja nicht davongeflogen sein«, sagte er zornig zur Herzogin. Dabei fiel sein Blick auf ihre Hand, die ohne Ring war. Da wurde er noch zorniger, weil er glaubte, sie hätte ihn einem Liebhaber geschenkt. »Ab jetzt wirst du behandelt wie die niedrigste Magd!«, brüllte er, bestieg sein Pferd und jagte hinter dem vermeintlichen Liebhaber seiner Gemahlin her.

Der ereignisreiche Tag neigte sich, als Parzival auf seinem Ritt ein Schluchzen hörte und eine junge Frau fand, die den Kopf eines toten Ritters im Schoß hielt und herzzerreißend weinte. Er grüßte höflich, wie seine Mutter Herzeloyde es ihn gelehrt hatte, und begann ungefragt von ihr und sich zu erzählen. Die junge Frau unterbrach das Weinen, sah ihn an und rief: »Du musst Parzival sein! Wir beide sind verwandt, denn ich bin deine Kusine Sigune.« Aber schon liefen ihr wieder die Tränen über die Wangen. Sie weinte um ihren Gemahl, den Herzog Orilus getötet hatte. Parzival versuchte sie zu trösten. »Ich werde dich rächen und den Herzog töten!«, versprach er.

»Tu das nicht, du bist so jung, es wäre schade um dich«, sagte Sigune und schluchzte wieder. Aber schon hatte Parzival seinen roten Hengst gewendet und jagte hinter Orilus her. Da Orilus jedoch gleichzeitig hinter Parzival herjagte, ritten sie im Kreis und keiner konnte den anderen erreichen.

Als es dunkelte, kam Parzival zu einer Burg, die dem Ritter Gurnemanz gehörte, einem erfahrenen und weisen Mann, dem überall große Hochachtung entgegengebracht wurde. Der Ritter freute sich über einen Gast und lud ihn zu einem Mahl ein. Parzival war hungrig und schlang die Speisen hinunter wie ein Wolf. Als er satt war, gähnte er ungeniert, streckte die Beine von sich, verschränkte die Arme und begann unaufgefordert von sich und seiner Mutter und von allem, was er bisher erlebt hatte, zu reden. Nach diesem Redeschwall überschüttete er Gurnemanz mit allen möglichen Fragen. Endlich machte er eine Pause, die Gurnemanz rasch nutzte: »Darf ich Euch einen Rat geben?«, fragte er höflich.

»Aber ja, nur zu«, sagte Parzival, »meine Mutter Herzeloyde hat mir oft gesagt: Weiße Haare verraten Weisheit und Erfahrung.«

»Das muss nicht immer stimmen, es gibt auch dumme Alte und kluge Junge«, sagte Gurnemanz und fuhr fort: »Wenn Ihr ein edler Ritter sein wollt und nicht ein Narr, der bloß eine Rüstung trägt, dann müsst Ihr vor allem gutes Benehmen lernen. Nehmt Euch nicht so wichtig, ehrt und liebt Eure Mutter, aber redet nicht ständig von ihr, tragt Euer Herz nicht auf der Zunge. Und hört auf, ständig zu fragen. Eure Neugierde ist lästig. Und merkt Euch: Es ist wichtig, in allen Dingen das richtige Maß zu halten. Ihr sollt stark und milde sein, arm und reich, und stolz und demütig zugleich.«

»Das verstehe ich nicht.« Parzifal blickte ihn fragend an.

»Hört mir zu: Wer nur stark ist, wird grausam und hört auf, ein guter Mensch zu sein; wer nur milde ist, wird für schwach gehalten und nicht ernst genommen, was immer er sagen oder tun mag. Wer reich ist, verkennt leicht den wahren Wert der Dinge, und wer arm ist – nun, der ist arm dran. Wer stolz ist, kränkt seine Mitmenschen, aber wenn einer nur demütig ist, wird er verachtet. Wenn Ihr ein Ritter sein wollt, müsst Ihr stark und barmherzig sein und Gnade üben, wenn ein Besiegter sich Euch unterwirft. Bewahrt Euch ein mitleidendes Herz und helft immer, wenn jemand Hilfe braucht.«

Aufmerksam hatte Parzival zugehört und sich Wort für Wort eingeprägt. Als der Ritter Gurnemanz ihm anbot, ihn in allen ritterlichen Künsten und Tugenden zu unterrichten, nahm Parzival es gerne an. Drei Jahre dauerte die Lehrzeit, danach glaubte er, alles zu wissen und zu können, was einen Ritter ausmacht. Dass er seine Ausbildung mit Bildung verwechselte, wusste er nicht. Er nahm Abschied und ritt auf seinem roten Hengst fröhlich neuen Abenteuern entgegen.

Eines Tages kam er nach Belrapeire, in das Land der schönen Königstochter Kondwiramur. Ihr Vater war gestorben, und da sie sich weigerte, Klamide zu heiraten, den König des angrenzenden Landes, belagerte der König ihre Hauptstadt. Er wollte sich mit Gewalt nehmen, was sie ihm nicht gewährte. Parzival ritt zu der belagerten Stadt, um sie zu befreien. Auf seinem Weg dahin sah er lauter abgemagerte und bleiche Gestalten, die sich kaum auf den Beinen halten konnten, geschweige denn, dass sie gegen den Feind hätten kämpfen können. Klamide hatte nämlich alle Straßen, auf denen sonst Nahrungsmittel transportiert wurden, sperren lassen. Er wollte die Königstochter samt ihren Untertanen aushungern. Als er hörte, dass ein Ritter Kondwiramur befreien wollte, befahl er, ihn ungehindert in die Stadt zu lassen. »Er kann dann gemeinsam mit ihr verhungern«, meinte er.

Kondwiramur begrüßte Parzival überschwänglich als ihren Retter und keine Frau war ihm je schöner erschienen als sie in ihrer vornehmen Blässe. Sogleich forderte er König Klamide zum Zweikampf, doch dieser zog es vor, sich von seinem Seneschall Kingrun vertreten zu lassen. Parzival war es ein Leichtes, ihn mit Sir Ithers Waffen und Rüstung zu besiegen, doch er übte Gnade und ließ Kingrun leben. Er schickte ihn nach Camelot zu König Artus, dem er von dem Kampf berichten sollte, und der Dame, die geschlagen worden war, weil sie gelacht hatte, sollte er dienen.

Sechsmal noch ließ sich Klamide vertreten, doch alle seine Stellvertreter erlitten das gleiche Schicksal wie der Seneschall. Zuletzt musste der König selbst kämpfen. Auch er wurde besiegt und musste den Weg nach Camelot antreten, um vom Kampf zu berichten und der Dame Kunneware zu dienen.

Im Lande Kondwiramurs herrschte großer Jubel, denn nun konnten sich endlich alle wieder sattessen. Die Königstochter dankte ihrem Befreier, indem sie ihn heiratete und zum König ihres Reichs machte.

Ein Jahr lang waren Parzival und Kondwiramur sehr glücklich. Doch als nach dem Winter der Frühling kam und die Tage länger wurden, als sattes Grün die Wiesen schmückte und die Knospen sprangen, sehnte sich Parzival nach dem Wald von Soltane und nach seiner Mutter Herzeloyde. Dass sie vor Kummer gestorben war, als er so leichten Herzens von ihr fort und in die Welt geritten war, wusste er nicht. Kondwiramur war traurig, als Parzival sie verließ, aber schweren Herzens ließ sie ihn ziehen.

Auf seinem Ritt geriet Parzival in einen Zauberwald. Gebüsch und Blattwerk wurden immer dichter und undurchdringlicher, sodass er sich mit seinem Schwert durch das Gewirr der Äste und Zweige den Weg bahnen musste. Schon fürchtete er, sich verirrt zu haben, als er über den Wipfeln das goldene Licht der Abendsonne und ein Stück von dem rötlich gefärbten Himmel sah. Er gelangte an einen schilfumstandenen, im warmen Licht schimmernden See, an dessen Ufer ein Fischer saß. Es war ein seltsamer Fischer. Er trug einen Rock aus golddurchwirktem Brokat und saß weit zurückgelehnt auf einem bequemen Stuhl, der mit einem weichen Fell ausgelegt war. Sein Gesicht war blass und sah leidend aus, aber von seiner Gestalt ging ein Leuchten aus wie von einem inneren Feuer.

Parzival grüßte höflich und fragte, wo er eine Herberge für die Nacht finden könnte. Der Fischer wandte den Kopf und Parzival glaubte, in den zwei dunklen Augen einen Funken von Freude zu sehen, doch gleich darauf war dieser Funke erloschen und der Blick wieder ernst und traurig. »Es gibt hier keine Herberge«, sagte der Fischer, »es gibt nur eine Burg, und die müsst Ihr finden. Die Wege dahin gehen kreuz und quer und der einfachste Weg ist nicht immer der richtige. Wenn Ihr sie aber gefunden habt, wird man Euch freundlich aufnehmen.«

Parzival dankte und ließ sein Ross gehen, kreuz und quer, wie der Hengst es wollte. Es dauerte nicht lange und er kam zu einem Berg, auf dem eine mächtige Burg hoch aufragte. Die Zugbrücke schien sich von selbst zu senken, als er sich näherte, und im Burghof liefen Diener und Knechte herbei, um ihn zu bedienen und sein Pferd zu versorgen. Die Männer strahlten dabei vor Freude, als wäre ein lang erwarteter Gast gekommen. Parzival wunderte sich zwar, aber da ihm der Ritter Gurnemanz geraten hatte, seine Neugierde zu bezähmen, stellte er keine Fragen.

Ein Diener geleitete ihn in einen prächtigen Saal, in dem hunderte Kerzen brannten. Eine Tafel war mit silbernen Tellern und Gläsern aus Kristall gedeckt, rundherum standen Stühle, über die kostbare Felle gebreitet waren. An der Stirnseite ruhte der Fischer, den Parzival am Ufer des Sees gesehen hatte. Er trug eine Krone und war in einen kostbaren Zobel gehüllt, schien aber zu frieren, obwohl neben ihm die Flammen einer Feuerstelle loderten. Sein Gesicht war bleich wie die Wand hinter ihm. Als er Parzival sah, hob er langsam die Hand, worauf sich eine Tür öffnete, durch die Ritter und festlich gekleidete Damen den Saal betraten und an der Tafel Platz nahmen. Dann winkte er Parzival, sich neben ihn zu setzen. Parzival, der nicht wusste, warum ihm diese Ehre zuteil wurde, nahm Platz, und als er neben ihm saß, hörte er, wie schwer der seltsame Fischer atmete. Er sah ihn an und las im Blick der dunklen Augen einen tiefen Schmerz. Schon wollte Parzival nach dem Grund des Leidens fragen, doch da fiel ihm wieder der Rat des Ritters Gurnemanz ein, nicht durch Neugierde lästig zu fallen, und er schwieg. Auf ein Zeichen des Fischers betrat ein Knappe mit einer Lanze den Saal, von der dunkles Blut auf den weißen Marmor des Bodens floss. Der Fischer stöhnte auf, als spürte er die Lanze in seinem Herzen. Nun richteten sich die Augen der Ritter und der Damen auf Parzival, als würden sie auf etwas warten. Wieder wollte er fragen, was die blutende Lanze zu bedeuten habe, aber Gurnemanz' Rat verschloss ihm die Lippen und Parzival schwieg.

Nachdem der Knappe den Saal verlassen hatte, öffnete sich wieder eine Tür und weiß gekleidete Mädchen mit Blumen im Haar brachten ein Tischchen aus Elfenbein, auf dem eine geschliffene Achatplatte lag. Dieses Tischchen mit der Platte stellten sie vor den Fischerkönig. Nach ihnen betrat eine Dame in einem Kleid aus grüngoldenem Samt und einer Krone auf dem Kopf den Saal. Sie hielt eine leuchtende Schale in den Händen und stellte sie auf die Achatplatte. Von der Schale ging ein wunderbares Strahlen aus, ein zauberisches Licht, das den ganzen Saal erfüllte. Und auf einmal waren Teller und Kristallgläser mit köstlichen Speisen und Getränken gefüllt und jeder an der Tafel hatte seine Lieblingsspeise vor sich. Nur der Fischerkönig aß ein

Stück Brot. Nachdem alle gegessen hatten, nahm die Dame im Samtkleid die leuchtende Schale wieder an sich und verließ mit den Mädchen den Saal.

Nichts von all dem, was er gesehen hatte, konnte sich Parzival erklären, aber da Gurnemanz ihm gesagt hatte, er solle niemanden mit seinen Fragen bedrängen, schwieg er.

Der Knappe, der die blutende Lanze getragen hatte, trat nun mit einem kostbaren Schwert vor Parzival und überreichte es ihm. »Es ist ein Geschenk unseres Königs Amfortas, den du als Fischer am Ufer des Sees gesehen hast«, sagte er, und als Parzival es verwundert in Händen hielt, beugte sich Amfortas zu ihm und flüsterte: »Es dient nicht zum Angriff, sondern zum Schutz. Wenn du es führst, denk an den Mann, der es einst besaß und es jetzt nicht mehr führen kann.« Er sah ihn dabei an, als würde er auf etwas warten, aber Parzival schwieg.

Nach unruhigen Träumen erwachte er am nächsten Morgen. Die Burg war kalt und verlassen und kein Mensch zu sehen, nur sein gesatteltes Pferd stand im Hof. Das Grauen packte ihn. Fort von hier, dachte er, nur fort. Er bestieg sein Pferd und galoppierte über die Zugbrücke, die sich nach ihm wie von selbst hob. Vom Turm her hörte er eine krächzende Stimme, die ihn verfluchte.

Sein roter Hengst trug ihn kreuz und quer. In seinem Hirn hämmerte es unentwegt: nur fort, nur fort … und sein Hengst raste davon. Da hörte er eine Stimme, und als er näher ritt, fand er seine Kusine Sigune. Sie saß immer noch neben dem Leichnam ihres Gatten und klagte. Von ihr erfuhr Parzival, dass die Burg, auf der er gewesen war, Monsalwatsch hieß und der leidende König Amfortas sein Onkel war. »Er musste mit seinem Leiden für eine schwere Sünde büßen, die er vor langer Zeit begangen hat. Er litt furchtbare Qualen, konnte aber nicht sterben, weil ihn der Heilige Gral am Leben erhielt. Nun, das ist jetzt vorbei, denn du hast ihn ja erlöst.«

Parzival schwindelte der Kopf. Wie hätte er den Leidenden, der sein Onkel sein sollte, erlösen können, und was war das überhaupt, der Heilige Gral? Davon hatte ihm weder seine Mutter Herzeloyde noch der Ritter Gurnemanz erzählt. »Was ist das, der Heilige Gral?«, fragte er.

»Das weißt du nicht?« Sigune war überrascht von seiner Unwissenheit, doch dann erzählte sie von Joseph von Arimathia, der das Blut des gekreuzigten Heilands in einer Schale aufgefangen hatte, und zwar in derselben Schale, die auch auf dem Tisch des Letzten Abendmahls gestanden war. Auf wundersame Weise war die Schale, die man Gral nannte, später nach Britannien gekommen. »Auf der Burg Monsalwatsch wird sie aufbewahrt, ebenso die blutende Lanze, mit der dem Heiland am Kreuz ins Herz gestochen wurde.«

»Und wieso ist König Amfortas mein Onkel und wie hätte ich ihn erlösen können?«, fragte Parzival weiter.

»Dein Großvater Titurel hat die Burg einst erbaut. Er hatte eine Tochter, deine Mutter Herzeloyde, und zwei Söhne, der eine lebt als Einsiedler in einer Klause, der andere ist König Amfortas. Wenn du ihn nach dem Grund seines Leidens gefragt hast, ist er erlöst.«

»Aber ich habe nicht danach gefragt.«

»Wie, du warst auserwählt, Monsalwatsch zu betreten und die erlösende Frage zu stellen, und hast es nicht getan? Hast du nicht gesehen, wie er litt? Du hast kein Herz, du hast einen Stein in der Brust. Verschwinde, geh mir aus den Augen!«

Wieder hämmerte es in Parzivals Hirn: fort, nur fort … Sein Hengst trug ihn kreuz und quer und machte erst Halt, als eine abgehärmte Frau auf einem halb verhungerten Gaul ihm den Weg versperrte. Sie trug das Kleid einer Magd und kam Parzival irgendwie bekannt vor, doch er konnte sich nicht erinnern, wo er sie schon einmal gesehen hatte. Plötzlich fiel es ihm wie Schuppen von den Augen, es war die Herzogin Jeschute, die Gemahlin des eifersüchtigen Herzogs Orilus. Er wollte sie um Vergebung bitten, weil er ihr in seinem Unverstand so viel Leid zugefügt hatte, doch da stürmte auch schon der Herzog mit eingelegter Lanze auf ihn los. Parzival gelang es, ihn aus dem Sattel zu werfen, aber auch – und das war viel wichtiger – ihn von der Unschuld seiner Gemahlin zu überzeugen. Nachdem Jeschute ihm verziehen hatte, schickte Parzival den Herzog nach Camelot. »Dort findet Ihr eine Dame, die um meinetwillen geschlagen wurde, weil sie über mich gelacht hat. Bietet ihr Eure Dienste an und erzählt König Artus, dass ich Euch besiegt habe«, befahl er.

In dem Gefühl, wenigstens jetzt etwas gutgemacht zu haben, ritt er weiter und gelangte, ohne es zu ahnen, selbst in die Nähe Camelots. Es war Frühling und der Tag hatte freundlich begonnen, doch plötzlich verdunkelte sich der Himmel, der eben noch blau gewesen war, und es begann dicht zu schneien. Er hörte ein Rauschen in der Luft, hob den Blick und sah eine Schar Wildgänse am grauen Himmel. Ein Falke zog seine Kreise und stieß dann blitzschnell auf eine Wildgans, während die anderen kreischend davonstoben. Drei Tropfen Blut fielen in den Schnee. Parzival starrte auf das Rot des Blutes im weißen Schnee und die Farben verwandelten sich. Er sah das Rot des Mundes seiner geliebten Frau Kondwiramur und ihre Haut, die so weiß wie Schnee war. Da überkam ihn die Sehnsucht nach ihr so brennend, dass er den Blick nicht mehr lösen konnte und wie gebannt stehen blieb und starrte.

Ein junger Ritter aus Camelot ritt vorbei und redete ihn an, doch Parzival schwieg. Er schwieg auch, als andere Ritter kamen und mit ihm sprechen wollten. Parzival war verzaubert. Als Sir Gawein von dem stummen Ritter in der roten Rüstung hörte, wollte er wissen, wer das sei. Er erkannte Parzival, der einst als Narr nach Camelot gekommen war und nun stumm auf drei Tropfen Blut im Schnee starrte.

Gawein, der Sonnenheld, wusste und sah vieles, was andere nicht wussten und sahen. Er warf seinen Mantel über die drei Blutstropfen und der Zauber war gebrochen. Gerne ritt der nun entzauberte Parzival mit Gawein nach Camelot. Er wollte König Artus um Vergebung dafür bitten, dass er in seiner Unwissenheit den roten Ritter Ither so unritterlich getötet hatte.

König Artus, der ihm längst verziehen hatte und mittlerweile auch viel von Parzivals Siegen vernommen hatte, hieß ihn herzlich willkommen und nahm ihn in die Tafelrunde auf. Kunneware, die schöne Dame, die seinetwegen geschlagen worden war, begrüßte ihn voll Freude. »Ihr habt mich zum ersten Mal zum Lachen gebracht«, sagte sie lächelnd, »heute, da ich Euch danken kann, dass Ihr mir einen Ritter zu meinem Schutz und andere zu meinen Diensten geschickt habt, bin ich noch fröhlicher.«

Auch Königin Guinevere freute sich, ihn wiederzusehen, und lud zu einem Fest, bei dem er von seinen Abenteuern erzählen sollte. Doch als alle an der Tafel saßen, wurde plötzlich die Tür aufgestoßen und eine hässliche alte Frau ritt auf einem schwarzen Maultier in den Saal. »Das ist Kundry, die Gralsbotin«, flüsterte Kay, der Seneschall, »was kann sie nur wollen?«

Die Frau ging direkt auf den König zu, und es klang mehr nach dem Krächzen eines Raben als nach einer menschlichen Stimme, als sie rief: »König Artus, Eure Tafelrunde ist entweiht, warum duldet Ihr einen Mann in Eurer Gesellschaft, der verflucht ist?«

Dann wandte sie sich Parzival zu, der totenbleich geworden war, denn mit Schaudern hatte er die Stimme erkannt. Es war dieselbe Stimme, die ihm vom Turm der Gralsburg einen Fluch nachgerufen hatte. »Ja, Ihr seid es, Parzival, der Schande über den König und seine Ritter bringt«, krächzte sie. »Ihr hättet den unglücklichen König Amfortas erlösen können, wenn Ihr ihn aus Mitleid nach dem Grund seines Leidens gefragt hättet, aber Ihr habt es nicht getan. Weil Euer Herz kalt ist, weil Ihr nicht fähig seid zu lieben. Auch Eure Mutter ist aus Gram gestorben, gleich nachdem Ihr sie verlassen habt, ohne Euch um sie zu kümmern. Ihr seid verflucht!«

Parzival wollte antworten, sich verteidigen, aber die Kehle war ihm zu eng. Kalter Schweiß stand auf seiner Stirn und er brachte kein Wort heraus, starrte die Alte nur entsetzt an. Kundry verließ auf ihrem schwarzen Maultier den Saal und Parzival taumelte hinter ihr her ins Freie. Niemand hielt ihn zurück.

Wüste Gedanken rasten in Parzivals Gehirn und drohten seinen Kopf zu sprengen, nachdem ihn die Gralsbotin Kundry vor König Artus und den Rittern der Tafelrunde so schwer beschuldigt und verflucht hatte. Er sattelte seinen roten Hengst und trieb ihn an, ohne zu wissen, wohin er eigentlich wollte. In seinem Inneren dröhnte es: fort, nur fort …

So ritt er dahin, bis es Nacht wurde. Bei einem verkrüppelten Baum, der im kalten Mondlicht einen gespenstischen Schatten warf, stieg er ab. Der Fluch der Gralsbotin quälte ihn wie eine Folter und Zorn stieg in ihm hoch, weil er nicht verstand, warum sie ihn verflucht hatte. Dann ging sein Zorn in ein Weinen über. Er weinte aus Mitleid mit sich selbst, bis ihn ein tiefer Schlaf erlöste.

Eine süße Frauenstimme weckte ihn. »Ritter Parzival, was hat Euch an diesen Ort geführt?« Parzival schlug die Augen auf und sah ein engelgleiches Gesicht, das sich zu ihm neigte. Er lag nicht mehr dort, wo er sich bei Anbruch der Nacht hingelegt hatte, und sein roter Hengst, den er am Baum festgebunden hatte, war verschwunden.

»Wo bin ich und wo ist mein Pferd?«, fragte er verwundert.

»Ihr seid im Land der Freuden«, sagte die süße Stimme, »und wenn Ihr mir eine Bitte erfüllt, verschaffe ich Euch ein Pferd, wie es kein schnelleres und feurigeres auf der ganzen Welt gibt.«

»Lady, ich bin ein Ritter am Hof des Königs Artus und jederzeit bereit, einer Frau zu dienen. Ich werde Eure Bitte erfüllen, wenn Ihr mir sagt, was ich für Euch tun kann.«

Parzival betrachtete die Frau, die zu ihm gesprochen hatte, und war von ihrer Schönheit und Anmut entzückt. Im nächsten Augenblick aber war sie verschwunden, doch ehe er sich darüber wundern konnte, war sie auch schon wieder da und führte ein prächtiges Schlachtross am Zügel. Es war rabenschwarz, schüttelte seine Mähne und in seinen Augen blitzte es. Als die Frau lächelnd Parzival die Zügel überließ, stampfte und scharrte es vor Ungeduld mit den Hufen. Eine Gier erfasste den Ritter, diesen stolzen Rappen in seiner Gewalt zu haben, ihn zu beherrschen und zu lenken. Er nahm sein Schwert und schwang sich in den Sattel. »Denkt an Euer Versprechen!«, rief ihm die Frau nach, als er dem Ross die Sporen in die Flanken stieß.

Der Rappe machte einen gewaltigen Satz vorwärts, raste im wilden Galopp dahin und wurde immer schneller, sodass herunterhängende Äste den Reiter beinahe aus dem Sattel warfen. Er wollte ihn zügeln, doch er raste umso ungestümer dahin und plötzlich berührten seine Hufe nicht mehr den Boden. Das Teufelsross erhob sich in die Luft und flog hinauf zu den Wolken. Schaum troff ihm vom Maul, Schweiß rann ihm von den Flanken und dem Reiter heulte der Wind um die Ohren. So ging es dahin bis zu einem reißenden Strom und Parzival litt Todesangst. Als das Pferd mitten hineinspringen wollte, ließ er einen Zügel los und machte das Kreuzzeichen. Da zuckte es zusammen, warf den Reiter in hohem Bogen ab und sprang laut wiehernd in den Strom. Die Fluten schlugen über ihm zusammen und Feuergarben schossen aus dem kochenden Wasser.

Parzival lag mit schmerzenden Gliedern am Ufer und dankte Gott für seine Rettung. Ohne das Kreuzzeichen wäre das schwarze Ross mit ihm zur Hölle gefahren.

Wie lange er am Ufer gelegen war und ob er Stunden oder Tage geschlafen hatte, wusste Parzival nicht. Der Morgen dämmerte, als er aufwachte, und der Strom war verschwunden. Er befand sich auf einer felsigen Insel, rings um ihn dehnte sich das graue Meer bis zum Himmel. Er hörte ein drohendes Knurren und Brüllen und sah, wie hinter einem Stein der Kopf eines riesigen Löwen mit aufgerissenem Maul hervorkam. Er sah das gefleckte Fell eines Tigers im Sprung und unweit von seinen Füßen wanden sich zwei grässliche Schlangen mit Flügeln. In Panik wollte er auf einen Felsen klettern, um den Ungeheuern zu entfliehen, da verstummte das Brüllen mit einem Mal und nach einem Augenblick der Stille hörte er über seinem Kopf ein unheimliches Rauschen und ein ängstliches Schreien und Quieken. Eine der geflügelten Schlangen hatte ein Löwenjunges gepackt, hielt es zwischen den Krallen und flog zu dem Felsen, auf den er hatte klettern wollen. Das

Junge schrie und quiekte in Todesangst und hinterher rannte brüllend eine Löwin, die ihr Junges befreien wollte. Immer wieder sprang sie in die Luft, um es der Schlange zu entreißen, doch die Schlange flog zu hoch. Erst als sie auf dem Felsen landete, holte die Löwin sie ein. Jetzt verbiss sie sich in die Kehle der Schlange und die Schlange wand ihren schuppigen Schwanz um den Körper der Löwin.

Parzival, der das grausige Schauspiel mit angesehen hatte, war von Mitleid mit der verzweifelten Löwenmutter überwältigt. Ohne auf die Gefahr zu achten, rannte er mit gezücktem Schwert hinterher, kletterte auf den Felsen und versetzte dem Ungeheuer einen gewaltigen Schlag auf den Kopf. Die Schlange sperrte das Maul auf und nach Schwefel stinkende Feuerzungen schossen aus ihrem Rachen. Er sprang zur Seite, dann schlug er noch einmal zu und trennte den grausigen Kopf vom Rumpf. Der um die Löwin gewundene Schwanz erschlaffte, die Löwin entriss ihr Junges den zuckenden Klauen, und als sie sich vergewissert hatte, dass keine Gefahr mehr drohte, trug sie es zu Parzival und legte es ihm zu Füßen. Wie ein großer Hund drückte sie ihren Kopf an Parzivals Knie und wedelte mit dem Schweif.

Als es Nacht wurde, brachte die Löwin das Junge in eine sichere Höhle, lief dann zurück zu Parzival, der sich im Gras ausgestreckt hatte, und legte sich neben ihn. Wenn sich eines der wilden Tiere anschlich, brüllte sie und das Tier flüchtete. Parzival streichelte sie und kraulte sie zwischen den Ohren und war wieder so glücklich wie einst im Wald von Soltane, als die Tiere seine Freunde und ihm so lieb wie Geschwister waren.

Am nächsten Morgen war er allein, die Löwin war verschwunden und auch kein anderes Tier zeigte sich. Er blickte hinaus aufs Meer und sah ein Schiff, das sich so schnell der Insel näherte, als würden alle Winde der Welt in seine Segel blasen. Dann verlangsamte es seine Fahrt und legte leicht und sanft am Ufer an. Im Schiff saß eine schöne Frau und Parzival glaubte, er hätte sie schon einmal irgendwo gesehen, aber bevor er nachdenken konnte, sagte sie mit süßer Stimme: »Wie kommt Ihr hierher auf diese Insel, Sir Parzival? Ein Glück, dass mich der Zufall an dieses Ufer geweht hat, ihr wäret sonst verhungert oder die wilden Tiere, die sich jetzt verkrochen haben, hätten Euch zerrissen.«

»Wieso wisst Ihr meinen Namen?«
»Weil ich Euch schon lange kenne.«
»Und wer seid Ihr?«

»Darüber reden wir, wenn Ihr zu mir auf das Schiff kommt. Es redet sich nicht gut, wenn Ihr an Land seid und ich auf dem Meer.«

Parzival sprang vom Ufer ins Schiff und auf einen Wink der Frau brachten ihm ihre Diener erlesene Speisen und edle Weine. Nachdem er sich gestärkt hatte, begann sie zu erzählen. Ihr Gemahl habe ihr eine harmlose Bemerkung so übel genommen, dass er sie verbannt hätte, sagte sie und ihr Gesicht wurde ganz traurig. Als sie dann bittend ihre schönen Augen zu Parzival aufschlug, war er bereit, alles zu tun, was sie wollte.

»Ihr habt mir doch versprochen, eine Bitte zu erfüllen«, sagte sie einschmeichelnd, und wieder glaubte er, diesen betörenden Klang schon einmal gehört zu haben. Er war aber von ihrer Nähe, von ihrem Duft und dem köstlichen Wein so verwirrt, dass er nicht nachdenken, sondern nur nicken konnte, und als sie seine Hand ergriff, zog er sie nicht zurück.

»Wie schön, dass uns der Zufall zusammengeführt hat«, sagte sie und rückte näher an ihn heran. »Ich bin so einsam, mein Mann hat mich verstoßen und niemand liebt mich, ach, ich wäre so glücklich in Euren Armen.«

Parzivals Verstand setzte aus. »Ich werde Euch lieben, wie noch keine Frau geliebt wurde«, stammelte er und war im Begriff, seinen Arm um sie legen, als sein Blick zufällig auf das Kreuz auf seinem Schwertgriff fiel. Ein Schauder überkam ihn und die Schönheit der Dame ließ ihn plötzlich kalt. Rasch machte er das Kreuzzeichen, und jetzt brachen Geheul und Gezeter los und er atmete keinen Duft mehr, sondern Gestank. Entsetzt schloss er die Augen und murmelte ein Gebet.

Als er die Augen wieder aufzumachen wagte, lag er neben dem verkrüppelten Baum, unter den er sich am Abend zuvor gelegt hatte, und sein roter Hengst stand da und wieherte. Er rieb sich die Augen, starrte um sich und glaubte, in der Ferne das graue Meer zu sehen, auf dem weit draußen ein Schiff fuhr und am Horizont verschwand. Er dankte Gott für die Rettung, bestieg sein Pferd und machte sich erneut auf die Suche nach dem Gral.

Unermüdlich suchte Parzival nach der Gralsburg, um gutzumachen, was er verabsäumt hatte, doch der Weg dahin blieb ihm verborgen. Er haderte mit seinem Schicksal und sein Herz war ohne Rast und ohne Ruhe. An Gottes Güte glaubte er nicht mehr. Warum werde ich bestraft, grübelte er, da ich mich doch nur an das gehalten hatte, was meine Mutter und der Ritter Gurnemanz mich lehrten. Der Fluch der Gralsbotin brannte ihm auf der Seele wie ein Feuer, das er mit all seinen Tränen nicht löschen konnte. Daher wagte er auch nicht, nach Belrapeire zu seiner Gemahlin Kondwiramur zurückzukehren. Ruhelos ritt er im Land umher, im Streit mit sich und im Streit mit Gott. So verstrich Jahr um Jahr und seine Bitterkeit wurde zur Verzweiflung.

Eines Tages hörte Parzival einen Gesang und sah bald darauf eine Schar von Pilgern, die hinter einem Priester einhergingen, der ein Kreuz trug.

»Edler Herr«, sagte der Priester, »es ziemt sich nicht an einem Tag wie diesem eine Rüstung und Waffen zu tragen. Heute ist Karfreitag, der Tag, an dem unser Heiland für uns gestorben ist. Wollt Ihr Euch nicht anschließen und Buße tun?«

»Ich schere mich den Teufel um den Karfreitag!«, schrie Parzival und galoppierte davon. Die frommen Gesänge schmerzten ihn in den Ohren und er ließ sein Pferd traben, wohin es wollte. Der Hengst trug ihn kreuz und quer und schließlich zu einer Klause, vor der ein Einsiedler saß.

»Du siehst so müde aus, mein Sohn, willst du nicht ein wenig ausruhen?« Der Mann hatte so freundlich ausgesprochen, dass Parzival wirklich abstieg und ihm in die Hütte folgte.

»Sei willkommen, Parzival«, sagte der Einsiedler.

»Ihr kennt mich?«

»Ja, ich kenne dich. Ich bin Trevrezent, der Sohn deines Großvaters Titurel. Amfortas, der Fischerkönig, ist mein Bruder und deine Mutter, Herzeloyde, war meine geliebte Schwester. Es war von Gott bestimmt, dass Amfortas nur durch die mitfühlende Frage nach dem Grund seines Leidens erlöst werden kann, aber du …«

»Ich habe doch nur …«, begann Parzival zögernd, doch der Einsiedler unterbrach ihn. »Ich weiß, ich weiß«, sagte er gütig. »Du hast nur die Regeln befolgt, die deine Mutter und Gurnemanz dir sagten. Es sind gute Regeln, aber du hast nicht auf deine innere Stimme gehört, auf die Stimme des Herzens. Wer nur nach starren Regeln handelt, geht in die Irre. Ein Weiser erkennt, wann er gegen sie verstoßen muss, denn das höchste Gebot ist die Liebe. Aber deine Irrfahrt ist bald zu Ende, du wirst es erfahren.«

In dieser Nacht lag Parzival lange wach und dachte nach. Er wusste nun, dass es sinnlos war, mit Gott zu hadern und dass Gnade sich nie erzwingen lässt, sondern den Menschen geschenkt wird. Er war unschuldig schuldig geworden, indem er ohne böse Absicht, aber gedankenlos Menschen verletzt, ja sogar getötet hatte. Er bereute, dass er den roten Ritter Ither getötet und die Herzogin Jeschute ins Unglück gestürzt hatte. Nun wollte er den

Gral und den leidenden König wieder finden, ihm die erlösende Frage stellen und gutmachen, was er verabsäumt hatte.

Am nächsten Morgen verließ Parzival den Einsiedler, ritt kreuz und quer durchs Land, doch den Weg zur Burg Monsalwatsch fand er nicht. An einem Pfingstsonntag kam er wieder nach Camelot und wurde herzlich begrüßt, denn man hatte schon befürchtet, ihn nie mehr zu sehen.

König Artus lud ihn ein, das Pfingstfest gemeinsam mit ihm und den Rittern der Tafelrunde zu feiern, und er nahm die Einladung gerne an. Als alle im Saal versammelt waren, öffnete sich die Tür und Kundry, die Gralsbotin, ritt auf ihrem schwarzen Maultier in den Saal. Die Ritter erschraken, doch an diesem Tag strahlte ihr Gesicht so viel Güte aus, dass man vergaß, wie hässlich sie war. Ihre Stimme krächzte nicht mehr, sondern klang weich und sanft, als sie zu Parzival sagte: »Ich bringe dir eine Botschaft vom Heiligen Gral. Eine Schrift ist erschienen, die besagt, dass du vom Fluch befreit bist und die Zeit deiner Prüfungen vorbei ist. Du hast aus Mitleid mit der Kreatur dein Leben aufs Spiel gesetzt und den Verlockungen des Teufels widerstanden. Auf dir ruht Gottes Segen.« Sie nickte ihm zu und verließ den Saal. Nun brachen die Ritter in Hochrufe aus und König Artus und Königin Guinevere umarmten ihn.

Parzival verabschiedete sich, bestieg seinen roten Hengst und machte sich erneut auf die Suche nach der Gralsburg. Er ritt den Weg, den er so oft vergeblich geritten war, doch diesmal fand er die geheime Abzweigung, die sich nur Auserwählten zeigte. Dann sah er auch schon die mächtige Burg, von der er in vielen Nächten geträumt hatte. Er betrat den prächtig geschmückten Saal, in dem hunderte Kerzen brannten, er sah die festlich gedeckte Tafel und die mit Fellen bedeckten Stühle, die um sie herumstanden, und er sah das schmerzerfüllte Gesicht des Königs Amfortas. Da wurde sein Herz von Mitleid erfüllt. Er kniete vor ihm nieder und die Liebe zu dem Leidenden ließ ihn die erlösenden Worte finden: »König Amfortas, sagt mir, warum Ihr leidet. Ich bin Parzival, Euer Neffe, und will Euch helfen.«

Ein Lächeln erhellte das Gesicht des Königs, als er die Frage hörte, auf die er so lange gewartet hatte. Ohne Schmerzen erhob er sich und umarmte seinen Neffen. »Nun ist meine Leidenszeit vorbei und ich kann in Frieden sterben«, sagte er. Dann betraten die Ritter des Heiligen Grals und die festlich geschmückten Damen den Saal und nahmen an der Tafel Platz. Ihnen folgten die weiß gekleideten Mädchen mit dem Elfenbeintischchen und der Achatplatte und die Dame im grünen Samtkleid. In den Händen hielt sie den leuchtenden und strahlenden Gral, die heilige Schale. Ein Jubel brauste auf und dann der Ruf: »Es lebe Parzival, der neue Gralskönig!«

Leise und fast unbemerkt war noch einmal die Tür geöffnet worden und die Gralsbotin Kundry trat ein. Mit ihr kamen Parzivals geliebte Gemahlin Kondwiramur und sein Sohn Lohengrin, den Kondwiramur geboren hatte, als ihr Gemahl auf seinen Irrwegen kreuz und quer durchs Land ritt.

Parzival, der als Narr in die Welt geritten war, hatte nach langen Irrfahrten das höchste Amt erreicht, das ein christlicher Ritter im Abendland erreichen konnte. Er war der neue König und Hüter des Heiligen Grals.

Nachdem jeder der Ritter der Tafelrunde seiner Wege gegangen war, kehrten die einen zurück an König Artus' Hof, während die anderen weiter nach dem Gral suchten. Zu den frömmsten Suchern nach dem Gral gehörte Sir Bors. Eines Abends kam er zu einer Lichtung, auf der im Dämmerlicht ein Turm hoch in den Himmel ragte. Als er um eine Herberge für die Nacht bat, wurde sie ihm gerne gewährt. Ein Diener führte ihn in eine Kammer und anschließend ließ ihn die Herrin des Hauses zum Mahl bitten.

Die Dame war eine schöne Frau, doch das Kleid, das sie trug, passte ganz und gar nicht zu der vornehmen Art, mit der sie ihn willkommen hieß und zu Tisch bat. Das Kleid war abgetragen und geflickt und die Farben waren verblichen. Auch die Speisen, die der Diener auftrug, waren sehr bescheiden. Doch das machte Sir Bors nichts aus, denn er hatte sich vorgenommen, solange er auf der Suche nach dem Gral war, weder Fleisch zu essen noch Wein zu trinken. Er nahm nur etwas Brot zu sich und trank Wasser dazu.

»Ach Herr Ritter, es tut mir sehr leid, Euch nicht mehr und Besseres anbieten zu können«, sagte die Dame, »aber was Ihr seht, ist alles, was ich Euch geben kann.«

»Hohe Frau, für einen Ritter, der wie ich auf der Suche ist, genügt Wasser und Brot.«

»Wonach sucht Ihr, Herr?«

»Nach dem Heiligen Gral.«

Als er das sagte, stürzte ein Knappe in den Saal und rief: »Es ist ein Jammer, Herrin, jetzt hat sich Eure Schwester auch das letzte Eurer Schlösser genommen. Sie sagt, dass sie Euch den Turm genauso nehmen wird, außer es findet sich bis morgen Mittag ein Ritter, der bereit ist, für Euch zu kämpfen.«

Als die Dame das hörte, schlug sie die Hände vors Gesicht und weinte.

»Hohe Frau, sagt mir, ob und wie ich Euch helfen kann«, bat Sir Bors, »ich bin ein Ritter der Tafelrunde, die König Artus um sich versammelt hat, und stets bereit, einer Frau in Bedrängnis beizustehen.«

»Dann will ich Euch erzählen, wieso es so weit mit mir gekommen ist«, sagte die Dame und unterdrückte ein Schluchzen. »Gott sei es geklagt«, fuhr sie fort und seufzte, »meine Schwester ist eine böse und hartherzige Frau. Ihr Gemahl, mein Schwager, besaß mehrere Schlösser und reiche Ländereien. Nur hat er leider zu spät erkannt, wie bösartig und geizig meine Schwester ist. Sie presste den Untertanen das Letzte ab und wenn sie nicht bezahlen konnten, verjagte sie Männer, Frauen und Kinder. Ob die Ärmsten dann verhungerten oder erfroren, interessierte sie nicht. Sie wollte immer nur noch reicher werden. Als mein Schwager auf dem Sterbebett lag, vermachte er mir alle seine Besitztümer und bat mich gutzumachen, was meine Schwester verschuldet hat. Doch kaum war er unter der Erde, als sie wieder heiratete, und zwar den grausamsten Tyrannen des Landes. Ihr zweiter Gemahl heißt Priadan der Schwarze. Beide missgönnen mir jedes Stück Brot und wollen mich von meinem Turm, meiner letzten Zuflucht, vertreiben.«

Sie begann wieder zu weinen, doch als Sir Bors sagte: »Eure Schwester soll wissen, dass morgen Mittag ein Ritter für sie kämpfen wird«, hörte sie auf und ihre Augen strahlten vor Dankbarkeit.

Am nächsten Tag ritten Sir Bors und die Herrin des Turms zum Turnierplatz. Eine Menge Zuschauer war bereits versammelt, denn insgeheim hofften die Menschen auf eine Niederlage des verhassten Priadan. Eine Dame in reich besticktem Kleid aus Brokat ritt ihnen auf einem fuchsroten Pferd entgegen. Neben ihr ritt auf einem Rappen ihr Gemahl, Priadan der Schwarze. »Das ist meine Schwester mit ihrem Gemahl«, flüsterte die Herrin des Turms Sir Bors zu und ihrer Schwester rief sie entgegen: »Der Ritter an meiner Seite ist bereit, für meine Rechte zu kämpfen.«

»Rechte!«, schrie die Dame im Brokatkleid und verzog höhnisch das Gesicht. »Was du Rechte nennst, ist Betrug! Als mein Gemahl im Sterben lag und nicht mehr ganz bei Sinnen war, bist du ihm in den Ohren gelegen und hast ihn beschwatzt, dir zu geben, was mir gehört. Rechte – dass ich nicht lache!«

Jetzt mischte sich Sir Bors ein. »Ich habe die Geschichte vom Erbe Eures Gemahls aus dem Mund Eurer Schwester anders gehört und ihre Variante erscheint mir glaubwürdiger.«

»Sind wir zum Kämpfen gekommen oder zum Schwätzen?«, schrie darauf zornig Priadan der Schwarze und lenkte sein Pferd zu einer Seite des Platzes, während Sir Bors auf der gegenüberliegenden Seite Aufstellung nahm. Sie galoppierten aufeinander los und ihre Lanzen trafen jeweils den Schild des Gegners mit solcher Wucht, dass sie brachen und beide Ritter auf die Erde geschleudert wurden. Doch sie waren schnell wieder auf den Beinen, zückten ihre Schwerter und kämpften weiter. An Kraft, Geschicklichkeit und Erfahrung waren sie einander ebenbürtig. Priadan wollte eine rasche Entscheidung erzwingen, während Sir Bors versuchte, vorerst seine Kräfte zu schonen und sie erst dann voll einzusetzen, wenn sein Gegner ermüdet war. Zunächst sah es so aus, als wäre Priadan im Vorteil und würde Sir Bors zurückdrängen.

Die Dame vom Turm, die ängstlich den Kampf verfolgte, barg verzweifelt ihr Gesicht in den Händen, um die Niederlage ihres Ritters nicht ansehen zu müssen. Doch als der Kampf andauerte, wurden Priadans Schläge schwächer, ja er begann zu torkeln, und nun schlug Sir Bors mit voller Kraft auf ihn ein, bis der Schwarze besiegt auf dem Boden lag. Sir Bors setzte seinen Fuß auf ihn, nahm ihm den Helm ab und hielt ihm sein Schwert an den Hals, als wollte er ihn töten. »Gnade«, wimmerte da Priadan der Schwarze, »ich schwöre, alles zu tun, was Ihr wollt, wenn Ihr mich nur leben lässt.«

Sir Bors nahm den Fuß von dem Besiegten und steckte sein Schwert in die Scheide. »Schert Euch zum Teufel!«, murrte er und wischte sich den Schweiß von der Stirn. Priadan humpelte davon, seine Gemahlin galoppierte davon und die Menschen, die zugeschaut hatten, freuten sich. Sir Bors hatte sie von dem Tyrannen und von seiner bösen Frau befreit.

Die Dame vom Turm hatte Freudentränen in den Augen, als sie sich bei ihrem Retter bedankte. »Ihr sollt Gott danken, nicht mir, denn er hat mir die Kraft zum Sieg gegeben«, sagte Sir Bors bescheiden und beim anschließenden Mahl aß und trank er noch immer nichts außer Brot und Wasser. Schon am nächsten Tag machte er sich erneut auf die Suche nach dem Gral.

Nach tagelangem Ritt begegnete er wie zuvor schon Parzival dem Einsiedler Trevrezent, der ihn freundlich willkommen hieß und ihm eine bescheidene Herberge anbot. »Du bist auf der Suche nach dem Heiligen Gral«, sagte er, als der Ritter Rüstung und Waffen ablegte.

»Wieso wisst Ihr das?«

»Ach, mein Sohn, wer so wie ich die Einsamkeit gewählt und sein Leben

Gott geweiht hat, weiß mehr als die Kinder der Welt. Nach einer im Gebet durchwachten Nacht wurde mir verkündet, dass drei Rittern der Tafelrunde die Gnade gewährt wird, den Heiligen Gral zu finden und zu sehen. Einer von ihnen ist der neue Gralskönig, einer wird beim Anblick des Grals eine Seligkeit erleben, die mehr ist, als ein Mensch ertragen kann, und der dritte wird nach Camelot zurückkehren und davon berichten.«

»Und wer sind diese drei Ritter?«, fragte Sir Bors, »bin ich einer von ihnen?«
»Das wird Gott dir offenbaren.«

Sir Bors bedankte sich und ritt weiter. Auch er gelangte wie vor ihm Parzival und Gawein in einen Zauberwald. Dort stieß er auf Galahad, der ebenfalls auf der Suche nach dem Gral war, und sie ritten das letzte Stück gemeinsam. Zur Burg Monsalwatsch gelangten sie nicht über den steilen Pfad, den Sir Lancelot hatte gehen müssen, sondern bequem über die Zugbrücke, die sich wie von selbst zu senken schien. Sie betraten den Saal und im Licht hunderter Kerzen sahen sie Parzival als strahlenden Gralskönig auf erhöhtem Thron. Freudig begrüßte Parzival die beiden Ritter und lud sie ein, Platz zu nehmen. Die Dame im grünen Samtkleid erschien mit ihrem Gefolge und stellte die leuchtende Schale, den Heiligen Gral, vor Parzival auf die geschliffene Achatplatte. Nun erblickte Sir Galahad, wonach er sich so sehr gesehnt hatte, und fiel auf die Knie. In diesem Augenblick hatte er erreicht, wozu er auserwählt war. Seine Seele löste sich von seinem Körper und vereinte sich mit Gott.

»Wir dürfen nicht trauern um ihn«, sagte der Gralskönig Parzival. »Er hat sein Ziel erreicht und ist uns vorausgegangen in die ewige Seligkeit.«

Tief bewegt vom Anblick des Grals und vom Tod des jungen Ritters mit dem reinen Herzen verließ Sir Bors die Gralsburg. Er ritt zurück nach Camelot und berichtete König Artus und den Rittern, was geschehen war.

Sir Lancelot und die Zauberin Morgan le Fay

Unter den vielen Rittern, die im Lauf der Zeit zur Tafelrunde gestoßen waren, gab es einen Einzigen, der König Artus hasste, und das war Mordred, sein Sohn. Er war nach Camelot gekommen, nachdem viele Ritter von der Suche nach dem Gral nicht mehr zurückgekehrt waren. Warum Mordreds Mutter Morgause dem König verschwiegen hatte, dass sie seine Halbschwester war, als sie ihn verführte, wusste niemand, am allerwenigsten König Artus selbst. Vielleicht wollte sie sich an ihrem ungeliebten Gemahl, König Lot von Orkney, rächen. Vielleicht neidete sie Artus die Krone Britanniens und wollte, dass ihr Sohn Mordred sie einmal tragen würde. Welcher Grund auch immer es war, der sie dazu bewog – es blieb ein Geheimnis.

Wie alle Ritter war auch Sir Mordred freundlich in die Tafelrunde aufgenommen worden, aber er hatte nur wenige Freunde. Von seinen Halbbrüdern Gawein, Gaheris, Gareth und Agravain war es nur Agravain, zu dem er Vertrauen hatte. Viele Ritter hielten ihn für einen Neffen des Königs, wie es seine Halbbrüder waren, andere wieder glaubten zu wissen, dass er Artus' Sohn war, aber laut auszusprechen wagte es keiner. Er hatte auch wenig Ähnlichkeit mit seinem königlichen Vater. Artus war von großer und kräftiger Statur, Mordred hingegen war sehr schlank, fast schmächtig. Artus pflegte einem Gesprächspartner meist freundlich und offen ins Gesicht zu schauen, Mordreds Blick hingegen hatte etwas Verschlagenes an sich und oft spielte um seinen Mund ein leises, spöttisches Lächeln. Er war blass, fast bleich, hatte rabenschwarze Haare wie seine Mutter Morgause und helle Augen von unbestimmter Farbe. Niemand konnte erraten, was sich hinter diesen Augen verbarg. So ahnte auch niemand, dass Mordred seinen Vater hasste und wie eine Spinne im Netz auf Beute wartete. Seine Beute würde die Herrschaft über Britannien sein. Und so spann und zog er seine Fäden, in denen sich König Artus verstricken sollte. Dann würde er zum entscheidenden Schlag ausholen und dem Vater die Krone entreißen.

Mordred suchte keine Abenteuer in der Fremde wie die anderen Ritter der Tafelrunde. Meist hielt er sich am Hof des Königs auf, wo er mit scharfem Verstand das Verhalten seines Vaters und das der Ritter, vor allem Sir Lancelots, beobachtete. So hatte er bald herausgefunden, wie es um Lancelot und die Königin stand. Obwohl die Liebenden ihre Leidenschaft zu verbergen suchten, tauschten sie doch hin und wieder verräterische Blicke aus, und so mancher Händedruck zwischen ihnen währte ein wenig länger, als es üblich war. Wenn er den König zu Fall bringen wollte, musste er die verbotene Liebe der beiden nutzen.

Sir Lancelot ahnte, dass Mordred Verdacht geschöpft hatte, und er hatte auch bemerkt, dass manche Ritter einander vielsagend ansahen oder die Köpfe zusammensteckten und flüsterten, wenn er und die Königin im Saal nebeneinandersaßen. Es hielt es daher wieder einmal an der Zeit, den Hof zu verlassen. Er hoffte, dass dadurch die Gerüchte um ihn und die Königin verstummten. Da König Artus diesmal in London Hof hielt, zog er sich nur bis Windsor zurück. Sir Bors, sein Freund und Vertrauter, war der Einzige, den er eingeweiht hatte.

Die Königin Guinevere tat so wie immer, wenn Sir Lancelot fortgeritten war. Sie gab vor, dass ihr seine Abwesenheit gleichgültig war, ja sie zeigte sich sogar noch fröhlicher, als wenn er anwesend gewesen wäre. An diesem Tag lud sie zu einem Fest. Sir Mordred war eingeladen, ebenso der Seneschall Kay, Sir Gawein mit seinen Brüdern Gaheris, Gareth und Agravain, Sir Bors und Sir Lucan und andere Ritter, die erst seit Kurzem Mitglieder der Tafelrunde waren. Unter ihnen waren Sir Pinel und Sir Mador mit seinem Cousin Sir Partrice.

Am Hof des Königs wusste man, dass Sir Gawein für sein Leben gern Äpfel aß. Die Königin ließ sich daher ein paar schöne rot und gelb glänzende Früchte bringen und stellte sie als Nachspeise in einer Silberschüssel auf den Tisch. Die Ritter aßen und tranken gut und viel, die Stimmung war heiter und sie lauschten vergnügt den Liedern eines Spielmanns und lachten über die Späße eines Spaßmachers.

Einer der Ritter war nicht heiter. Das war Sir Pinel, der Gawein und dessen Brüder hasste, weil sie vor langer Zeit seinen Freund und Verwandten Lamorack getötet hatten. Schon lange hatte er im Sinn gehabt, den Tod seines Freundes zu rächen, doch es fehlte ihm der Mut, Gawein zum Zweikampf zu fordern. Er beriet sich mit Sir Mordred und brachte auf dessen Rat einen schönen großen Apfel mit, der tödliches Gift enthielt. Diesen Apfel legte er heimlich obenauf in die Silberschüssel zu den anderen Früchten. Als nach dem Mahl Sir Gawein seine Hand nach dem Apfel ausstreckte, wollte auch Sir Partrice danach greifen. Darauf zog Gawein höflich seine Hand zurück, um Partrice den Apfel zu überlassen. Pinel erschrak, als nicht Gawein, sondern Partrice nach dem Apfel griff. Auch Sir Mordred, der Gawein hasste, weil der König ihn von allen Rittern am meisten liebte, schien irritiert zu sein. Aber er fasste sich rasch. Partrice biss in den Apfel – und im nächsten Augenblick hatte sein Gesicht jede Farbe verloren. Die Augen wurden starr und blutiger Schaum trat vor seinen Mund. Mit einem Schrei stürzte er vom Stuhl.

Unter den Rittern brach ein Tumult los. Sie sprangen auf und liefen zu ihm hin. Das tat auch Sir Mordred. Partrice wälzte sich schreiend unter Krämpfen auf dem Boden, bis ein letztes Zucken durch seinen Körper ging. Dann lag er leblos da. »Gift!«, schrie einer der Ritter entsetzt und »Gift« wiederholte Mordred langsam und deutlich, wobei er mit bösen Augen die Königin anstarrte. Guinevere war bleich wie der Tote. Sie stand mit vor Schreck geweiteten Augen da und brachte kein Wort heraus. Nun schrien die Ritter aufgeregt durcheinander, bis Gawein die anderen übertönend rief: »Das Gift war für mich bestimmt. Jeder weiß, wie gerne ich Äpfel esse. Dass Sir Partrice nach dem vergifteten Apfel gegriffen hat, war ein unglücklicher Zufall.«

Er wollte noch weitersprechen, doch voll Zorn unterbrach ihn Sir Mador: »Mir ist es gleich, für wen das Gift bestimmt war, mein Freund und Verwandter wurde getötet und Schuld hat die Königin. Sie hat die Äpfel auf den Tisch gestellt. Ich fordere Blutrache.«

Inzwischen hatte Sir Kay den König benachrichtigt. »Wie ist es geschehen?«, fragte er die Königin. Doch bevor sie antworten konnte, wiederholte Sir Mador seine Anschuldigung und seine Forderung nach Rache. Artus sah Guinevere an und fragte sie noch einmal: »Wie ist es geschehen?«

»Ich schwöre bei Gott, dass ich unschuldig bin«, sagte die Königin und hob die Hand zum Schwur.

»Ihr habt es gehört, Sir Mador, glaubt Ihr der Königin?«

»Nein«, sagte der Ritter und es klang scharf wie ein Schwert, das auf sein Opfer niedersaust.

König Artus nahm Guineveres zitternde Hand und sagte: »Dann müssen wir das Urteil Gott überlassen. Als König, der dem Recht und dem Gesetz verpflichtet ist, kann ich nicht für dich Partei ergreifen und für deine Unschuld streiten. Aber es wird sich ein Ritter finden, der gegen Sir Mador in den Zweikampf tritt. Sieg oder Niederlage wird über Schuld und Unschuld entscheiden.«

Der König blickte in die Runde seiner Ritter, aber keiner trat vor, um für die Königin zu kämpfen, keiner sagte ein Wort. »Es sind heute nicht alle Ritter versammelt«, sagte der König. »Wir wollen noch fünfzehn Tage warten. Wenn sich bis dahin keiner findet, der gegen Sir Mador antritt, um die Ehre der Königin zu verteidigen, wird das Todesurteil an ihr vollstreckt.«

Als der König und die Königin allein waren, sagte Artus: »Lancelot war immer dein Ritter, er würde sofort für dich kämpfen. Wenn du weißt, wo er sich aufhält, schicke ihm Nachricht, dass du ihn brauchst.« Es hatte ihn Überwindung gekostet, diesen Rat auszusprechen. Denn schon lange fühlte er, dass zwischen dem Ritter, den er als den besten und tapfersten der Tafelrunde hoch schätzte, und seiner Gemahlin eine Verbundenheit herrschte, über die er nicht nachdenken wollte.

»Ich weiß es nicht«, antwortete die Königin, »ich weiß es wirklich nicht.«

»Dann ist es am besten, du bittest Sir Bors, seinen Freund«, riet der König.

Sir Bors war nicht erfreut, als die Königin mit dieser Bitte an ihn herantrat. Hätte er aber abgelehnt, so wäre dies eine Beleidigung sowohl für König Artus als auch für Königin Guinevere gewesen. Er versprach daher, für sie zu kämpfen, außer es fände sich ein Ritter, der würdiger wäre als er und bereit war, sie zu verteidigen. Heimlich ritt er jedoch nach Windsor und erzählte Lancelot, was geschehen war und dass der Kampf um die Ehre der Königin in fünfzehn Tagen in London stattfinden würde.

Am Tag der Entscheidung hatte sich der gesamte Hof zum Turnierplatz begeben. An der einen Längsseite saß auf einer Tribüne der König mit seinem Gefolge. Auf der anderen Seite, ihm gegenüber, ragte ein Pfahl empor, um den ein Scheiterhaufen aufgeschichtet war. Sollte Sir Mador siegen, würde die Königin darauf verbrannt werden. Vor dem Holzstoß saß auf einem Stuhl die Königin, von zwei Henkersknechten mit roten Kapuzen bewacht.

Sir Mador trat vor den König und erhob Anklage gegen die Königin. Sie habe den Tod Sir Partrices, seines Verwandten und Freundes, verschuldet. Er sei bereit, gegen jeden zu kämpfen, der die Königin für unschuldig halte. Darauf erwiderte Sir Bors: »Ich kämpfe, um im Namen Gottes die Unschuld der Königin zu beweisen. Ich werde aber vom Kampf zurücktreten, wenn ein Ritter, der würdiger ist als ich, gewillt ist, die Ehre der Königin zu verteidigen.« König Artus nickte und wollte den Herolden das Zeichen geben, die Trompeten zu blasen, als ein unbekannter Ritter auf einem weißen Pferd heransprengte. Er verbeugte sich vor König Artus und bat um die Erlaubnis, die Verteidigung der Königin zu übernehmen.

»So war es abgemacht«, sagte Artus. »Wenn Sir Bors überzeugt ist, dass Ihr der würdigere Ritter seid, dann übernehmt den Kampf.«

»Ich bin davon überzeugt«, sagte Bors.

Nun gab König Artus sein Einverständnis. »Möge Gott denjenigen siegen lassen, dessen Sache gerecht ist«, sagte er und auf sein Zeichen schmetterten die Trompeten das Signal. Der Kampf konnte beginnen.

Die Ritter nahmen Aufstellung, legten die Lanzen ein und galoppierten los, bis sie aufeinanderprallten. Der unbekannte Ritter warf seinen Gegner aus dem Sattel, sprang vom Pferd und sie fochten weiter. Es war ein heftiger Kampf, denn Sir Mador war ein starker und geübter Kämpfer und konnte sich lange behaupten. Doch es gelang dem unbekannten Ritter, ihn zu Fall zu bringen. Er setzte seinen Fuß auf Sir Madors Brust und sagte: »Seid Ihr bereit, alle Anschuldigungen gegen die Königin zurückzunehmen?«

»Gott hat geurteilt«, keuchte Sir Mador, »nun weiß ich, dass sie unschuldig ist.« Darauf kamen Knappen und trugen ihn in ein Zelt, wo seine Wunden versorgt wurden.

Die Königin erhob sich und ging zu der Tribüne, wo König Artus saß. Auch er stand auf, ging ihr entgegen und schloss sie in die Arme. Als der unbekannte Ritter sich vor dem Königspaar verbeugte, sagte Artus: »Wollt Ihr nicht den Helm abnehmen, Herr Ritter? Ich würde gerne das Gesicht des Mannes sehen, der Ehre und Leben der Königin gerettet hat.«

Da nahm der unbekannte Ritter seinen Helm ab und alle erkannten Sir Lancelot. Die Menschen jubelten, und als der König und die Königin sich bedankten, mussten sie Tränen der Freude zurückhalten. Sie reichten ihm die Hand und Sir Lancelot drückte die Hand der Königin nur ein wenig fester als die des Königs.

Sir Pinel, dessen Mordanschlag vereitelt worden war, hatte rasch das Weite gesucht und wurde am Königshof nie mehr gesehen.

Sir Mordred, der dem Kampf mit Spannung zugesehen und Sir Mador den Sieg gewünscht hatte, musste sich eine neue Falle ausdenken. Sie sollte zuschnappen, sobald Sir Lancelot wieder in Guineveres Nähe war. Und sie musste ihn oder sie, am besten beide, ins Unglück stürzen. Dazu brauchte es nur ein wenig Verstand und Geduld und Sir Mordred hatte beides.

An einem Tag im Mai ließ sich die Königin Guinevere ihr schönstes Kleid bringen, dann nahm sie einen kostbaren Gürtel aus einer Truhe und einen goldenen Haarreif aus ihrer Schmuckschatulle. Sie wollte an diesem Frühlingstag, an dem Sir Lancelot in der Morgendämmerung fortgeritten war, besonders schön und liebenswürdig sein. Sie lachte lauter als sonst und gab sich fröhlicher, als sie war, weil sie zeigen wollte, dass es ihr vollkommen gleichgültig war, ob der weiße Ritter auf Camelot weilte oder nicht.

Der Morgen versprach ein herrlicher Tag zu werden, gerade recht für einen Ausritt, um nach dem harten Winter das grüne Laub, die Blumen und den Gesang der Vögel zu genießen. Die Königin hatte zehn junge Ritter mit ihren Knappen und zehn Mädchen eingeladen, mit ihr in den Wald zu reiten. Die jungen Leute waren in bester Stimmung, zwischen den Rittern und den Mädchen flogen Scherzworte hin und her, und die Königin brauchte nicht länger vorzutäuschen, heiter zu sein, sie war es wirklich. Und so ritten sie fröhlich dahin und immer tiefer in den Wald hinein.

In der Nähe befand sich ein Schloss, das Sir Meliagrance von König Artus zu Lehen hatte. Der Ritter war oft auf Burg Camelot zu Gast gewesen und hatte sich gleich beim ersten Mal in die Königin verliebt. Sie aber hatte ihn nie beachtet, und diese Geringschätzung war ein Stachel, der in seiner Seele bohrte. Als er nun erfuhr, dass sie von unbewaffneten Rittern und Knappen und jungen Mädchen begleitet an seinem Schloss vorbeireiten würde, beschloss er, sie zu entführen.

Nichts ahnend ritt die Königin mit ihrem Gefolge auf dem schmalen Waldweg, der zu Meliagrances Schloss führte, als ein Pfeil aus dem Dickicht sauste und sich vor ihrem Pferd in den Boden bohrte. Das Pferd scheute, die anderen Pferde gerieten in Panik und in der allgemeinen Verwirrung stürzten bewaffnete Männer aus dem Gebüsch, überwältigten die waffenlosen Ritter und Knappen und fesselten die Mädchen. Grinsend trat der Ritter Meliagrance, der sich hinter einem Baum verborgen gehalten hatte, mit blankem Schwert vor die erschrockene Königin.

»Lasst sofort meine Ritter, die Knappen und die Mädchen frei! Ich befehle es!«, schrie sie.

Ein raues lautes Lachen kam als Antwort. Dann nahm er ihr Pferd am Zügel und sagte: »Euer Befehl ist ein Scherz. Ihr habt meine Liebe verschmäht, also muss ich mir mit Gewalt holen, was Ihr nicht geben wollt.«

»Eher sterbe ich, als Euch zu lieben!«, sagte sie. Dann aber hörte sie Schreie und sah, dass alle ihre Begleiter besiegt auf dem Boden lagen, manche mit schweren Wunden, und dass die Wegelagerer bereits ihre Schwerter gezückt hatten, um zuzustoßen. »Ich flehe Euch an, befehlt Euren Männern, die Wehrlosen zu verschonen«, bat sie Meliagrance, »ich verspreche, mit Euch zu gehen, wenn Ihr sie am Leben lasst.«

»Gut gesprochen, hohe Frau«, sagte der Ritter mit hinterhältigem Lächeln. »Sie sollen auf meinem Schloss ihre Wunden ausheilen.«

Er ließ die Ritter, die Knappen und die Mädchen wieder ihre Pferde besteigen und befahl seinen Männern, sie auf dem Weg ins Schloss zu bewachen. Er selbst führte das Pferd der Königin am Zügel und schritt neben ihr her. Einem Knappen gelang es jedoch, sich zu befreien und zu fliehen.

Sir Lancelot, der weiße Ritter, war an diesem Tag wie so oft vor seiner Liebe geflohen. Auf der Burg eines befreundeten Ritters genoss er Gastfreundschaft, doch die Ruhe, die er gesucht hatte, fand er nicht. Wie die Gedanken am Tag quälten ihn die Träume bei Nacht. In dieser Nacht träumte er, dass Guinevere in Gefahr sei und ihn um Hilfe rufe. Schweißnass erwachte er, legte ohne zu zögern seine Rüstung an und ritt wie vom Teufel gejagt nach Camelot. Als er aufbrach, dämmerte der Morgen, und als er ankam, brannte die Mittagssonne. Bevor er vom Pferd stieg sah er einen Reiter, der sich wie er im Galopp der Burg näherte, und erkannte einen Knappen. Der Knappe wiederum erkannte Sir Lancelot, brachte sein schnaubendes Ross zum Stehen und berichtete keuchend, was geschehen war. Lancelot befahl ihm, König Artus zu verständigen, machte unverzüglich kehrt und ritt so schnell, wie er gekommen war, zum Schloss des Ritters Meliagrance. Die erschrockenen Wächter wagten nicht, ihn aufzuhalten, und so stürmte er schweißüberströmt und um Luft ringend in die Halle, wo Königin Guinevere und ihre Mädchen die verwundeten Ritter und Knappen versorgten. Lancelot und Guinevere fielen einander in die Arme. »Ich wusste, dass du kommen wirst«, flüsterte sie und: »Ich habe geträumt von dir«, sagte er. Und jeder spürte, wie das Herz des anderen schlug.

In diesem Augenblick stürmte Meliagrance herein, warf sich der Königin zu Füßen und winselte um sein Leben. Einer der Wächter hatte ihm nämlich gemeldet, dass Sir Lancelot wie der Sturmwind heransprengte. Da die Königin für Meliagrance bat, verschonte ihn Lancelot, bestand aber auf einem Zweikampf, der in acht Tagen auf dem Turnierplatz der Burg Camelot stattfinden sollte. Inzwischen war auch König Artus im Schloss angekommen und stand mit seinen Rittern im Hof. Die Königin bat auch ihn, den Streitfall später durch einen Zweikampf zu beenden, und er war einverstanden. Doch er warnte Meliagrance: »Wenn Ihr auf Camelot nicht in acht Tagen erscheint, wird Euer Name in ganz Britannien nur mit Schande genannt werden.« Der Ritter versprach es hoch und heilig und König und Königin verließen mit ihrem Gefolge das Schloss.

Meliagrance bedankte sich überschwänglich bei Sir Lancelot und lud ihn ein, sich bei ihm von den erlittenen Strapazen zu erholen. Sir Lancelot vom See war ein ausgezeichneter Reiter, doch hatte ihn der gewaltsame Ritt doch etwas mitgenommen und er nahm die Einladung an.

Meliagrance behandelte seinen Gast mit ausgesuchter Höflichkeit und ließ ihn mit dem Besten aus Küche und Keller bewirten. Nach dem Mahl sagte er: »Ich weiß, dass Ihr Falken liebt und in der Falkenzucht bewandert seid. Wenn Ihr wollt, zeige ich Euch paar besonders schöne Tiere, die ich erst kürzlich bei einem Züchter gekauft habe.«

Da Lancelot neugierig war, sie zu sehen, ließ er sich von Meliagrance zu dem Raum führen, in dem sich die Käfige befanden. Vor der Tür trat er zur Seite, um seinem Gast den Vortritt zu lassen. Doch in dem Augenblick, als Lancelot einen Schritt machte, gab der Boden unter seinen Füßen nach und er sauste in die Tiefe. Die Tür war eine Falltür und Lancelot landete in einem Schacht auf einem Bündel Stroh.

König Artus und Königin Guinevere waren inzwischen nach Camelot zurückgekehrt. Dort wurden sie von einem todkranken Ritter und seiner Mutter erwartet. Mutter und Sohn kamen von weit her und hatten eine lange und beschwerliche Reise hinter sich, da der Ritter weder stehen noch gehen konnte und auf einer Bahre getragen werden musste. König Artus, dessen Gastfreundschaft gerühmt wurde, nahm Mutter und Sohn freundlich auf, war aber neugierig, weshalb der Kranke diese Reise auf sich genommen hatte. Auf sein Befragen erzählte die Mutter, dass ihr Sohn, Sir Urre, einst ein abenteuerlustiger Ritter gewesen war. Einmal hatte er in Spanien in einem Zweikampf einen Ritter besiegt und getötet, und sein Unglück begann.

»Es war ein ehrlicher Kampf«, sagte Sir Urres Mutter, »und mein Sohn war schwer verwundet, als er seinen Gegner besiegte. Doch die Mutter des besiegten Ritters war eine Zauberin und in ihrer Wut über den Tod ihres Sohnes verfluchte sie meinen Sohn. Nie würden seine Wunden aufhören zu bluten und nie würden sie heilen, es sei denn, der beste Ritter der Welt berührte sie. Das geschah vor sieben Jahren und sieben lange Jahre ziehen wir auf der Suche nach dem besten Ritter durch die Welt, gefunden haben wir ihn nicht. Zuletzt hörten wir, dass in Eurer Tafelrunde die besten und edelsten Ritter versammelt sind. Die Hoffnung, bei Euch, König Artus, Heilung zu finden, hat uns alle Anstrengungen ertragen lassen. Wenn Ihr oder einer Eurer Ritter meinem Sohn nicht helfen kann, kann es niemand.«

Voll Mitleid hatte König Artus der Frau zugehört. »Gewiss wird Euer Sohn hier Hilfe finden«, sagte er und versuchte Zuversicht in seine Stimme zu legen, doch in seinem Inneren spürte er Zweifel. Er war nicht mehr so überzeugt wie früher, dass die besten Ritter der Welt sich an seinem Tisch versammelten. Und wieder dachte er an Merlin, der schon so lange unter dem Weißdornbusch seinen Zauberschlaf schlief.

Der kranke Ritter stöhnte und riss ihn aus seinen Gedanken. Artus trat an die Bahre, kniete nieder und sagte: »Ich bin nicht der beste Ritter der Welt, aber wenn Ihr mir erlaubt, Eure Wunden zu berühren, will ich als König es gerne tun, nach mir werden meine Ritter es auch versuchen.«

Der Kranke nickte schwach, und nachdem ein Diener den Verband entfernt hatte, berührte König Artus, so sanft er konnte, die blutenden Wunden. Aber bei jeder Berührung zuckte der Ritter zusammen, als hätte ihn ein wildes Tier gebissen. Es musste so kommen, dachte König Artus, doch zu dem Leidenden sagte er: »Ihr dürft den Mut nicht sinken lassen, Sir Urre, es gibt bessere und würdigere Ritter, als ich es bin.«

Einer nach dem anderen kamen nun die Ritter der Tafelrunde, auch wenn sie keineswegs besser oder würdiger waren als der König, und berührten die Wunden. Aber jedes Mal zuckte Sir Urre vor Schmerz zusammen. Als zuletzt Sir Mordred einen Versuch wagte, schrie der Verwundete auf und sein Blut rann über die Bahre auf den Boden.

»Vielleicht könnte Sir Lancelot helfen«, sagte König Artus zu seinem Neffen Gawein, der es wie seine Brüder vergeblich versucht hatte. »Wo er nur so lange bleibt? Morgen soll doch der Zweikampf zwischen ihm und Meliagrance stattfinden.«

»Auf Lancelot ist Verlass«, sagte Gawein, »er wird sicher zur rechten Zeit hier sein.«

Während König Artus über den Verbleib Lancelots rätselte, rätselte Lancelot, wie er aus dem Schacht, in dem er steckte, herauskommen könnte. Jeden Tag hatte ihm ein Mädchen Essen und Trinken in einem Korb, der an einem Seil befestigt war, hinuntergelassen, und jeden Tag hatte er ihre Stimme gehört: »Ach, Sir Lancelot, es ist so schade um Eure Schönheit, wenn Ihr sie in diesem finsteren Verlies versteckt. Ich will Euch befreien, aber Ihr müsst mir versprechen, mein Geliebter zu werden.«

»Das kann ich nicht«, rief dann Sir Lancelot jedes Mal zu ihr hinauf, »mein Herz ist vergeben. Ich kann meine Freiheit nicht durch eine Lüge erkaufen!«

»Dann bleibt schön drinnen und schmachtet weiter!«

Am siebenten Tag seiner Gefangenschaft rief das Mädchen: »Morgen soll der Zweikampf zwischen Euch und dem Ritter Meliagrance stattfinden. Wenn Ihr mich auch jetzt noch verschmäht, werdet Ihr nicht gegen ihn antreten können und Eure Ehre ist dahin.«

»Der König und alle Ritter, auf deren Meinung ich Wert lege, wissen, dass nur ein Unglück oder der Tod mich von dem Kampf abhalten kann. Meine Ehre wäre dahin, wenn ich dir eine Liebe vortäuschte, die ich nicht empfinde, und etwas versprechen würde, was ich nicht halten kann.«

Am Morgen des achten Tages seiner Gefangenschaft hörte Lancelot Pferdegetrappel. Es war Meliagrance, der mit seinem Gefolge nach Camelot aufbrach. Lancelot, der weiße Ritter im Schacht, raufte sich im Zorn die Haare, aber das half ihm nicht weiter. Er war gefangen und nahe daran zu verzweifeln, als er die Stimme des Mädchens hörte: »Ach, Sir Lancelot, da ich Eure Liebe nicht gewinnen konnte, wollte ich sie erzwingen. Aber auch das ist fehlgeschlagen. Trotzdem will ich Euch helfen. Ich hoffe nur, die Frau, der Ihr so eisern treu seid, ist Eurer Liebe wert.«

Sie warf ein dickes Seil in den Schacht, in das viele Knoten geknüpft waren und das sie am Riegel der Falltür befestigt hatte. Sir Lancelot fing es auf und kletterte Schritt für Schritt hinauf. Als er oben war und das Tageslicht erblickte, atmete er tief durch und dankte dem Mädchen mit einem Kuss. Das Mädchen nahm ihn an der Hand und führte ihn in die Rüstkammer, in der seine Rüstung aufbewahrt war, und half ihm wie ein Knappe, sie anzulegen. Dann ging es mit ihm vor das Schlosstor, wo sein gesatteltes Pferd stand. Sir Lancelot schwang sich in den Sattel, wandte sich dem Mädchen zu und sagte zum Abschied: »Ich danke dir von ganzem Herzen. Sollest du irgendwann einmal in Not sein, lass es mich wissen. Ich werde von überall her kommen und dir beistehen.« Dann ritt er davon. Das Mädchen stand stumm vor dem Tor und blickte ihm nach und das Herz tat ihm noch lange weh.

Wieder ritt Sir Lancelot wie vom Teufel gejagt nach Camelot und sah schon von Weitem den König und die Königin, die auf der Tribüne des Turnierplatzes saßen und auf ihn warteten. Er sah auch den Ritter Meliagrance, der mit dem König sprach. Scheinheilig hatte nämlich Meliagrance den König gefragt, wo denn Sir Lancelot vom See geblieben sei. »Er hat sich doch gleich am nächsten Tag von mir verabschiedet. Wer weiß, über welchem Abenteuer er den Kampf vergessen hat.«

»Sir Lancelot hat noch immer sein Wort gehalten«, sagte König Artus scharf. Und Sir Gawein warf Meliagrance einen verächtlichen Blick zu. »Sir Lancelot ist der beste aller Ritter«, sagte er. »Wenn er sein Wort gegeben hat und nicht zur rechten Zeit eintrifft, ist ihm ein Unglück widerfahren oder er ist tot.« Als die Königin Guinevere das hörte, wurde sie bleich wie die Lilie an ihrem Kleid. Im nächsten Augenblick aber wurden die Hufschläge eines galoppierenden Rosses hörbar und Sir Lancelot donnerte heran, brachte vor der Tribüne sein schweißnasses Ross zum Stehen und verbeugte sich vor König und Königin. Da wurde das Gesicht der Königin wieder rosig, was niemand außer Sir Mordred bemerkte.

»Spät erscheint Ihr, Sir Lancelot«, sagte König Artus.

»Ja, es ist spät, aber nicht zu spät.« Und Lancelot erzählte, wie schändlich ihn Meliagrance behandelt hatte. »Einem einfachen Mädchen verdanke ich, dass ich meine Ehre nicht verloren habe.« Meliagrance war zu Tode erschrocken, als er Sir Lancelot erkannte, und als er aus dessen Mund seine Schandtat hörte, wollte er sein Pferd wenden und fliehen. Doch ein Knappe hielt es am Zügel fest. »Mein Name sollte entehrt werden, indem er mich am Zweikampf hinderte. Daher fordere ich einen Kampf auf Leben und Tod ohne Gnade«, rief Sir Lancelot.

»Es soll geschehen, wie Ihr es verlangt«, sagte der König und ließ die Trompeter das Signal zum Beginn des Kampfes blasen.

Nun legten beide Ritter die Lanzen ein und stürmten aufeinander zu.

Gleich beim ersten Zusammenstoß bohrte sich Lancelots Lanze in Meliagrances Schild und warf ihn aus dem Sattel. Mühsam erhob er sich und zog sein Schwert. Darauf sprang Lancelot vom Pferd und zog auch sein Schwert. Sie kämpften erbittert, bis Lancelot seinem Gegner einen so schweren Schlag versetzte, dass dieser zu Boden sank. Er kroch zu Lancelots Füßen und winselte wie vor acht Tagen auf dem Schloss um Gnade. Lancelot aber hatte einen Kampf bis auf den Tod verlangt, es durfte also keine Gnade gewährt werden. Die Gegner mussten kämpfen, bis einer von ihnen den Tod gefunden hatte.

Meliagrance hörte jedoch nicht auf zu betteln. »Verschont mich, lasst mich am Leben, ich ergebe mich!«, schluchzte er. Nun schlug Sir Lancelot ihm vor, dass er gegen ihn ohne Helm und ohne Schild und nur mit der rechten Hand kämpfen wolle. Die linke Hand ließ sich der weiße Ritter am Rücken festbinden. Als beide Ritter sich dann gegenüberstanden, verstand es Lancelot trotz der Behinderung den Schlägen Meliagrances geschickt auszuweichen, bis es ihm gelang, Helm und Kopf seines Gegners mit einem gewaltigen Hieb zu spalten. Während Meliagrances Leichnam weggebracht wurde, ging Lancelot zur Tribüne und verbeugte sich vor König und Königin, die ihm beide von Herzen dankten.

König Artus erzählte Sir Lancelot vom traurigen Schicksal Sir Urres. »Ihr habt bewiesen, Sir Lancelot, dass Ihr der beste Ritter auf Erden seid. Wenn es Euch nicht gelingt, dem Leidenden zu helfen, gelingt es niemandem. Wir alle, auch ich, haben es versucht, aber keinem von uns wurde die Gnade zuteil, die Wunden zu heilen.«

»Wie soll ich etwas bewirken, was so viele vortreffliche und edle Ritter und auch Ihr, König Artus, nicht bewirken konnten? Vielleicht war ich einmal der beste Ritter der Christenheit, aber ich bin es nicht mehr, bin es schon lange nicht.«

»Sir Galahad ist tot«, sagte der König traurig, »ihn können wir nicht mehr bitten. Aber Ihr, Sir Lancelot vom See, Ihr solltet es wenigstens versuchen. Wenn Ihr es schon nicht freiwillig und aus Mitleid versuchen wollt, muss ich als Euer König es befehlen.«

»Wenn der König befiehlt, muss ich gehorchen«, sagte Lancelot.

Er war nach dem Kampf mit Meliagrance und nach allem, was er vorher erlebt und erduldet hatte, zu Tode erschöpft. Eigentlich wollte er nur schlafen, schlafen und alles vergessen, was ihm so schwer auf der Seele lag.

Doch als König Artus ihn zu der Bahre führte, auf der Sir Urre lag, wurde der weiße Ritter von Mitleid überwältigt. Er sah den Funken Hoffnung in den Augen des Leidenden und sank in die Knie. Er senkte den Kopf und betete, wie er noch nie gebetet hatte: »Mein Herr und Gott, du kennst meine Schuld und ich kenne sie auch, aber ich flehe dich an, lass Gnade walten und das Wunder der Heilung geschehen. Nicht um meinetwillen, sondern um des Kranken willen bitte ich dich: Mach mich zum Werkzeug deiner Güte und Gnade.«

Dann bat Sir Lancelot den Ritter, ihn berühren zu dürfen. Sir Urre nickte und ein Diener entfernte den Verband. Sanft legte Sir Lancelot seine Hände auf die blutenden Wunden und fühlte, wie eine vorher nie gekannte Kraft ihn durchströmte. Unter der Berührung seiner Hände hörte jede Wunde auf zu bluten, vernarbte und war verheilt. Da erhob sich Sir Urre wie im Traum von der Bahre und fiel seiner Mutter in die Arme, in deren Augen Freudentränen standen. Alle, die zugegen waren, beglückwünschten den Ritter zu seiner Genesung.

Sir Lancelot aber kniete noch immer neben der Bahre, von der Sir Urre aufgestanden war, und barg sein Gesicht in den Händen. Niemand sollte sehen, dass er weinte.

Eines Tages war Sir Lancelot, der weiße Ritter, mit einigen Freunden von der Tafelrunde zur Jagd ausgeritten. Es war ein heißer Tag, und Lancelot, der einen Eber und zwei Hirsche erlegt hatte, litt großen Durst. Er suchte eine Quelle und entfernte sich dabei immer weiter von seinen Gefährten. »Trinkt nicht, in diesem Wald entspringt eine verwunschene Quelle!«, rief ihm Sir Gawein nach, aber Lancelot hörte ihn nicht mehr. Der quälende Durst trieb ihn immer tiefer in den Wald, der dichter und dunkler wurde. Seltsame, grellfarbige Pilze sprossen aus dem Boden, von den Blumen stieg ein betörender Duft auf und die Vogelstimmen klangen süß.

Sir Lancelot vom See war in den Zauberwald geraten, der sich unterhalb der Burg Tintagel erstreckte. Bei einer mächtigen Eibe sprudelte ein Brunnen mit frischem, klarem Wasser. Lancelot bückte sich, schöpfte es mit den Händen und schlürfte es in tiefen Zügen. Da überkam ihn eine große Müdigkeit. Er glaubte noch, aus der Ferne die Rufe seiner Jagdgefährten zu hören, aber seine Sinne verwirrten sich und er konnte nicht antworten. Fieber schüttelte ihn, er verlor das Bewusstsein und sank ins Gras.

So fand ihn Morgan, König Artus' Halbschwester. Nach dem Tod ihres Gemahls, des Königs Gore von Urien, lebte sie auf einem Schloss in der Nähe der Burg Tintagel, wo sie und ihre Geschwister geboren worden waren. Drei Tage und drei Nächte wachte sie bei Lancelot. Sie kühlte seine heiße Stirn, indem sie Wasser aus dem Brunnen schöpfte und sie damit benetzte, und schützte ihn vor der Kühle der Nacht, indem sie ihren Mantel über ihn breitete. Am vierten Tag schlug Lancelot die Augen auf. »Wo bin ich und wer seid Ihr?«, fragte er, als sie sich über ihn beugte.

»Ich bin Morgan, die Königin von Urien, und Ihr seid im Zauberwald von Tintagel. Zum Glück für Euch habe ich Euch gefunden. Ihr seid noch krank, auf meinem Schloss werdet Ihr Euch erholen.«

Sir Lancelot sträubte sich, doch als er aufstehen wollte, spürte er, dass seine Beine noch schwach waren. Sie half ihm, sein Pferd zu besteigen, setzte sich hinter ihn und hielt ihn fest. So ritten sie zum Schloss.

Als Lancelot durch Morgans Zauberkräfte gesund war, gestand sie ihm, dass sie ihn liebe, mehr und tiefer, als sie je ihren Gemahl geliebt hatte. Sie versprach ihm sogar das Königreich von Urien, wenn er sich mit ihr vermählte. Lancelot hatte jedoch, als er wieder klar denken konnte, nur die Königin Guinevere im Sinn und lehnte höflich ab. Er wollte so rasch wie möglich nach Camelot zurückkehren. Damit zog er sich aber den Zorn Morgans zu. Sie ließ ihn ins Verlies sperren und ihm nur so viel an Speisen zukommen, dass er nicht verhungerte. Sie hoffte, ihn auf diese Weise umzustimmen. Heimlich beobachtete sie ihn durch eine Luke und sah, dass er oft mit Seufzen einen Ring betrachtete und nachher küsste. Eines Nachts schlich sie sich ins Verlies und zog dem Schlafenden den Ring vom Finger. Es war ein goldener Siegelring mit einem eingravierten »G«. Nun wusste sie, dass ihre Vermutung sie nicht getäuscht hatte. Sir Lancelot liebte die Königin Guinevere. Eifersüchtig und in ihrem Stolz gekränkt beschloss sie, sich an ihm zu rächen.

Inzwischen sorgten sich auf Camelot der König und die Ritter um Sir Lancelot, der von der Jagd nicht zurückgekehrt war. Sie fürchteten, dass ihm im Zauberwald von Tintagel etwas zugestoßen sei und Artus' Schwester Morgan dabei die Hand im Spiel habe. Am meisten sorgte sich die Königin Guinevere. Sie sagte zwar: »Ach was, er war schon so oft fort und wird bald wiederkommen«, aber Mordred konnte sie nichts vormachen. Er wusste, wie ihr ums Herz war.

Als König und Königin mit den Rittern der Tafelrunde beisammensaßen und über Lancelots Verbleib rätselten, erschien ein Mädchen auf Camelot und sagte, sie sei eine Botin Sir Lancelots vom See.

»Von Lancelot?« – »Wo ist er?« – »Ist er verletzt?« Die Ritter schrien durcheinander, bis König Artus Ruhe gebot und zu dem Mädchen sprach: »Sag, was du zu sagen hast.«

»Sir Lancelot ist wohlauf und sehr glücklich. Er lebt jetzt auf dem Schloss meiner Herrin Morgan, der Königin von Urien. Er bittet Euch, König Artus, ihm die unerlaubte Liebe zu Eurer Gemahlin zu vergeben. Er bereut tief, was er Euch angetan hat, und er hat versprochen, nie mehr zur Tafelrunde zurückzukehren.«

Starr saßen die Ritter, König Artus war flammend rot im Gesicht aufgesprungen und die Königin war weiß geworden wie das Leinen, das über den Tisch gebreitet war. Das Mädchen trat zu ihr, hielt ihr den goldenen Siegelring des Ritters entgegen und sagte: »Königin, Sir Lancelot vom See bat mich, Euch diesen Ring zurückzugeben. Er war ein Geschenk zum Zeichen Eurer Liebe.«

»Du lügst«, schrie Guinevere, auf die jetzt alle starrten. Sie stand auf und klammerte sich an die Armlehnen ihres Stuhls, dass die Knöchel ihrer Hände weiß wurden. »Was für eine unverschämte Lüge! Niemals hätte Sir Lancelot vom See mir so etwas ausrichten lassen. Niemals hätte er mich so verleumdet. Ja, es ist wahr, ich habe ihm einmal diesen Ring geschenkt, aus Dankbarkeit für seine Ergebenheit und Treue, die er meinem Gemahl und mir stets erwiesen hat, und weil er oft für uns beide gekämpft hat. Ich frage Euch, Ihr Ritter, wer von Euch hat noch nie ein Zeichen der Dankbarkeit aus meiner Hand erhalten?« Sie ließ ihren Blick von einem zum anderen schweifen und die Ritter senkten beschämt die Köpfe. Dann setzte sie sich, barg ihr Gesicht in den Händen und ein Schluchzen schüttelte ihren Körper.

Der König nahm sie tröstend in die Arme. »Ich weiß, dass das Mädchen lügt«, sagte er sanft, »und Morgan hasst mich, sie stiftet Unfrieden, wo sie nur kann.« Zu dem Mädchen aber sagte er streng: »Geh zurück zu deiner Herrin, ihre Bosheit ist in meinem Hause fehl am Platz. Wir kennen Sir Lancelot als untadeligen Ritter und haben keinen Grund, an seiner Treue zu zweifeln.« Er blickte um sich und sah die Ritter bis auf einen zustimmend nicken. Der eine war Sir Mordred, sein Sohn.

Morgan, die an das Gelingen ihres Vorhabens geglaubt hatte, war enttäuscht. Aber immer noch hoffte sie, Lancelot für sich zu gewinnen. Sie ließ ihn in ein schönes Gemach bringen, dessen Tür aber versperrt war und vor dessen Fenster ein eisernes Gitter angebracht war. Durch das Gitter starrte er in den Garten, sah, wie der Sommer zur Neige ging und das Laub sich bunt verfärbte, ehe es abfiel. Er sah die Schneeflocken tanzen und das erste Grün des Frühlings sprießen, und als der Sommer kam, blühte vor dem Fenster ein Rosenstock. Im Gold der herbstlichen Blätter sah er Guineveres Haar leuchten, im Schnee sah er ihre weiße Haut und in den roten Rosen ihren schönen Mund. Doch die Rosen verblühten, der Sturm riss das bunte Laub von den Bäumen und statt der Bilder der geliebten Frau sah er graue Nebelschwaden. Er fürchtete, in seiner Einsamkeit verrückt zu werden, und bat den Diener, der ihn mit allem, was er zum Leben brauchte, versorgte, um Farben. Er wollte sich die Bilder, die ihm nun versagt waren, selbst malen. Der Diener erfüllte ihm den Wunsch und Lancelot malte an den Wänden seines Gemachs Guinevere und alles, was er mit ihr erlebt hatte, und alles, was er sich erträumte, mit ihr zu erleben. Es waren Bilder der Erinnerung und der Sehnsucht.

Doch als der Rosenstock vor seinem Fenster wieder zu blühen begann, wuchs seine Sehnsucht und mit jeder aufspringenden Knospe wuchsen auch seine Kräfte. Er umklammerte die Gitterstäbe mit seinen Fäusten, drückte sie auseinander und versuchte es immer wieder, bis sie langsam nachgaben. Aus seinen Händen tropfte Blut, als er die Stäbe endlich so weit auseinandergebogen hatte, dass er sich hindurchzwängen konnte. Er lief durch den Garten, fand auf einer Weide ein ungesatteltes Ross, schwang sich hinauf und ritt einen Tag und eine Nacht lang nach Camelot. Unbemerkt gelangte er in das Gemach, in dem Guinevere schlief, und die Liebenden fielen einander in die Arme. Unbemerkt verließ er sie wieder und erschien erst am nächsten Tag bei König Artus und den Rittern der Tafelrunde. Alle waren froh über seine Rückkehr, und an den Verdacht, den Morgans Botin ausgesprochen hatte, dachte niemand. Nur Sir Mordred und sein junger Bruder Agravain beobachteten den weißen Ritter und die Königin noch schärfer als sonst.

Morgan war wütend, als man ihr Lancelots Flucht meldete. Doch als sie das verlassene Gemach betrat und die verfänglichen Bilder an den Wänden sah, spielte ein böses Lächeln um ihre Lippen. »Diese Rache wird gelingen«, flüsterte sie und ließ König Artus erneut eine Nachricht zukommen. Ein Bote überbrachte ihm die dringende Bitte der Königin von Urien, er möge sich so rasch wie möglich bei ihr im Schloss einfinden, eine für ihn sehr wichtige Angelegenheit sei zu besprechen.

Widerwillig hatte Artus den Boten angehört, denn zu oft schon hatte Morgan versucht, ihm übel mitzuspielen. Doch die Neugier, um welche Angelegenheit es sich handeln könnte, siegte und er machte sich auf den Weg.

Morgan empfing ihren Halbbruder mit solcher Liebenswürdigkeit, dass er sogleich Verdacht schöpfte. »Es tut mir im Herzen weh, lieber Bruder, dass ich dir etwas zeigen muss, das dir großen Kummer bereiten wird, aber ich muss es um deiner Ehre willen tun«, sagte sie und führte ihn in das Gemach, in dem sie Sir Lancelot gefangen gehalten hatte. Beim Eintreten ließ sie ihm den Vortritt, damit ihm das triumphierende Blitzen in ihren Augen verborgen blieb.

Artus erbleichte, als er die Bilder an den Wänden sah, die Lancelot gemalt hatte, doch er wollte nicht zeigen, wie tief betroffen er war. Scheinbar ganz ruhig sagte er: »Nun ja, da ist dem Ritter die Fantasie durchgegangen. Hättest du ihn nicht gefangen gehalten, so hätte er seine Liebe einer Dame schenken können und nie an die Königin gedacht. Ich zweifle nicht an ihrer Treue und Sir Lancelots Verehrung hat nie das rechte Maß überschritten. Verschone mich mit Verdächtigungen dieser Art.« Er verließ sie und ritt zurück nach Camelot.

Doch die Bilder Lancelots ließen ihn nicht los, sie verfolgten ihn wie sein eigener Schatten. Natürlich wusste er, dass der weiße Ritter seit seinem Ritterschlag Guinevere verehrte. Der Blick der beiden, als er ihr half, den Schwertgurt zu befestigen, war ihm nicht entgangen. Aber schwärmten nicht auch andere Ritter für die schöne Königin? Und war Sir Lancelot nicht von Gott vor allen anderen ausgezeichnet worden, indem er ihm die Gnade erwies, Sir Urre zu heilen?

Der König suchte nach Entschuldigungen für Lancelot, aber ein leiser Zweifel blieb. Doch als Guinevere ihn nach seiner Ankunft so herzlich empfing, glaubte er an ihre Treue. Er löste sich aus ihren Armen und trat ans Fenster. Da vermeinte er einen Augeblick lang, die Gestalt eines Mannes im Garten zu sehen, einen Schatten, der im Grau der Dämmerung verschwand. War es Sir Lancelot oder sah er Gespenster?

Es war an einem Tag im Sommer, bald nachdem Sir Lancelot die Wunden Sir Urres geheilt hatte, als Mordred seine Halbbrüder Gawein, Gaheris, Gareth und Agravain in sein Turmzimmer zu einem Gespräch bat. »Was kann

Mordred von uns wollen?«, hatte Gawein gerätselt, während er die Wendeltreppe hinaufstieg. Mordred kümmerte sich nämlich kaum um seine Brüder, nur mit Agravain, dem Jüngsten, schien ihn so etwas wie Freundschaft zu verbinden. Das Band zwischen ihnen war aber nicht Freundschaft, sondern Mordreds Hass und Agravains Ehrgeiz.

Mordred hasste König Artus und neidete ihm die Krone Britanniens, und Agravain, den sich Mordred durch Versprechungen gefügig gemacht hatte, gierte nach Ansehen. Mordred hatte ihn in seinen Plan, den König zu stürzen, eingeweiht. Er hatte ihm Ländereien und eine bevorzugte Stellung im Reich versprochen, sobald Artus entmachtet sei und er, Mordred, die Königskrone trage. Die Liebe zwischen Lancelot und Guinevere schien ihm das geeignete Mittel, den König zu Fall zu bringen.

»Sir Lancelot bringt Schande über den König, über das Reich und über uns«, begann Mordred das Gespräch und legte Besorgnis in seine Stimme, während der berechnende Blick seiner Augen ihn Lügen strafte.

»Was meinst du?«, fragte Gawein empört.

»Das fragst du? Es weiß doch jeder, dass Sir Lancelot die Königin liebt, nur der König weiß es nicht«, fuhr Mordred fort und jetzt spielte ein höhnisches Lächeln um seine Lippen.

Da sprang Gawein auf, der rothaarige Ritter mit dem feurigen Temperament, und schrie: »Ja, glaubst du denn, der König ist blind? Er weiß es und er weiß es schon lange und es ist seine Angelegenheit, nicht deine.«

»Aber warum tut er dann nichts, wenn er es weiß?«, mischte sich Agravain ein.

»Weil er ein großes Herz hat und beide liebt, den Ritter und die Königin. Aber das könnt ihr zwei, du und Mordred, nicht verstehen.«

»Ob wir die Haltung des Königs verstehen oder nicht, tut nichts zur Sache«, antwortete Mordred schroff, »aber wenn Ehre und Ansehen Britanniens auf dem Spiel stehen, ist es sehr wohl auch unsere Angelegenheit. Wir müssen den König zwingen, etwas gegen diese unwürdige Liebschaft zu unternehmen, um seine und unsere Ehre wiederherzustellen.«

»Deine Ehre, du missgünstiger Neider! Du bist von Hass und Eifersucht zerfressen. Es wird Streit geben zwischen den Anhängern Sir Lancelots und denen des Königs und die Einheit des Reiches geht zuschanden. Ich tue da nicht mit, lass mich aus dem Spiel!« Zornig verließ Gawein das Turmzimmer und seine Brüder Gareth und Gaheris gingen mit ihm, nachdem auch sie versichert hatten, nichts gegen Sir Lancelot, den sie bewunderten, unternehmen zu wollen.

»Die Sache läuft gut«, sagte Mordred, als er mit Agravain allein war. »Gawein hat recht, es wird zu einem erbitterten Kampf kommen und dann schlägt meine Stunde! Wenn Artus die Krone nicht freiwillig hergibt, hole ich sie mir mit Gewalt. Und du, lieber Bruder, wirst mein Seneschall!«

An einem der nächsten Tage führten die Halbbrüder ihren Plan aus. Sie baten Sir Kay, dem König zu melden, dass sie ihn in einer wichtigen Angelegenheit zu sprechen wünschten. König Artus saß auf seinem Thron, als er sie empfing. Er schwieg, als sie sich näherten und ihr Knie beugten. Sein Blick schien teilnahmslos, als würde er durch die beiden hindurch irgendwohin in die Ferne schauen, aber seine Hände umklammerten fest die Armstützen seines Throns. Nachdem sie eine Weile vergebens auf ein Wort von ihm gewartet hatten, räusperte sich Mordred und begann: »Mein Herr und König, es fällt uns schwer zu sagen, was gesagt werden muss.«

Der König sah seinen ungeliebten Sohn an, nickte schwach und sagte: »Also sprich!« Er sagte es, als wüsste er bereits, was Mordred vorbringen würde.

Kalt erstattete Mordred seinen Bericht. »Wir haben Grund zur Annahme, dass Sir Lancelot die Königin liebt und die Königin Sir Lancelot und dass beide Euch schmählich betrügen.« – »Es geht um Eure Ehre, König Artus«, sagte Agravain beschwörend. »Sir Lancelot bringt Schande über Euch und die Tafelrunde, viel schlimmer noch als der Ritter Parzival, als er von der Gralsbotin Kundry verflucht wurde. Ihr müsst handeln, König Artus!«

Er hatte ihnen schweigend zugehört, sie nicht unterbrochen. Sein Blick war wieder in die Ferne gerichtet, nur seine Hände umschlossen die geschnitzten Drachenköpfe der Armlehnen seines Throns jetzt noch fester. Die Stunde, von der er so sehr gehofft hatte, dass sie nie kommen würde, war da. Er war gezwungen zu handeln.

Der König erhob sich. »Ihr werdet Euch wohl gut überlegt haben, was ihr dem tapfersten aller Ritter und meiner Gemahlin, eurer Königin, vorwerft«, sagte er. »Und ihr werdet eure Anklage in einem Zweikampf unter Beweis stellen müssen. Sieg oder Niederlage wird über Recht und Unrecht entscheiden.«

»Aber wenn Lancelot und die Königin auf frischer Tat ertappt werden, bedarf es ja keines Zweikampfs, dann ist die Schuld erwiesen«, warf Agravain ein.

»Ja, so schreibt das Gesetz es vor«, sagte Mordred mit samtweicher Stimme, während in seinen Augen der Funke des Triumphs glomm.

Mordred wusste nur zu gut, dass sein Vater Lancelot mehr liebte als ihn und dass auch der Hitzkopf Gawein dem Herzen des Königs näher stand als er, sein leiblicher Sohn. Wie oft hatte er sich zurückgesetzt oder übergangen gefühlt, wie oft in stiller Wut die Fäuste geballt. Aber nun würde er Schritt für Schritt seinem Ziel näher kommen. Und sein Ziel war die Krone Britanniens.

König Artus hatte das Gefühl, in eine Falle geraten zu sein. Stets hatte er für Recht und Ordnung gekämpft, für Gesetze, vor denen alle Menschen gleich waren. Gesetze, die für die Küchenmagd ebenso galten wie für das Ritterfräulein und die Königin, für den Ritter wie für den Schweinehirten.

»Wenn Ihr morgen zur Jagd ausreitet und verkünden lässt, dass Ihr nicht vor zwei Tagen zurückkommt, wird die Königin ihren Ritter empfangen. Dann können Zeugen sie überraschen«, sprudelte Agravain hervor, was er mit Mordred besprochen hatte.

»So einfach macht ihr euch das!«, sagte der König bitter. »Ihr wisst, dass Lancelot enthauptet und die Königin verbrannt wird, wenn sich euer Verdacht erhärtet. Wollt ihr das?«

»Wir wollen es nicht«, sagte Mordred schnell. »Das Gesetz schreibt die Strafen vor.«

König Artus schwieg und starrte auf die Männer vor ihm. Wenn es nur eine Möglichkeit gebe, Lancelot zu warnen, überlegte er und suchte fieberhaft nach einem Ausweg, aber er fand ihn nicht. Laut sagte er: »Wenn es sein muss, dann sammelt eure Zeugen und ergreift Sir Lancelot, falls ihr ihn findet.«

Am nächsten Tag ließ König Artus sein Pferd satteln, pfiff nach seinen Hunden und brach mit seinen Jägern zur Jagd auf. Seinem Seneschall Kay und Guinevere hatte er mitteilen lassen, dass er nicht vor dem Abend des nächsten Tages zurückkehren würde. Mordred und Agravain hatten ihnen verstohlen lächelnd nachgeblickt und den Klang der Jagdhörner wie ein Signal empfunden. Der Plan begann zu greifen.

Die Königin Guinevere hatte sich in ihr Gemach zurückgezogen. Sie wollte vermeiden, mit Sir Lancelot gesehen zu werden. Seit jenem schicksalsschweren Mahl, bei dem Sir Mador sie beschuldigt hatte, seinen Freund Sir Partrice mit einem vergifteten Apfel getötet zu haben, hatte sie das Gefühl, beobachtet zu werden. Und seit keiner der Ritter bereit gewesen war, für ihre Ehre mit Sir Mador zu kämpfen, hatte sie ihre heitere Unbefangenheit im Umgang mit den Rittern verloren. Die Stimmung innerhalb der Tafelrunde war eine andere geworden. In den alten Zeiten, als der König und seine Ritter noch für den Bestand des Reiches kämpfen mussten, hatten Freundschaft und Vertrauen geherrscht. Nun ließen sich manche Ritter von Missgunst und Neid leiten und dann schien die Luft wie vergiftet. Das spürten sowohl der König als auch die Königin. Umso mehr schlossen sich die alten Gefährten zusammen und scharten sich um den König. Zu diesem engen Kreis gehörten Kay, des Königs treuer Seneschall, der rothaarige Ritter Gawein, Artus' Lieblingsneffe, und seine Brüder Gareth und Gaheris, dazu gehörten auch Sir Bors, der den Gral gesehen hatte, und Sir Lancelot vom See, der weiße Ritter.

Am Abend jenes Tages, an dem König Artus zur Jagd geritten war, saß Sir Bors in Lancelots Kammer. »Lass uns diese Nacht trinken und würfeln«, schlug Bors dem Freund vor, »geh nicht zur Königin.«

»Ich habe sie den ganzen Tag nicht gesehen und das ertrage ich nicht.«

»Ich fürchte, dass in dieser Nacht etwas geschehen wird.«

»Was meinst du?«

»Als der König wegritt, sah ich, wie Mordred und Agravain sich Blicke zuwarfen. Ich glaube, sie führen etwas im Schilde und das bedeutet Unheil.«

»Du siehst Gespenster!«

»Ich wollte, es wäre so. Aber wenn du unbedingt gehen willst, geh nicht ohne Schwert.«

Lancelot lächelte. »Ich werde es nicht brauchen, aber wenn ich dir damit einen Gefallen tun kann, nehme ich es mit.«

Guinevere strahlte, als ihr Ritter eintrat. Im warmen Licht der Kerzen und des ruhig brennenden Kaminfeuers sah sie fast so jung und schön aus wie damals, als Lancelot vom See zum Ritter geschlagen wurde. Er umarmte sie, und als er die wenigen Silberfäden in ihrem Haar sah, fühlte er, dass in all den vergangenen Jahren seine Liebe zu ihr nur noch tiefer geworden war. Sie schenkte Wein in einen Becher und reichte ihn dem Ritter, der sein Schwert abgelegt und vor dem Kamin Platz genommen hatte. Sie wollte sich eben zu ihm setzen, als Lärm von draußen, vom Gang her, beide aufhorchen ließ. Es waren die schweren Schritte gewappneter und gerüsteter Männer, die näher und näher kamen. Nach einem Augenblick unheimlicher Stille schlugen Fäuste an die Tür und eine Stimme brüllte: »Aufmachen! Sir Lancelot, wir wissen, dass Ihr bei der Königin seid, macht auf oder wir brechen die Tür ein!«

Der Ritter sprang auf, griff zu seinem Schwert und schlich zur Tür. Vorsichtig schob er den Riegel zurück, dann riss er sie mit einem Ruck auf und Agravain fiel der Länge nach in das Gemach der Königin. Er hatte sich gegen die Tür gestemmt, um sie aufzudrücken, während hinter ihm zwei Ritter eben eine Bank hochhoben, um mit ihr die Tür aufzubrechen. Rasch, bevor noch ein anderer hereindrängen konnte, schlug Lancelot die Tür zu und schob den Riegel vor. Inzwischen war aber Agravain wieder auf den Beinen und wollte Lancelot von hinten attackieren. Doch der hatte sich blitzschnell umgedreht. Da er keine Rüstung trug, die ihn schwer beweglich gemacht hätte, konnte er mit einem Sprung zur Seite Agravains Schlag ausweichen. Nun holte er mit seinem Schwert aus und Agravain sank mit zertrümmertem Helm und gespaltenem Schädel zu Boden.

Wieder drang von draußen das Gebrüll herein: »Aufmachen! Elender Verräter, aufmachen!« Die Ritter versuchten, die Tür aufzubrechen, während Lancelot und die Königin dem Toten in Windeseile die Rüstung abnahmen. Mit Agravains Panzerhemd am Leib und dessen Schild in der einen, sein eigenes Schwert in der anderen Hand ging Lancelot zur Tür und schob den Riegel zurück. Er öffnete sie – und stand Mordred und zwölf wütenden Rittern gegenüber. Ein blutiges Gemetzel auf dem engen und finsteren Gang begann, und als es zu Ende war, lagen die zwölf Ritter tot auf dem Boden. Nur Mordred war die Flucht gelungen.

Vor Erschöpfung fast dem Tod nahe, wankte Lancelot in Guineveres Gemach. Mit vor Angst geweiteten Augen starrte sie ihm entgegen. »Komm mit mir«, flüsterte er, doch sie schüttelte den Kopf. »Ich bleibe. Das Unheil dieser Nacht darf nicht noch größer werden.« Lancelot umarmte sie und schleppte sich dann in seine Kammer, wo Sir Bors voller Unruhe auf ihn wartete. Rasch erzählte Lancelot, was geschehen war, vertauschte Agravains Rüstung mit seiner eigenen und wandte sich zum Gehen.

»Wohin gehst du?«, fragte Bors.

»Ich reite nach Joyousgard, zu meiner Burg im Norden, und sammle dort meine Getreuen. Die Königin wird Hilfe brauchen.«

In dieser Nacht jagten zwei Reiter über Land. Sir Lancelot ritt zur Burg Joyousgard und Sir Mordred ritt zu dem Zelt, in das sich König Artus nach der

Jagd zurückgezogen hatte. In dieser Nacht, in der der Mond im letzten Viertel stand, fiel die Entscheidung über das Schicksal der Tafelrunde.

In dieser Nacht fand König Artus keinen Schlaf. Er saß, den Kopf in die Hände gestützt, vor seinem Zelt und zermarterte sich das Hirn. Lancelots Bilder, die ihm Morgan gezeigt hatte, sah er plötzlich wieder vor sich und mit der Erinnerung kamen die quälenden Zweifel. Er glaubte, die Wahrheit nicht ertragen zu können, und hoffte, dass sich Mordreds Anklage als Verleumdung herausstellen würde. Doch als er ihn in blutbeflecktem Rock heransprengen sah, wusste er, was geschehen war.

»Ihr habt ihn also in der Kammer der Königin gefunden«, sagte er und Mordred berichtete mit heuchlerischem Bedauern von der Entdeckung Lancelots, vom Tod Agravains und von den zwölf toten Rittern. Schweigend hörte König Artus zu, dann gab er ihm mit einem Wink zu verstehen, dass er allein sein wolle. Mordred ritt zurück nach Camelot.

Auch König Artus ritt zurück nach Camelot. Was Merlin prophezeit hatte und von dem der König gehofft hatte, dass es nie eintreten würde, stand nun bevor – das Ende der Tafelrunde. Ein Teil der Ritter würde für ihn, den König, Partei ergreifen, ein anderer Teil für Sir Lancelot. Das Band der Freundschaft war zerrissen.

Im Thronsaal von Camelot waren die Ritter versammelt. Das aufgeregte Durcheinander ihrer Stimmen verstummte, als König Artus den Saal betrat. Über Nacht war sein Haar grau geworden und die Falten in seinem Gesicht hatten sich noch tiefer eingekerbt. Aber er stand aufrecht und seine Stimme klang fest, als er zu sprechen begann: »Im Namen des Gesetzes wird Sir Lancelot vom See der unerlaubten Beziehung zur Königin Guinevere beschuldigt. Ferner wird er angeklagt, am Tod Sir Agravains und weiterer zwölf Ritter schuld zu sein. Das Urteil lautet: Tod durch Enthauptung.«

Dann schwieg er. Als er wieder zu sprechen begann, war seine Stimme heiser: »Die Königin Guinevere wird, wie das Gesetz es verlangt, auf dem Scheiterhaufen verbrannt. Das Urteil wird in drei Tagen vollstreckt.«

Vergebens flehten Sir Gawein, Sir Bors und andere Freunde Sir Lancelots den König um Gnade an, doch streng verbat er sich jede Einmischung. Häscher wurden ausgesandt, um Lancelot ausfindig zu machen und unverzüglich nach Camelot zu bringen. Währenddessen saß die Königin in ihrem Gemach, von zwei bewaffneten Rittern vor der Tür bewacht. König Artus hatte sich geweigert, sie zu sehen und mit ihr zu sprechen. Das Gesetz forderte von ihm Härte, er aber fürchtete, bei ihrem Anblick schwach zu werden. Die Häscher kehrten ohne Sir Lancelot zurück. Er sei unauffindbar, berichteten sie.

Am Tag vor der Hinrichtung der Königin beauftragte König Artus seinen Neffen Gawein, die Begleitmannschaft anzuführen, mit der Guinevere zum Scheiterhaufen gebracht werden sollte. Aber Sir Gawein weigerte sich. Er könne es nicht ertragen, die Königin brennen zu sehen, sagte er, und der König, der seinen Neffen liebte und ihn verstand, akzeptierte es. Nun wandte er sich an Gaweins junge Brüder, die Ritter Gaheris und Gareth. Doch auch sie wollten ihm diesen Dienst verweigern, denn sie verehrten die Königin und der weiße Ritter Lancelot war ihr bewundertes Vorbild. Doch der König bestand darauf.

»Wenn Ihr darauf besteht, König Artus, müssen wir gehorchen, denn wir haben Gehorsam gelobt, aber wir werden keine Waffen tragen. Wir werden die Königin, die stets gütig zu uns war, in Trauerkleidern begleiten. Sie soll wissen, dass wir mit Eurem Urteil nicht einverstanden sind«, sagte Gaheris und sein Bruder Gareth pflichtete ihm bei.

Am nächsten Morgen wurde die Königin zum Richtplatz geführt, auf dem der Scheiterhaufen aufgeschichtet war. Ein im Holzstoß befestigter Eisenpfahl ragte in die Höhe. An ihm sollte sie festgebunden werden. Vor ihr gingen Gaheris und Gareth, unbewaffnet und in schwarzen Mänteln mit schwarzen Kapuzen. Hinter ihr gingen die Ritter, die Artus mit dieser Aufgabe betraut hatte. Die Königin trug nur ihr weißes Untergewand, denn ihren Königsmantel und die kostbaren Kleider hatte man ihr ausgezogen. Aber sie schritt aufrecht und stolz, sodass die Gaffer und Neider, die gierig auf ein Spektakel warteten, respektvoll zur Seite traten. Ruhig bestieg sie den Scheiterhaufen und ließ sich widerstandslos festbinden.

Währenddessen saß König Artus allein im düsteren Thronsaal. Er konnte es nicht ertragen, seine Gemahlin, die er mehr als sein Leben liebte, in den Flammen sterben zu sehen. Der Schmerz in seiner Brust brannte heißer als die brennende Fackel des Henkers.

Plötzlich drangen Geschrei, Waffenlärm, Hufegetrampel und das aufgeregte Wiehern von Pferden in die gespenstische Stille des Saals. Der König fuhr auf, stieg, so rasch er konnte, auf den Söller der Burg und starrte hinunter. Da sah er Sir Lancelot zum Richtplatz herangaloppieren und hinter ihm seine Getreuen aus Joyousgard. Niemand wusste, wer ihm den Tag der

Hinrichtung verraten hatte, aber jetzt war er da und kämpfte den schwersten Kampf, den er je gekämpft hatte.

Mit wilden Schlägen hieb er um sich und schlug sich die Bahn frei zum Scheiterhaufen. Hinter ihm hieben und stachen seine Ritter jeden nieder, der sich ihnen in den Weg stellte. König Artus sah eine Klinge aufblitzen und schon hatte Lancelot die Stricke durchschnitten, mit denen die Königin an den Pfahl gebunden war. Sie streckte ihm die Arme entgegen, er hob sie blitzschnell aufs Pferd, hielt sie mit der einen Hand fest und riss mit der anderen am Zügel, sodass sein Ross mit einem Sprung wendete. Die Menge wich zurück und der begeisterte Ruf »Lancelot! Heil Lancelot!« brandete auf und drang bis an des Königs Ohr. Das Volk liebte den weißen Ritter und bewunderte seine Tollkühnheit. Erst als das Donnern der Pferdehufe verhallt war, hörte man das Schreien und das Wehklagen der Verwundeten auf dem Richtplatz. Unter den Toten lagen in blutgetränkten Trauerkleidern auch Gaheris und Gareth, Sir Gaweins junge Brüder.

Der König auf dem Söller durchlitt einen Kampf zwischen dem Gefühl der Erleichterung, weil Guinevere gerettet war, und der Empörung über ihre Entführung. Da stand plötzlich Sir Gawein mit aschgrauem Gesicht vor ihm. »Er hat sie getötet! Er hat Gaheris und Gareth getötet!«, stieß er hervor.

»Das kann nicht sein. Sie waren ihm doch nach Euch die Ritter, die er besonders liebte.« – »Und doch hat er sie erschlagen. Sie trugen keine Waffen und konnten sich nicht wehren. Jetzt liegen sie mit gespaltenen Schädeln in ihrem Blut.« – »Er konnte sie in ihren schwarzen Mänteln mit den Kapuzen nicht erkennen.« – »Er hätte sie erkennen müssen. Ich schwöre Rache, bis zum letzten Blutstropfen«, schrie Gawein. Er setzte sich auf eine Stufe der Treppe und weinte. Er weinte um seine Brüder und er weinte um seine Liebe zu Lancelot, die zum tödlichen Hass geworden war.

Sir Lancelot hatte die Königin auf seine Burg Joyousgard gebracht und dorthin waren ihm auch Sir Bors, Sir Lionel, Sir Ector de Maris und andere Ritter gefolgt, die für ihn und die Königin Partei ergriffen.

König Artus hätte am liebsten ungeschehen gemacht, was geschehen war, oder zumindest Zeit verstreichen lassen, um über alles mit klarem Kopf nachzudenken. Doch Zeit ließ ihm weder Sir Mordred noch der hitzköpfige Gawein, der darauf brannte, den Tod seiner Brüder zu rächen. Diese beiden und auch andere Ritter, die Sir Lancelot stets um seine bevorzugte Stellung beneidet hatten, drängten den König zu einem Feldzug gegen Lancelot und dessen Anhänger. Immer neue Beweggründe für einen Krieg fanden die Einflüsterer, bis sie ihr Ziel erreicht hatten. König Artus sammelte seine Truppen und zog gegen Joyousgard.

Lancelot, der erst durch seinen Freund Bors erfahren hatte, dass er bei der Befreiung der Königin Gaheris und Gareth getötet hatte, war zutiefst betroffen. Das hatte er nicht gewollt. Doch in dem Aufruhr und in dem Getümmel, in dem er zum raschen Handeln gezwungen war, hatte er die zwei Brüder in ihren schwarzen Mänteln und mit den über den Kopf gezogenen Kapuzen nicht erkannt. Durch ihren Tod hatte er sich seinen alten Freund Gawein zum Todfeind gemacht.

Sir Lancelot rüstete die Burg zur Verteidigung, während König Artus vor den Mauern von Joyousgard das Kriegslager aufschlug. Die Belagerung zog sich über Wochen hin und dauerte noch an, als der Herbst dem Sommer folgte. Da entschloss sich Lancelot, mit König Artus und Gawein über ein Ende der Belagerung und einen Friedensschluss zu verhandeln. Der König wäre einverstanden gewesen, wenn Lancelot bereit gewesen wäre, gegen ihn zum Zweikampf anzutreten. Aber Lancelot konnte und wollte nicht gegen seinen König kämpfen, der ihn zum Ritter geschlagen hatte und dem er den Treueid geschworen hatte. Er trat vor die Mauern der Burg und teilte es König Artus mit. Aber das verwundete Herz des Königs war erkaltet und erstarrt, es wäre sonst vor Schmerz gebrochen. Voll Bitterkeit sagte er: »Vergesst, was uns einst verbunden hat, Sir Lancelot vom See! Ihr habt zwei meiner besten Ritter getötet, Ihr habt meine Königin entführt und Ihr habt die Tafelrunde entzweit. Ich bin Euer Feind, sonst nichts.«

»König Artus, es ist wahr, ich habe zwei der besten Ritter getötet, aber ohne es zu wissen und zu wollen. Und den Kummer darüber werde ich bis ans Ende meines Lebens tragen müssen«, erwiderte Lancelot. »Aber die Königin habe ich nicht Euch entführt, sondern dem Feuer. Schaut in Euer Herz, König Artus, wäre es Euch lieber gewesen, sie wäre verbrannt?«

»Mörder! Verräter!«, schrie da Gawein voll Wut dazwischen. Da drehte sich Lancelot um und ging zurück in seine Burg.

»Nun musst du kämpfen«, sagte Sir Bors zu seinem Freund, »diese Beschimpfung darfst du nicht hinnehmen, man würde meinen, du wärest feige geworden. Außerdem halten unsere Vorräte nicht ewig, und solange Gawein den König aufstachelt, wird es keinen Frieden geben.«

Am nächsten Tag schmetterten die Trompeten zum Kampf, die Ausfallstore wurden aufgestoßen und Sir Lancelot führte seine Ritter und Knappen auf das Schlachtfeld vor der Burg. Nun ließ auch König Artus die Trompeten blasen und ritt mit Sir Gawein und den ihm ergebenen Rittern Sir Lancelot entgegen.

Der Kampf dauerte den ganzen Tag, ohne dass eine Entscheidung fiel. Gawein suchte Lancelot, den einstigen Freund, der nun sein Todfeind war. Er fand ihn nicht, sah sich aber plötzlich Sir Lionel gegenüber. Er rammte ihm eine Lanze in den Leib und Lionel sank tot ins Gras. Bors wollte ihn rächen und suchte Gawein, als sich ihm König Artus entgegenstellte. Sie kämpften lange und erbittert, bis es Bors endlich gelang, dem König einen so starken Stoß zu versetzen, dass er wankte und zu Boden stürzte. Schon hielt Bors sein Schwert für den letzten und endgültigen Stoß bereit, als er Lancelot schreien hörte: »Weg mit dem Schwert! Meinem König und Lehnsherrn wird kein Haar gekrümmt, solange ich am Leben bin.«

Gehorsam suchte sich Bors einen anderen Gegner und Lancelot half Artus aufzustehen. Dabei sagte er: »Lasst uns doch dieses sinnlose Gemetzel beenden, König Artus! Ich verspreche Euch, Britannien zu verlassen und nie mehr zurückzukehren, wenn Ihr die Königin wieder in Ehren aufnehmt.«

»Die Königin steht nicht über dem Gesetz«, antwortete der König. »Sie muss verurteilt werden wie jede andere Frau.«

»Das Gesetz wurde befolgt, indem sie verurteilt wurde. Aber erbarmt Euch der Königin, wie Ihr mit einer anderen Frau Erbarmen hättet.«

Der König sah Sir Lancelot an und las die flehentliche Bitte um Gnade in seinen Augen. Da begann sein erkaltetes und erstarrtes Herz wieder für die Königin zu schlagen. Er reichte dem weißen Ritter die Hand und sagte: »Sie wird meine Königin sein – bis zum letzten Atemzug.« Sie vereinbarten einen Waffenstillstand und trennten sich.

Als Sir Lancelot das Gemach der Königin betrat, fragte sie: »Ist der Kampf zu Ende?«

»Er muss zu Ende sein. Gawein hat Lionel getötet, auch andere Ritter mussten ihr Leben lassen und Bors hätte aus Treue zu mir beinahe den König getötet. So weit ist es mit uns gekommen.« Erschöpft ließ sich Lancelot auf einen Stuhl fallen und bedeckte mit den Händen sein Gesicht. Guinevere wollte ihn umarmen, aber er entzog sich ihr. »Nicht jetzt«, sagte er leise, »ich muss dir etwas sagen.« Und er erzählte ihr von dem Gespräch, das er mit dem König geführt hatte. Sie unterbrach ihn zornig: »Es geht um mich!«, schrie sie. »Ihr Herren beschließt, was mit mir geschehen soll. Und ich werde nicht einmal gefragt, was ich will.« Dann weinte sie hemmungslos und ihr Schmerz schnitt Lancelot in die Seele. Er ging zu ihr und bat sie sanft, ihn anzuhören. »Guinevere, es geht nicht nur um dich und mich, es geht um ein friedliches Britannien unter König Artus' Herrschaft. Es gibt keinen schrecklicheren Krieg als den Bruderkrieg, aber wenn du als Königin dem König zur Seite stehst und ich mich in die Bretagne zurückziehe, finden die Ritter vielleicht wieder zueinander. Dann könnte der Bruch, der jetzt das Land zu zerreißen droht, doch noch gekittet werden.«

»Werden wir uns nie mehr wiedersehen?«

Er schüttelte den Kopf. »Nie mehr.«

Sir Lancelot hielt sein Versprechen und zog sich nach Benwick in der Bretagne zurück. Mit ihm gingen Sir Bors, Sir Ector des Maris und noch andere mit ihm befreundete Ritter.

König Artus und Königin Guinevere versöhnten sich und auch unter den Rittern schien Friede zu herrschen. Aber der Schein trog. Sir Gawein konnte den Tod seiner Brüder nicht vergessen und drängte den König zu einem Feldzug über das Meer in die Bretagne. »Der Kampf wurde nicht zu Ende gekämpft, wir haben nur einen Waffenstillstand, keinen Frieden geschlossen«, sagte er dem König immer wieder. Auch Sir Mordred hatte seinen finsteren Plänen nicht abgeschworen. Gezielt setzte er das Gerücht in Umlauf, dass Sir Lancelot beabsichtige, mit den ihm ergebenen Rittern nach Britannien zurückzukehren, um eine Revolte anzuzetteln.

König Artus war nicht mehr der tatkräftige, entscheidungsfreudige Mann, der er einmal gewesen war. Nach allem, was er erlebt und erlitten hatte, begann er an sich zu zweifeln und verlor dadurch an Selbstvertrauen und an Autorität. Nie wäre der Rat Merlins dringender gewesen, aber der weise Magier schlief unter dem Weißdornbusch und sein Zauberschlaf hielt ihn fern von Not und Elend der Welt.

Als es Frühling wurde in Britannien, hörte man landauf und landab das Hämmern der Waffenschmiede, Rüstungen wurden repariert oder neu angefertigt, Schwerter wurden geschmiedet und die Schiffsbauer bauten seetüchtige Schiffe. Sir Gawein und Sir Mordred hatten König Artus dahin gebracht, wo sie ihn haben wollten. Und als es Sommer wurde in Britannien und die Winde günstig wehten, fuhr der König mit seinen Rittern übers Meer. Der Kampf mit Sir Lancelot sollte in der Bretagne wieder aufgenommen und so lange geführt werden, bis er entschieden war.

Sir Mordred war bei diesem Feldzug nicht dabei. Er setzte sich nicht allzu gerne Gefahren aus und hatte daher mit Freude den Auftrag angenommen, während der Abwesenheit des Königs die Königin und das Reich zu schützen. Dabei konnte er seine Fäden spinnen und heimliche Verbündete suchen, die ihm im Kampf um die Macht nützlich sein würden. Warum Artus gerade dem zwielichtigen Mordred Königin und Reich anvertraut hatte, blieb ein Rätsel. Die Ritter hätten merken können, dass der ungeliebte und ehrgeizige Sohn des Königs sich das Vertrauen seines Vaters nur erschlichen hatte. Aber die Stärke der meisten Ritter lag eher im Hauen und Stechen als im Denken.

Sir Lancelots Burg Benwick wurde belagert, genauso wie die Burg Joyousgard belagert worden war. Doch Sir Lancelot wollte keinen Kampf. Nicht gegen seinen König und Lehnsherrn und nicht gegen seinen alten Freund Gawein. Er schickte einen Unterhändler mit einem Friedensangebot zum König, doch der Unterhändler kam ohne Ergebnis zurück. König Artus wolle den Kampf, berichtete er. Wollte er ihn wirklich? Oder war er überredet worden?

Am dritten Tag der Belagerung ritt Sir Gawein vor das Haupttor der Burg und schrie: »Welcher Ritter ist mutig genug, um mit mir zu kämpfen, auf Leben und Tod?«

Die Antwort kam von Sir Bors, der ihm mit eingelegter Lanze entgegenritt. Beide stürmten aufeinander los, wobei beim ersten Aufprall Bors aus dem Sattel geschleudert und schwer verwundet wurde. Am nächsten Tag nahm Sir Ector des Maris die Herausforderung an und erlitt das gleiche Schicksal. Ein Ritter nach dem anderen trat gegen den wütenden Gawein an und wurde entweder von ihm erschlagen oder schwer verwundet. Gawein selbst schien unverwundbar, denn die Kämpfe begannen am Vormittag und Gaweins Kräfte nahmen mit dem Lauf der Sonne zu und waren am stärksten, wenn die Sonne am höchsten stand. Sie wurden erst schwächer, wenn die Sonne sank, doch da waren seine Gegner ebenfalls am Ende ihrer Kräfte. Von diesem Geheimnis aber wussten die Ritter nichts.

Auf den Sommer folgte der Herbst und die Belagerung dauerte immer noch an. Die Tage wurden kürzer, das letzte Laub fiel von den Bäumen und eines Tages fiel der erste Schnee. Gawein ritt wieder vor das Burgtor und rief: »Nun, Sir Lancelot, habt Ihr keinen Ritter mehr, der für Euch sein Leben riskiert, weil Ihr zu feige seid?«

Nun musste sich Lancelot der Herausforderung stellen. Er tat es schweren Herzens, denn von allen Rittern war ihm der Hitzkopf Gawein, der feurige Sonnenheld, immer der liebste gewesen. Nachdem sie mit äußerster Härte gekämpft hatten, stürzten beide von den Pferden und fochten mit den Schwertern weiter. Blut sickerte aus den Rüstungen und die Kräfte schwanden, denn der Kampf dauerte bis in den Winternachmittag. Schließlich gelang es Lancelot, seinem Gegner eine schwere Kopfwunde zuzufügen, und Gawein sank zu Boden.

Erschöpft und tief traurig schleppte sich Lancelot zurück in die Burg, während Gawein vom Kampfplatz getragen wurde. Aber Gaweins Rachedurst war noch lange nicht gestillt. Sobald er wieder bei Kräften war, ritt er vor das Tor der Burg Benwick und schrie und brüllte nach Lancelot. Erneut kam es zu einem Kampf zwischen den einstigen Freunden, der nicht erbitterter hätte geführt werden können, wenn beide von Anfang an Todfeinde gewesen wären. Ein Hieb Lancelots traf Gawein am Kopf genau an der Stelle, an der er schon vorher verwundet worden war. Ohnmächtig sank er nieder und wurde in das Zelt des Königs getragen. Nur der Kunst der Wundärzte war es zu danken, dass er nicht zum Krüppel wurde.

Den ganzen Winter lang dauerte die Belagerung, die den Rittern vor den Mauern der Burg genauso wie den Rittern innerhalb der Mauern viel Geduld und harte Entbehrungen abverlangte. Lancelot und die Seinen sorgten sich, dass ihre Vorräte nicht ausreichen würden, und die Ritter im Lager des Königs sehnten sich nach den Kaminfeuern von Camelot, wenn ihnen in ihren Zelten die feuchte Kälte in die Glieder kroch. Vor und hinter den Mauern hoffte man auf eine Entscheidung, wie immer sie auch ausfallen würde, Hauptsache, die Belagerung nähme ein Ende.

Als die Tage länger und milder wurden und das erste Gras aus der Erde drang, war Sir Gawein wieder gesund und forderte Sir Lancelot ein drittes Mal heraus. Vergeblich versuchte König Artus, ihn davon abzubringen, Gawein war entschlossen, den Tod seiner Brüder durch den Tod Lancelots zu rächen. Doch bevor es zum letzten Kampf kam, trat ein Ereignis ein, das dem Schicksal eine Wende gab.

Während die Ritter sich in sinnlosem Hass bekriegten, hatte Sir Mordred in Britannien eine Schar von Anhängern gewonnen. Es waren vor allem junge, ehrgeizige Ritter, oft Söhne von Vätern, die König Artus nur widerwillig anerkannt hatten oder gegen ihn Krieg geführt hatten. Sie glaubten, das

Reich gegen Feinde von außen schützen zu müssen, denn Mordred hatte ihnen erklärt, dass Iren, Sachsen und Pikten die Abwesenheit des Königs nutzen wollten und Feldzüge planten. Dazu kam, dass sich allerhand Gesindel an den Grenzen herumtrieb und in das Land schlich, worauf sich Raub, Mord und Totschlag häuften. Je länger der König und seine Ritter in der Fremde weilten, desto heftiger verlangten die Menschen nach Sicherheit. Und Mordred versprach sie.

Die Königin Guinevere lebte in dieser Zeit sehr zurückgezogen. Der düstere und verschlagene Sohn des Königs war ihr immer unheimlich gewesen. Wenn es die Höflichkeit erlaubte, mied sie seine Gesellschaft. Auch jetzt, da immer mehr ihr unbekannte Ritter nach Camelot kamen und sich um Mordred scharten, wollte sie ihm nicht begegnen. Etwas war im Gange, das fühlte sie, was aber hinter verschlossenen Türen verhandelt und geplant wurde, wusste sie nicht.

An einem Nachmittag saß die Königin über eine Stickerei gebeugt in ihrer Kemenate, als aufgeregte Stimmen aus dem Hof sie aufschreckten. Sie stand auf und wollte zum Fenster gehen, als sie von Gang her ein unterdrücktes Weinen und dann die Stimme einer Magd vernahm: »Nun helfe uns Gott!« Gleichzeitig dröhnten Schritte, kamen näher und machten vor ihrer Tür Halt. Ein Klopfen, und ohne ihre Zustimmung zum Eintritt abzuwarten, wurde die Tür aufgerissen und Sir Mordred stand vor ihr.

»Was ist geschehen, dass Ihr mich ungebeten überfallt?«

»König Artus und Sir Lancelot sind nicht mehr am Leben. Eben hat mir ein Bote die traurige Nachricht überbracht.«

Im ersten Augenblick drohte der Königin der Boden unter den Füßen zu schwinden. Doch rasch hatte sie sich gefasst. Ruhig blickte sie in das blasse verschlagene Gesicht Sir Mordreds und war plötzlich überzeugt, dass er log. Ihr Herz sagte ihr, dass beide noch lebten. »Ich glaube Euch nicht«, sagte sie mit fester Stimme.

»Ob Ihr es glaubt oder nicht, Königin Guinevere, es ist die Wahrheit.«

Als gleichzeitig die Kirchenglocken zu läuten begannen, ohne dass es Zeit für eine Messfeier gewesen wäre, fragte er boshaft: »Hört Ihr die Totenglocken?«

»Ich höre Eure Lügen!«

»Ich kann Euch den Brief mit der Nachricht zeigen.«

»Briefe kann man fälschen.«

»Ja, das könnte man, aber es ist nicht notwendig. Der König ist tot und ich als sein Sohn bin der rechtmäßige Nachfolger. Morgen findet meine Krönung zum König von Britannien statt.«

Der Königin gelang es, Abscheu und Bestürzung zu verbergen. »Dann geht und lasst Euch nicht aufhalten!«, sagte sie in kühlem, unaufgeregtem Ton.

»Noch etwas habe ich Euch mitzuteilen, etwas, das uns beide betrifft. Wir müssen unsere Hochzeit vorbereiten.« Jetzt lächelte Sir Mordred. Es war ein schiefes, bösartiges Lächeln.

Schwindel überfiel die Königin. »Ihr seid wahnsinnig!«, schrie sie und griff nach der Lehne eines Stuhls, um nicht niederzusinken.

»Nein, das bin ich nicht. Es wird ein schönes Fest werden.«

»Ich bin die Gattin Eures Vaters, ich bin Eure Stiefmutter! Ich bin König Artus' Gemahlin!«

»Ihr wart es, jetzt seid Ihr seine Witwe.«

Am liebsten hätte die Königin ihm ins Gesicht geschlagen. Um Zeit zu gewinnen, drehte sie sich um und ging zum Fenster. Was sollte sie antworten? Sie blickte hinunter in den Hof und sah Knechte und Mägde lebhaft gestikulierend beisammenstehen. Sie glaubten anscheinend an den Tod des Königs. Glaubten es auch die Ritter? Als sich Guinevere Mordred wieder zuwandte, war ihr Gesicht von einer tödlichen Blässe. »Gebt mir Zeit, Sir Mordred«, flüsterte sie, »ich brauche Zeit, um nachzudenken und zu beten.«

»Denkt nach und betet, soviel Ihr wollt, es wird an meinem Entschluss, Euch zu meiner Königin zu machen, nichts ändern. Wir sprechen morgen weiter.« Mit übertriebener Höflichkeit verbeugte er sich und ging.

Fieberhaft überlegte die Königin, was sie tun könnte. Sie musste fliehen, und zwar rasch, das stand fest. Und sie musste König Artus von dem Verrat seines Sohnes benachrichtigen. Auch das musste rasch geschehen. Sie bat eine Zofe, von deren Treue sie überzeugt war, ihr Pergament und Schreibzeug zu bringen, und schrieb hastig einen Brief, in dem sie den König von Mordreds Plänen und von ihrem Plan, nach London zu fliehen, unterrichtete. Dann rollte sie das Pergament zusammen, versiegelte es und übergab es einem ihr ergebenen Knappen, den sie eingeweiht hatte. »Verlass heimlich Camelot, denn Sir Mordred darf keinen Verdacht schöpfen, dann reite, so schnell du kannst, zur Südküste, nimm ein Schiff, und wenn du wieder an Land bist, reite nach Benwick und übergib dem König diesen Brief.« Der Knappe versprach es und verließ im Dunkel der Nacht Camelot.

In dieser Nacht fand die Königin keinen Schlaf. Fieberhaft rasten Gedanken durch ihren Kopf, sie brütete Pläne aus und verwarf sie wieder, um neue Pläne und Möglichkeiten auszuloten. Sie zermarterte sich das Hirn, bis der Morgen anbrach. Dann stand ihr Entschluss fest.

Es war noch früh am Tag, als Sir Mordred das Gemach der Königin betrat. Was er hätte sagen wollen, blieb ihm im Hals stecken, so überrascht war er. Die Königin kam ihm im Glanz ihrer Schönheit und lächelnd entgegen. Die Schminkkünste ihrer Zofe hatten die Spuren der durchwachten Nacht weggezaubert, sie trug ein kostbares Kleid, das sich um ihre schlanke Gestalt schmiegte, und auserlesene Juwelen, die das Blau ihrer Augen noch strahlender machten. Ihr Lächeln glich dem einer jungen Braut beim Anblick ihres Bräutigams. »Ihr müsst meine unbedachten Worte von gestern Abend verzeihen, Sir Mordred«, sagte sie mit weicher Stimme. »Ich habe nachgedacht und bin zu dem Entschluss gekommen, dass es wohl am besten ist, mich Eurem Willen zu unterwerfen und Eure Königin zu werden.«

»Fürwahr, Ihr seid so klug, wie Ihr schön seid«, stammelte Sir Mordred und konnte den Blick nicht von ihr wenden.

Huldvoll neigte sie den Kopf. »Ihr habt mir gestattet nachzudenken«, fuhr sie fort, »und Ihr habt mir gestattet zu beten. Im Kloster bei den frommen Schwestern will ich um das Glück unserer Verbindung beten. Gönnt mir noch einen Tag der inneren Einkehr«, sagte sie und lächelte wieder ihr betörendes Lächeln. Nun war Sir Mordred vollends verwirrt und bezaubert. »Es sei Euch gerne gestattet«, sagte er, verbeugte sich und ließ sie allein.

Mit ihrer Zofe begab sich die Königin ins Kloster, informierte die Äbtissin von Sir Mordreds Lüge und seinen Umsturzplänen und von ihrem Vorhaben, nach London zu fliehen. Dort verwaltete Sir Galagar, ein treuer Gefolgsmann des Königs, die königliche Burg. Die Äbtissin war erschüttert. Der Gedanke, dass Sir Mordred an Stelle von König Artus, der ein Schirmherr des christlichen Glaubens in Britannien war, regieren könnte, machte sie schaudern. Sie verschaffte der Königin und deren Zofe zwei schnelle Pferde und bat einen frommen Ritter, beide Frauen zu begleiten, bis sie in London in Sicherheit wären. Noch in derselben Stunde brachen sie auf. Als Sir Galagar den Bericht der Königin hörte, ließ er die Burg unverzüglich befestigen, um einem Angriff Sir Mordreds und seiner Anhänger möglichst lange Widerstand zu leisten.

Als die Königin nicht wie vereinbart nach Camelot zurückkehrte, ritt Sir

Mordred zum Kloster und fragte die vor Angst zitternde Äbtissin nach Guineveres Verbleib. Die Äbtissin suchte nach Ausflüchten und Ausreden, aber als Sir Mordred drohte, er werde das Kloster in Brand stecken, falls sie nicht mit der Wahrheit herausrücke, gestand sie, dass die Königin nach London geflohen war. Auf der Stelle ritt Sir Mordred nach London. Dort suchte er einen befreundeten Ritter auf und bat ihn, der Königin auszurichten, wie sehr er, Mordred, sie liebe und nichts als ihr Glück im Sinn habe. Der Ritter kam jedoch mit der Nachricht zurück, dass die Königin eher sterben würde, als den Sohn ihres Gemahls zu heiraten. Dreimal schickte Mordred den Ritter als Fürsprecher zur Königin und dreimal kam er mit der gleichen Antwort zurück: Königin Guinevere würde lieber Hand an sich legen, als Sir Mordreds Gemahlin werden. Sie hatte dem Leben entsagt und würde für immer im Kloster bleiben, bis zu ihrem Tode.

Da wurde Mordred von glühendem Hass erfüllt und von Zorn auf sich selbst, weil er auf die List der Königin hereingefallen war. Er jagte zurück nach Camelot und ritt sein Pferd zuschanden. In seinem Hirn hämmerte ein und derselbe Gedanke: Wenn ich schon nicht die Königin für mich gewinnen konnte, die Krone Britanniens werde ich mir holen – mit allen Mitteln.

Mit den ihm ergebenen Rittern brach er nach Benwick auf, da er glaubte, König Artus und seine durch die Belagerung geschwächten Männer wären leicht zu besiegen. Jedem seiner Ritter hatte Mordred reichen Lohn versprochen, wenn sie ihn in seinem Kampf um die Krone Britanniens unterstützten.

Der Knappe, den Königin Guinevere mit der Nachricht von Mordreds Verrat und ihrer Flucht zu König Artus geschickt hatte, war Tag und Nacht geritten. Der König las den Brief, taumelte zu einem Stuhl und barg sein Gesicht in den Händen. Noch nie hatte er sich so einsam gefühlt. Ging alles zugrunde, wofür er gekämpft hatte? War jetzt das Ende der Tafelrunde gekommen, das Merlin vorhergesehen hatte? Ach, Merlin! So lange schlief er schon und den König überkam eine große, bleierne Müdigkeit. Er wollte schlafen, nur schlafen und die Welt mit ihrem Streben nach Macht und Ruhm vergessen. Da schoss ihm plötzlich ein Gedanke durch den Kopf: Merlin würde nie dulden, dass er, der gekrönte König Britanniens, der das Schwert aus dem Stein gezogen hatte, untätig zusähe, wie das Reich zerfiel. Artus fühlte, wie die alte Kraft und Entschlossenheit in seine Glieder zurückkehrten und wie die Kampfeslust, die ihn in jungen Jahren beflügelt hatte, wiederkehrte. Er würde seine Krone verteidigen, schwor er sich, und sollte der Preis dafür sein Leben sein.

König Artus rief nach Sir Gawein. Als der rothaarige Feuerkopf vom Verrat seines Halbbruders hörte, überkam ihn solcher Zorn, dass er Sir Lancelot vergaß. Der König und sein Neffe beschlossen, das Lager unverzüglich abzubrechen und nach Britannien zurückzukehren.

Verwundert sahen Sir Lancelot und Sir Bors, dass König Artus und seine Ritter ihre Zelte abbrachen und sich nach Norden absetzten. »Das Reich muss in Gefahr sein«, sagte Sir Bors. Und Sir Lancelot hätte alles in der Welt darum gegeben, wenn er an der Seite des Königs hätte reiten können, um für das Heil Britanniens zu kämpfen.

Es war eine stürmische Überfahrt bei rauer See, die so manches Schiff in Seenot brachte, als König Artus mit seinen Rittern und dem Tross die Südküste Britanniens ansteuerte. Doch die Erleichterung, die alle verspürten, als die weißen Felsen von Dover endlich sichtbar wurden, war ihnen nicht lange vergönnt, denn am Ufer wartete kampfbereit Sir Mordred mit den Rebellen. Ein Kundschafter hatte ihm die Überfahrt des Königs und seiner Truppen nach Britannien gemeldet und Mordred wollte ihnen einen blutigen Empfang bereiten.

König Artus und seine Männer sprangen im seichten Küstenwasser von den Schiffen und der Kampf begann. Zuerst wurde auf dem Ufergelände gekämpft, dann auf den Kiesböschungen, bis es dem König und seinen Rittern gelang, die Anhöhen der Kreidefelsen zu erobern und Sir Mordred und sein Heer, das sich aus Abenteurern, Unzufriedenen und befreiten Sträflingen zusammensetzte, in die Flucht zu schlagen. Doch der Preis für diesen Sieg war hoch. Viele Tote mussten begraben werden, viele Verwundete schrien vor Schmerzen.

In der Burg zu Dover lag Sir Gawein und kämpfte mit dem Tod. Er hatte sich tollkühn geschlagen, als die Sonne zu Mittag am höchsten stand, doch als der Tag zur Neige ging, hatten ihn seine Kräfte verlassen. Die Kopfwunde, die ihm Lancelot zugefügt hatte, war noch nicht verheilt gewesen, als er an dieser Stelle wieder einen Schlag erhielt. Er wusste, dass er nicht mehr lange zu leben hatte, und König Artus wusste es auch. Tieftraurig setzte er sich an Gaweins Lager und nahm seine Hand. »Dich und Lancelot habe ich von allen Rittern am meisten geliebt«, flüsterte er, »und nun habe ich euch beide verloren.«

Gawein atmete schwer. »Es … ist meine Schuld«, begann er stockend zu sprechen. »Ich … ich … war blind in meinem Zorn. Lancelot war einmal

mein Freund, ich … will mit ihm Frieden schließen, aber es ist zu … spät.«
Erschöpft schloss er die Augen, doch als Artus ihm die Hand drückte, öffnete er sie wieder und versuchte sich aufzurichten.

»Er war mein Freund«, wiederholte er, »ich muss ihm schreiben. Es wird das Letzte sein, was ich in diesem Leben tun kann.«

König Artus ließ ihm Schreibzeug und Pergament bringen und stützte ihn, als er zu schreiben begann.

In diesem Brief nahm Gawein Abschied von dem Freund und Gefährten vieler Jahre und bat ihn um Vergebung. Und dann beschwor er ihn, so rasch wie möglich mit seinen Rittern nach Britannien überzusetzen und dem König, der von dem Verräter Mordred bedroht sei, zu Hilfe zu kommen.

»Ich bitte Euch, kommt! Kommt so rasch wie möglich, sonst ist Britannien verloren. In meiner Todesstunde bitte ich Euch.«

Gaweins Schrift war zittrig geworden und der Federkiel entfiel seiner Hand. König Artus nahm das Pergament an sich. »Ich werde ihm den Brief schicken«, versprach er. Als die Sonne sank, fiel Gawein zurück auf sein Lager. Verzweifelt rief der König seinen Namen, doch Gaweins Augen öffneten sich nicht mehr.

Die Schlacht von Camlann

Mordred war mit seinen Truppen immer weiter in Richtung Westen geflohen und König Artus rückte mit seinen Truppen nach. Das Land war gespalten. Viele hatten sich Mordred angeschlossen, der ihnen große Versprechungen gemacht hatte, und viele waren bereit, für König Artus, den Hüter von Recht und Ordnung, das Schwert zu ziehen. So zogen die beiden Heere mit ihren Anführern durchs Land und hinterließen Verwüstung, verbrannte Erde, Elend und Hunger. Nach langen Märschen gelangte Mordred mit seinem Heer zu einer von Sümpfen umgebenen Ebene und Artus folgte ihm mit seinem Heer. Es war die Ebene von Camlann.

Am Abend vor der Schlacht fand der König keinen Schlaf. Er trat vor sein Zelt, blickte auf die weite, dunkle Ebene vor ihm und sah in der Ferne das Leuchten der feindlichen Wachtfeuer. Der Wind fuhr durch das Sumpfgras und das Schilf und in seinem Rauschen glaubte er Merlins Stimme zu erkennen: »Dort drüben liegt Camlann, der Ort der letzten Schlacht, aber bis dahin vergehen viele Jahre …« Die Jahre waren vergangen und der kommende Tag würde vielleicht sein letzter sein. König Artus blickte hinauf zum Himmel, aber es war eine düstere Nacht und es leuchtete kein Stern.

Ein Bote war mit dem Brief, den Sir Gawein in seiner Todesstunde geschrieben hatte, auf dem Weg in die Bretagne zu Sir Lancelot. König Artus wusste, dass der weiße Ritter keinen Augenblick zögern würde, mit seinen Männern nach Britannien überzusetzen. Vielleicht ließe sich mit seiner Hilfe das Unheil noch einmal abwenden. Aber bis zu seinem Eintreffen musste die Entscheidungsschlacht aufgeschoben werden. Er sandte einen Unterhändler mit dem Vorschlag eines Waffenstillstands zu Sir Mordred. Mordred war einverstanden unter der Bedingung, dass der König ihm sofort die Herrschaft über Cornwall und Kent überlassen und ihn zu seinem Erben und Nachfolger einsetzen würde. Auf halbem Weg zwischen den beiden Lagern sollten König Artus und Sir Mordred, jeder in Begleitung von vierzehn Rittern und ihren Knappen, einander treffen, um den Vertrag zu unterschreiben.

Der König war erleichtert, aber er misstraute seinem Sohn, der aus Hass gegen seinen Vater zum Verräter geworden war. Daher ließ er sein Heer in Schlachtordnung aufstellen und befahl, sofort loszuschlagen, sollte im feindlichen Heer irgendwo ein Schwert aufblitzen. Sir Mordred, der nie geliebte Sohn, misstraute seinem Vater genauso. Auch seine Truppen standen in Schlachtordnung und hatten den Befehl, sofort den Kampf zu beginnen, falls im Heer des Königs ein Schwert aufblitzte.

Während König Artus und Sir Mordred den Vertrag unterzeichneten und es schien, als könnte die Schlacht noch hinausgeschoben werden, wurde ein Ritter aus Sir Mordreds Reihen von einer Natter in den Fuß gebissen. Der Ritter zog sein Schwert, um die Natter zu erschlagen, aber die Männer im Heer des Königs sahen die Sonne auf dem Stahl blitzen und im nächsten Augenblick gellte Kriegsgeschrei über die Ebene, bliesen Trompeten und Hörner zur Schlacht, wirbelten Trommeln, trampelten Hufe und klirrten die Waffen. Wie eine dunkle Flut, aus der Lanzen und Schwerter blitzten, wälzten sich die feindlichen Heere unter dem tosenden Lärm der Schlacht und dem Geschrei der Kämpfer aufeinander zu und vermischten sich zu einem Knäuel aus Eisen, Fleisch und Blut, bis nach und nach der Lärm abebbte, die Schreie seltener wurden und erstarben. Eine furchtbare Ruhe hatte sich über das Schlachtfeld gesenkt, die Sümpfe waren rot von Blut und die Ebene von Camlann war ein Totenacker geworden. Es war vorbei.

Verstört blickte König Artus um sich und sah von seinen Getreuen nur Sir Lucan und Sir Bedivere. »Nur wir drei?«, fragte er tonlos. – »Nur wir drei.«

Und dann sah er Mordred, der inmitten von Leichen stand, sich auf sein blutbespritztes Schwert stützte und vor sich hin stierte. Mit dem Schrei »Verräter!« stürzte Artus auf ihn zu und rammte ihm die Lanze in die Brust. Mordred schwankte, aber er fiel nicht. In einer letzten Anstrengung riss er mit beiden Armen das Schwert aus der blutgetränkten Erde und ließ es auf Artus' Helm niedersausen. Dann stürzte er zu Boden und starb.

Aber auch König Artus hatte den letzten, den todbringenden Schlag erhalten. Er wusste es. Als Sir Bedivere und Sir Lucan kamen, bat er sie, ihn zu einem Fluss zu bringen. Zu jenem dunklen Fluss, an dessen Ufer er vor vielen Jahren als junger König die silberne Flöte und den Weg nach Avalon gefunden hatte.

Sie gehorchten und betteten den Sterbenden auf ein Lager. Noch einmal richtete er sich auf und sagte zu Sir Bedivere: »Nimm mein Schwert und geh damit zu dem See hinter dem Hügel und wirf es ins Wasser.«

Sir Bedivere nahm Excalibur und ging zum See, doch auf dem Weg dorthin tat es ihm um das kostbar funkelnde Schwert leid. Er versteckte es im Schilf und ging zurück zum König. »Was hast du gesehen?«, fragte Artus.

»Wellen und Schilf, in dem der Wind flüstert.«

»Dann hast du nicht gehorcht. Geh und wirf das Schwert in den See.«

Wieder ging Sir Bedivere den Weg zum See, betrachtete die blitzende Klinge und brachte es nicht über sich, Excalibur ins Wasser zu werfen.

»Was hast du gesehen?«, fragte Artus, als er zurückkam.

»Wellen und Schilf, über das der Wind streift.«

»Du hast das Schwert nicht in den See geworfen. Geh hin und befolge meinen letzten Befehl.«

Nun ging Sir Bedivere ein drittes Mal den Weg zum See. Als er zurückkam, fragte ihn Artus: »Was hast du gesehen?«

»Als ich das Schwert in den See warf, erhob sich aus dem Wasser ein weißer Arm mit einer Hand. Die Hand fing Excalibur auf, der Arm drehte sich mit dem Schwert dreimal und verschwand in der Tiefe. Das habe ich gesehen.«

»Es ist gut«, sagte der König und die Augen fielen ihm zu. »Ich höre den Klang der silbernen Flöte«, flüsterte er und dann dachte er an Merlin, den großen Zauberer, der gesagt hatte, dass sie einander wiedersehen würden, wenn die Zeit rufe. Aber die Welt würde eine andere sein, nur die Liebe und der Hass in den Herzen der Menschen würden sein, wie sie immer gewesen waren.

Nebel stieg auf vom dunklen Fluss und aus den Schwaden trieb eine schwarze Barke ans Ufer. Drei Frauen in rotgoldenen Gewändern saßen darin. Die erste hatte die Züge von Morgan le Fay, die zweite sah aus wie Artus' Halbschwester Morgause und die dritte glich der Dame vom See. Sie stiegen aus und trugen mit Hilfe Sir Bediveres den König in das Boot.

»Avalon, die Insel der Seligen, erwartet dich«, sagte Morgan le Fay, als sie sein Haupt in ihren Schoß bettete. Dann löste sich die Barke vom Ufer, glitt langsam den dunklen Fluss hinunter, entfernte sich lautlos und entschwand in den Nebeln von Avalon.

Nachwort
Wer war König Artus?

In diesem Buch sagt der Zauberer Merlin: »Der Ruhm König Artus' wird durch die Nebel der Zeit leuchten, denn solange es Menschen auf der Erde gibt, wird man von ihm und seinen Rittern erzählen.«

Merlin, der auch die Gabe des Sehers besaß und Zukünftiges voraussagen konnte, hat recht behalten, zumindest bis in die Gegenwart. Die Sagen, Geschichten und Legenden, die von König Artus, vom Zauberer und Seher Merlin, von den Abenteuern der Ritter der Tafelrunde und von der Suche nach dem Heiligen Gral erzählen, haben seit ihrer Entstehung immer wieder Romane, Filme, Theaterstücke, Hörbücher, Musicals und Songs inspiriert. Vor dem Hintergrund einer historischen Zeit mischen sich heidnische Kulte mit christlichen Elementen, Mythos und Historie, Action und Fantasy zu einem Bild voll Farbenpracht und Zauber, das bis heute fasziniert.

Wer war König Artus, wenn er wirklich gelebt hat? Hat es die Burg Camelot tatsächlich gegeben? Und was hat es mit der geheimnisumwitterten Insel Avalon auf sich?

Historiker, Sprachforscher und Volkskundler haben sich mit diesen Fragen beschäftigt und Theorien aufgestellt. Beweise fanden sie nicht.

Historisch gesichert ist, dass sich um das Jahr 440 die Römer, die Britannien wie eine Kolonie beherrscht hatten, zurückzogen. Die Briten im Südwesten der Insel waren nun ohne Schutzmacht den Angriffen der Pikten vom Norden der Insel ausgeliefert, den eroberungssüchtigen Iren im Westen und den Angeln, den Jüten und den Sachsen, die im Osten einfielen. »Ein Feuer, das von der Hand der Gottlosen aus dem Osten angehäuft und genährt wurde, dehnte sich von Meer zu Meer. Es verwüstete Stadt und Land ringsumher, und wenn es einmal brannte, verlöschte es nicht, bevor es nicht die ganze Oberfläche der Insel verbrannt hatte ...«, berichtete ein Zeitgenosse.

Diese dunkle, unruhige Zeit beschreibt eine lateinische »Geschichte der Briten« (Historia Brittonum), die um das Jahr 830 entstand und dem walisischen Mönch Nennius zugeschrieben wird. Nennius schildert zwölf Schlachten der Briten gegen die Sachsen und erwähnt erstmals den Namen Artus. Beim Berg Badon, der letzten Schlacht, errang Artus einen gewaltigen Sieg, worauf eine Periode des Friedens folgte. In anderen Werken wird diese Schlacht ebenfalls beschrieben, so in einer Chronik der Jahre 445 bis 977, den »Annales Cambriae«, worin auch von der Schlacht von Camlann berichtet wird, in der Artus und Mordred fielen. Nach Ansicht von Historikern hat wahrscheinlich um 500 eine Schlacht der Briten gegen die Sachsen bei einem Berg Badon stattgefunden, wo immer das gewesen sein mag. Fest steht jedenfalls, dass Artus, wenn er wirklich gelebt hat, kein König war, sondern wahrscheinlich ein siegreicher Feldherr.

Auf diese und andere Quellen stützt sich der gelehrte Geistliche Geoffrey von Monmouth in seiner fantasievollen lateinischen »Geschichte der britischen Könige« (Historia Regum Brittanae), in der er von König Artus und dessen glänzender Hofhaltung berichtet und die prächtigen Feste, Turniere und Ritterspiele am Königshof schildert. In seiner Lebensgeschichte Merlins (Vita Merlini) greift er auf alte walisische Quellen zurück. Geoffrey erzählt auch von der jenseits der realen Welt existierenden geheimnisvollen »Anderswelt«, die von zwielichtigen Wesen, von Feen, Zauberern und Dämonen bewohnt wird, und von der Insel Avalon, wohin König Artus entführt wird. Im 12. Jahrhundert ist seine »Geschichte« überaus beliebt und weit verbreitet. Der Bretone Wace überträgt sie in einen französischen Versroman, den er »Roman de Brut« nennt und in dem er von der Tafelrunde erzählt, den Rittern, die um einen runden Tisch sitzen, damit es nicht zu Rangstreitigkeiten kommt.

Neben den Verfassern schriftlicher Überlieferungen sorgten vor allem die Spielleute, die Sänger und Erzähler, die zwischen Britannien und der Bretagne, wo sich viele Briten niedergelassen hatten, hin und her wanderten, für eine weite Verbreitung der Sagen und Geschichten, die sie je nach Geschmack miteinander verknüpften und ausschmückten. Um 1170 beginnt

Chrétien von Troyes seine großen Epen zu schreiben. In »Erec und Enide«, »Ywein«, »Lancelot« und »Perceval« (Parzival) behandelt er ritterliche Tugenden und Lebensführung, wobei er die Moral in Abenteuergeschichten verpackt. Auch die deutschen Dichter nahmen sich dieser Stoffe an. Hartmann von Aue verfasst »Erec« und »Iwein«, Gottfried von Straßburg »Tristan und Isolde« und Wolfram von Eschenbach sein großes Epos »Parzival«. Der Sagenkreis um König Artus ist in ganz Europa außerordentlich beliebt. Um die Mitte des 15. Jahrhunderts verbindet Thomas Malory eine Fülle von Abenteuern mit einer Unzahl von handelnden Personen und schafft ein Werk, das er »The Book of King Arthur and his Noble Knights of the Round Table« nennt. Es wird vom englischen Buchdrucker William Caxton unter dem Titel »Le Morte d'Arthur« verlegt und erreicht fünf Auflagen.

In den nächsten Jahrhunderten schwindet das Interesse am Mittelalter und damit die Begeisterung für das Rittertum. Malorys Werk gerät in Vergessenheit, bis Walter Scott es wiederentdeckt. In der Folge entsteht ein Boom, der bis Hollywood und Japan ausstrahlt und bis heute anhält.

Artus' Lieblingsresidenz ist der Sage nach die Burg Camelot, die an mehreren Orten vermutet wird. Aufgrund von Ausgrabungen glauben Wissenschaftler jedoch, in Cadbury Castle, einem Hügel in Somerset, der seit Jahrhunderten »Arthur's Palace« genannt wird, Camelot entdeckt zu haben. Der englische Historiker Geoffrey Ashe berichtet, dass bei einer Grabung unterhalb einer Mauer das Skelett eines jungen Mannes in einer Stellung gefunden wurde, die auf ein Menschenopfer schließen lässt. Auch in der Artussage schlägt ein Druide König Vortigern vor, die Mauern eines Turmes mit dem Blut eines Knaben zu festigen. Opferungen von Menschen hat es nach römischen Quellen bei den Kelten gegeben.

Avalon, wohin drei Frauengestalten den sterbenden König Artus entführen, wird als ein im Nebel verborgener Ort beschrieben, zu dem nur Eingeweihte den Weg finden. Als Übergang von der Welt der Lebenden nach Avalon dient der Sage nach der Hügel von Glastonbury Tor in Somerset, der sich wie eine Pyramide in der Ebene der Somerset Levels erhebt und einst von Wasser umgeben war. Den Hügel krönt der St. Michael's Tower, ein mittelalterlicher Festungsturm, der vielleicht als Teil einer alten Kirche erhalten blieb. Angeblich haben Mönche der heute nur mehr als Ruine existierenden Glastonbury-Abtei das Grab König Artus' und der Königin Guinevere gefunden. Glastonbury Tor könnte eine uralte keltische Kultstätte gewesen sein,

ein Ort, an dem die Druiden ihren Gottheiten huldigten. Später wurde er mit christlichen Legenden in Verbindung gebracht, so sollen sich Joseph von Arimathia und andere Heilige hier aufgehalten haben, und der englische Dichter William Blake stellt in einem Gedicht die Frage, ob nicht auch die Füße Jesu »in ancient time« an diesem Ort Englands grüne Erde berührten.

Doch durch den Schleier christlicher Deutungen und Zuschreibungen strahlt immer noch der heidnische Mythos der geheimnisvollen Insel Avalon, wie auch die Gestalten der Artussage und ihre Abenteuer aus dem Dunkel vergangener Zeiten bis in unsere Gegenwart leuchten.